AF465218

TROISIÈME FASCICULE

RÉPUBLIQUE FRANÇAISE.

MINISTÈRE DE L'INTÉRIEUR.

DIRECTION DE LA SÛRETÉ GÉNÉRALE.

ÉTAT
FAISANT CONNAÎTRE LA RÉSIDENCE ACTUELLE DES PERSONNES ÉVACUÉES
DU DÉPARTEMENT DU NORD.

(CE FASCICULE CONTIENT 4 LISTES.)

6e LISTE.

Adam (Ernest), de Lille, à Laroque, Lot-et-Garonne.
Adam (Stéphanie), de Maubeuge, à Buxeuil, Indre.
Adam (Maria), de Maubeuge, à Buxeuil, Indre.
Adrien (Emile), de Lille, à Franchesse, Allier.
Agache (Emile), de Lille, à Niort, Deux-Sèvres.
Alglave (Mme) et fam., de Quevrechain, à Pontgouin, Eure-et-Loir.
Alglave (Eugénie), d'Anzin, à Mondoubleau, Loir-et-Cher.
Allard (Félix), de Guénan, à Vatan, Indre.
Allot (Noël), d'Aubergicourt, à Franchesse, Allier.
Ambert (Louis), de Douai, à Percy, Manche.
Ambert (Lucien), de Douai, à Percy, Manche.
Amerlink (Jules), de Lille, à Equilly, Manche.
Anchin (César), de Douai, à Saint-Menoux, Allier.
Anciaux (Alice), de Jeumont, à Montpinchon, Manche.
Anciaux (Yvonne), de Jeumont, à Montpinchon, Manche.
Anverlot (Gaston), de Quaronble, à Biéville, Manche.
Aquaviva (Emile), de Lille, à Cosne-sur-l'Œil, Allier.
Arbachien (Jules), de Lille, à Laccasagne, Hautes-Pyrénées.
Arbom (Albert), de Flers, à Figuié, Lot-et-Garonne.
Arbonnier (Amélia), de Douzy, à La Chapelle-St-Laurian, Indre.
Arbonnier (Elisa), de Douzy, à La Chapelle-St-Laurian, Indre.
Arondel (Eugène), de Lourches, à Châteauneuf-sur-Loire, Loiret.
Arondel (François), de Lourches, à Châteauneuf-sur-Loire, Loiret.
Arthur (Vienne), de Marcq, à Mesnil-Amand, Manche.
Assez (Alphonse), de Fives-Lille, à Percy, Manche.
Aublain (Mme) et fam., de St-Hilaire-les-Cambrai, à Vichy, Allier.
Aubré (Marcel), de Pérenchies, à Mesnel-Villeman, Manche.
Aubré (Vital), de Pérenchies, à Mesnil-Villeman, Manche.
Audeval (Auguste), de Denain, à Lucay-le-Mâle, Indre.
Audeval (Pnaclet), du Vieux-Condé, à Hérenguerville, Manche.
Audouard (Jeanne), de Condé-sur-Escaut, à Louin, Deux-Sèvres.
Auvens (Benjamin), d'Erquelines, à Montpinchon, Manche.
Auvens (Olynda), d'Erquelines, à Montpinchon, Manche.
Babette (Marie), de Maubeuge, à Saint-Pierre-de-Jards, Indre.
Bachelet (Lucienne), de Cambrai, à Lectoure, Gers.
Bacy (Julien), de Lille, à Percy, Manche.
Badaille (Valérien), de Carnin, à Angers, Maine-et-Loire.
Bastens (Edouard), d'Armentières, à Hambye, Manche.
Baert (Albert), de Roubaix, à Hambye, Manche.
Baert (Charles, de Lille, à Saint-Denis-le-Gast, Manche.
Baert (Emile), de Roubaix, à Buzon, Haute-Pyrénées.
Baert (Clovis), de Watrelos, à Andelaroche, Allier.
Bailly (Marie) et fam., de Lewarde, à Miélan, Gers.
Bailleux (Joseph), de Somain, à Bazillac, Hautes-Pyrénées.
Bailleux (Jules), de Somain, à Bazillac, Hautes-Pyrénées.
Balcaen (Eugène), de Tourcoing, à Hambye, Manche.
Balle (Emilie), du Nord, à Saint-Amand, Loir-et-Cher.
Balliez (Louis), de Salenoble, à Eugenville, Loiret.
Balta (Germain), de Lille, à Auxerre, Yonne.
Bana (Emile), de Landas, à Lithaire, Manche.
Baratto (Anna), de Somain, à Eguzon, Indre.
Barbe (Charles), d'Herlie, à Angers, Maine-et-Loire.
Burbier (Delphin) et fam., de Lille, à Tarbes, Hautes-Pyrénées.
Barbarie (Alfred), de Tourcoing, à Hautefage, Lot-et-Garonne.
Barrat (Arthur), de Tourcoing, à Pont-Levoy, Loir-et-Cher.
Barois (Charles), d'Oignies, à Remilly, Manche.
Barois (Désiré), d'Oignies, à Remilly, Manche.
Baron (Eugène), de Seclin, à Saint-Loues-sur-Vire, Manche.
Barret (André), Saint-André-de-Lille, à Percy, Manche.
Bartholomeus (Arthur), de Roubaix, à Le Chefresne, Manche.
Barnoy (Roger), de Maubeuge, à Saint-Christophe-en-B., Indre.
Bastier (Robert), de Loos, à Regnéville, Manche.
Bastien (Aimée) et fam., de Salomé, à Argenton, Indre.
Baude (Alphonse) et fam., de Valenciennes, à Mauzé-sur-le-Mignon, D.-S.
Baude (Desirée), de Valenciennes, à Mauzé-sur-le-Mignon, Deux-Sèvres.
Baudouin (Louis), de Reux, à Remilly, Manche.
Baudry (Palmyr), de Loos, à Hambye, Manche.
Bayart (Raoul), d'Armentières, à Savigny, Loir-et-Cher.
Beaurepaire (Emile), d'Houplines, à Angers, Maine-et-Loire.
Beaurepaire (Louis), de Jantes, à Angers, Maine-et-Loire.
Beaurepaire (Joseph), d'Haubourdin, à Angers, Maine-et-Loire.
Bernazais (Augustine), de Beauvoir-en-Cambrésis, à Niort, Deux-Sèvres.
Berghe (Jules), d'Houplines, à Laplume, Lot-et-Garonne.
Berteau (Marie) et enf., d'Hautmont, à Saint-Amand, Loir-et-Cher.
Berche (Alfred), d'Auchilés-la-Bassée, à Masseube, Gers.
Berche (Flor), d'Auchilès-la-Bassée, à Masseube, Gers.
Bernard (Henri), de Lille, à Le Chefresne, Manche.
Bernard (Julien), d'Armentières, à Beaucoudray, Manche.
Bernard (Isidore), d'Armentières, à Beaucoudray, Manche.
Berneaux (Joseph), de Lille, à Hambye, Manche.
Bernier (Auguste), de Faches, à Percy, Manche.
Bergué (Richard), de Frelinghen, à Mesnil-Garnier, Manche.
Berrier (Paul), de Lille, à Percy, Manche.
Berthelet (Victor), de Lille, à Percy, Manche.
Bertelnot (Charles), de Wasquehal, à Remilly, Manche.
Berquier (Alfred), de St-Nicolas-lez-Arras, à St-Lactencin, Indre.
Berche (Louise) et fam., d'Auchilé-la-Bassée, à Masseube, Gers.
Bertinchant (Firmin) et fam., de Lourches, à Auch, Gers.
Bertrand, de Caudry, à Vichy, Allier.
Bernard, de Lomme, à Vichy, Allier.
Bertsch (Joseph), de Roubaix, à Vieure, Allier.
Besnier (François) et fam., de Valenciennes, à Mauzé-s-le-Mignon, D.-S.
Besnier (Gabrielle), de Valenciennes, à Mauzé-s-le-Mignon, Deux-Sèvres.
Bessières (Lucie) et fam., de Maubeuge, à La Flèche, Sarthe.
Bétaucourt et fam., de Lomme, à Vichy, Allier.
Bienfait (René), de Fellerie, à Quimperlé, Finistère.
Bienfait (Alphonse), de Fellerie, à Quimperlé, Finistère.
Bince (Gaston), de Saint-Sauveur, à Buzançais, Indre.
Binois (Jeanne), d'Anzin, à Airvault, Deux-Sèvres.
Biset (Albertine), de Maubeuge, à Buxeuil, Indre.

Blanquart (Maurice), de Valenciennes, à Angers, Maine-et-Loire.
Blanquart (Désirée), de Seclin, à Angers, Maine-et-Loire.
Bliech (André), de Wambrechies, à Hautefage, Lot-et-Garonne.
Bliech (André), de Wambrechies, au Passage-d'Agen, Lot-et-Garonne.
Blervaque (Marcel), de Lille, à Anctoville, Manche.
Bleyssen (Hector), de Lille, à La Croix-Blanche, Lot-et-Garonne.
Bocquet (Anthime), de La Bassée, à Cazaubon, Gers.
Bocquet (Fernand), d'Escaupont, à Percy, Manche.
Bocquet (Augustin), d'Escaupont, à Percy, Manche.
Bodson (Palmyre), de Jeumont, à Montpinchon, Manche.
Boedt (Auguste), d'Haubourdin, à Gap, Hautes-Alpes.
Boget (Achille) et fam., de La Bassée, à Chartres, Eure-et-Loir.
Boisseau (Eva), de La Madeleine, à Châtillon-sur Sèvre, Deux-Sèvres.
Baillieu (Léonard), de Sentenelle, à Mesme-Villeman, Manche.
Boll (Langier), de Lille, à Couleuvre, Allier.
Bonnard (Laure), de Tésupléman, à Cazaubon, Gers.
Bonte (Louis), du Nord, à Montpinchon, Manche.
Bonnier (Robert), de Lille, à Percy, Manche.
Bonnel (Victor), de Lille, à La Baleine, Manche.
Bonté (Louis), de Roubaix, à Levroux, Indre.
Boniface (Anatole), de Cateau, à Auxerre, Yonne.
Boniface (Charlotte), de Cateau, à Auxerre, Yonne.
Boquet (Henri), de Lille, à Buzançais, Indre.
Bos (Marguerite), de Maubeuge, à St-Christophe-en-Boucherie, Indre.
Bossuyt (Gustave), de Lille, à l'Isle-Jourdain, Gers.
Bosnière (André), d'Orchies, à Saint-Denis-le-Gast, Manche.
Bossiet (Arthur), de Roubaix, à Hambye, Manche.
Botoont (Louis), de Roubaix, à Montaign-les-Bois, Manche.
Botte (Charles), de Salomé, à Angers, Maine-et-Loire.
Botte (Hippolyte), de Salomé, à Angers, Maine-et-Loire.
Bournoville (Raymond), d'Armentières, à Astaffort, Lot-et-Garonne.
Bourgeois (Louis) et fam., d'Hautmont, à Argenvilliers, Eure-et-Loir.
Boutillier (Achille), d'Hautmont, à Dreux, Eure-et-Loir.
Bouden (Alfred), de Lille, à Agen, Lot-et-Garonne.
Boutillier (Eugène), d'Hautmont, à Dreux, Eure-et-Loir.
Bouché (Clovis), de Lille, à Niort, Deux-Sèvres.
Bourgeois (Cyrille), de Lille, à Agen, Lot-et-Garonne.
Bourgelles (Paul), de Séclin, à Hambye, Manche.
Bourguignon (Angèle), de Roquignies, à Regnéville, Manche.
Rourke (Auguste), d'Armentières, à Equilly, Manche.
Bouteman (Edmond), de Lille, à Saint-Denis-le-Gast, Manche.
Bouteman (Jules), de Lille, à Saint-Denis-le-Gast, Manche.
Bouchart (Auguste), de Pline-les-Raches, à Remilly, Manche.
Bouchard (Maurice), de Perenchi, à Gouvets, Manche.
Boulanger (Léon), de Lille, à Hambye, Manche.
Boulanger (Paul), de Tourcoing, à Equilly, Manche.
Bouchage (Jean Baptiste), de Lille, au Temple-Médoc, Gironde.
Boutel (Léopold), de Maubeuge, au Temple-Médoc, Gironde.
Bouillaud (François), de Denain, à Angers, Maine-et-Loire.
Boussemart (Florimond) et fam., d'Annœulin, à Fougerolles, Indre.
Boulinguez (Georges), de Lille, à Labitte-Toupière, Hautes-Pyrénées.
Bourse (Gustave), de Bauvin, à Angers, Maine-et-Loire.
Bourse (Vindicien), de Bauvin, à Angers, Maine-et-Loire.
Bourson (Victor), de Maubeuge, à Auxerre, Yonne.
Bourguignon (Adeline) et fam., de Maubeuge, à Orléans, Loiret.
Bourraigne (Georges), de Lille, à l'Etang-sur-Arroux, Saône-et-Loire.
Bourdin (Lucien), de Fimes, à Vichy, Allier.
Bouvier, de Fismes, à Vichy, Allier.
Boudaille (Julien) et son épouse, de Fourmies, à Arfeuilles, Allier.
Bouriez des Fossez (Mme), du Quesnay, à Vichy, Allier.
Boulanger (Gustave), de Lille, à Tarbes, Hautes-Pyrénées.
Brancy (Philippe) et fam., d'Hautmont, à Pezou, Loir-et-Cher.
Brabant (Charles), de Lille, à Roncey, Manche.
Bracq (Gustave), d'Auberchicourt, à Reuilly, Indre.
Brass (Catherine), de Maubeuge, à Fontenay, Indre.
Bracke (Camille), de Lille, à Auxerre, Yonne.
Brenneval (Auguste), de Doignies, à Remilly, Manche.
Bribaye (Jules) et fam., de Triton, à Chartres, Eure-et-Loir.
Brique (Octave) et fam., de Denain, à Vic-Fezensac, Gers.
Brion (Fortuné), de Carvin, à Angers, Maine-et-Loire.
Broguez (Marie) et fam., d'Hautmont, à Dreux, Eure-et-Loir.
Broekaert (François), de Lille, à St-Denis-de-Gast, Manche.
Broeckaert (Henri), de Lille, à St-Denis-de-Gast, Manche.
Brouoque (Henri), de Lille, à Roncey, Manche.
Brossez (René), de Fives, à Châtillon-sur-Indre, Indre.
Brouillard (Joseph), de Raisme, à Angers, Maine-et-Loire.
Broutin (Elise) et enf., de Douai, à Lafitole, Hautes-Pyrénées.
Brossette (Jules), de Lille, à Etang-sur-Arroux, Saône-et-Loire.
Brœckmans (Louise), de Roubaix, à Lapalisse, Allier.
Brohee (Emmanuel) et fam., de Guenin, à Camalès, Hautes-Pyrénées.
Brussebart (Charles), de Houplines, à Longronne, Manche.

Bruyez (Charlemagne) et fam., de Somain, à Bazillac, Htes-Pyrénées.
Brux (Jules), de Leval-Trahignies, à La Ricamarie, Loire.
Bruck (François), d'Armentières, à Hambye, Manche.
Buisset (Louis), d'Aniche, à Hambye, Manche.
Buisine (Désiré), de Ronchin, à Savigny, Loir-et-Cher.
Bulté (Nicolas), d'Erchin, à Angers, Maine-et-Loire.
Bussat (Joséphine), de Lille, à Niort, Deux-Sèvres.
Busin (Jeanne), de Maubeuge, à Saint-Pierre-de-Yards, Indre.
Buziaux (Juliette) et fam., d'Arleux-en-Gohelle, à Villedieu, Indre.
Cadorel (Marcel), de Maubeuge, à Sainte-Lizaigne, Indre.
Cadorel (Marie), de Maubeuge, à Sainte-Lizaigne, Indre.
Cagnan (Léon), de Lille, à Agen, Lot-et-Garonne.
Caignet (Ernest), d'Armentières, à Longueville, Manche.
Cailleau (Louis), de Lys, à Hambye, Manche.
Calès (Gustave), de Loos-lès-Lille, à Varennes, Indre.
Callogne (Adolf), de Tourcoing, à La Meudraquière, Manche.
Callens (Jean), de Tourcoing, à Hautefage, Lot-et-Garonne.
Caillins (Jules), de Wavrin, à Angers, Maine-et-Loire.
Caltiaux (Jean-Baptiste), de Lourches, à Lacassagne, Htes-Pyrénées.
Cambrai (Adolphe), de Lambres, à Angers, Maine-et-Loire.
Cambrai (Louis), de Lambres, à Angers, Maine-et-Loire.
Campion (Germaine), de Maubeuge, à Buxeuil, Indre.
Campion (Jeanne), de Maubeuge, à Buxeuil, Indre.
Campel (Mélanie), de Landrecies, à Maintenon, Eure-et-Loir.
Candelé (Louis), de Lille, à Percy, Manche.
Canivez (Franç.) et fam., de Montigny-en-Gohelle, à Loubès-Bern., Lot-et-G.
Caplain (Mlle), de Lille, à Vichy, Allier.
Cappaert (Rémi), de Lille, à Lurcy-Lévy, Allier.
Carboux (Georges), de Lille, à St-Denis-de-Gast, Manche.
Carlier (Alexandre), d'Aimappes, à Maubourguet, Hautes-Pyrénées.
Carlier (Kléber), de Lille, à Percy, Manche.
Carotte (Albert), de Croix, à Hambye, Manche.
Caroulle (Fernand), de Lille, à Tarbes, Hautes-Pyrénées.
Carré (Antoine), d'Annœulin, à Gouvets, Manche.
Carré (Edmond), de Arvongt, à Remilly, Manche.
Carrette (Jean-Louis), de Roubaix, à Castelnau, Hautes-Pyrénées.
Carrette (Jean-Louis), de Roubaix, à Castelnau, Hautes-Pyrénées.
Caran (Emile), d'Auberchicourt, à Angers, Maine-et-Loire.
Carron (Fleury), de Lille, à Equevilly, Manche.
Carpentier (Henri), de Somain, à Lacassagne, Hautes-Pyrénées.
Carpentier (Julien), d'Armentières, à Mesnil-Rogues, Manche.
Carpi (Edouard), de Lille, à Hambye, Manche.
Carpentier et son épouse, de Coudry, à Vichy, Allier.
Carton (Louis), de Wambrechies, à Agen, Lot-et-Garonne.
Carton (René), de Valenciennes, à Agen, Lot-et-Garonne.
Cartier (Marie) et enf., d'Hautmont, à Saint-Amand, Loir-et-Cher.
Caston (Louis), de Wambrechies, à Hautefage, Lot-et-Garonne.
Cates (Julien), de Lille, à Percy, Manche.
Catel (Edouard), de Roubaix, à Sainte-Lizaigne, Indre.
Catteau (Charles), de Lille, à Hères, Hautes-Pyrénées.
Cathaux (Citonis), de Lourches, à Lacassagne, Hautes-Pyrénées.
Cattiaux (Camille), de Lourches, à Lacassagne, Hautes-Pyrénées.
Cattiaux (Emile), de Lourches, à Lacassagne, Hautes-Pyrénées.
Cousin (Charles), de Mostaing, à Remilly, Manche.
Cauchié (Marie), d'Orchies, à Saint-Denis, Manche.
Cauchié (Suzanne), d'Orchies, à Saint-Denis-de-Gast, Manche.
Caudron (Alexandre), de Waziers, à Remilly, Manche.
Cauliez (Auguste), de Waziers, à Remilly, Manche.
Cayton (Joseph), de Houplines, à Munoville-sur-Mer, Manche.
Célisse (Adolphe), de Frais-Marais, à Roncey, Manche.
Charlier (Amélie) et enf., d'Hautmont, à St-Laurent-des-Taux, L.-et-C.
Chalier (Désiré), d'Haveliez, à Percy, Manche.
Champagne (Louis), d'Aniche, à Angers, Maine-et-Loire.
Chatre (Louis), de Roubaix, à Castelnau, Hautes-Pyrénées.
Charlet (Georges), de La Madeleine, à Angers, Maine-et-Loire.
Chenot (Jean), de Lille, à Montaigu-les-Bois, Manche.
Cheny (Renée), de Douzy à La Chapelle-St-Laurian, Indre.
Chevalier (Léon), d'Honès-les-Raches, à St-Denis-de-Gast, Manche.
Chesneau (Georges), de Caudry, à Niort, Deux-Sèvres.
Chesneau (Fernande), de Caudry, à Niort, Deux-Sèvres.
Chevry (Edouard), de Lille, à Laroque, Lot-et-Garonne.
Chevry (Paul), de Lille, à Laroque, Lot-et-Garonne.
Chisle (Gaston), de St-Amand-les-Eaux, à La Feuillée, Manche.
Chombart (Marcel), de Seclin, à St-Louet-sur-Vire, Manche.
Chopin (Louis), de Lille, à Mesnil-Garnier, Manche.
Choquet (Alexandre), de Seclin, à Gouvets, Manche.
Chrétien (Charles), de Fretin, à Hambye, Manche.
Chuffart (Charles), d'Annappes, à Hambye, Manche.
Clainquart (Raoul), de Lille, à Couleuvre, Allier.
Chaise (Victor), de Sin-le-Noble, à Saint-Florentin, Indre.
Clauss (Pierre), de Roubaix, à Hambye, Manche.

Claves (Louis), d'Armentières, à Mesnil-Rogues, Manche.
Cleemewesck (Robert), de Caesere, à Percy, Manche.
Clément (Clotaire), de Loos, à Regnéville, Manche.
Clicque (Georges), de Deulemont, à Montpinchon, Manche.
Chobert (Nathalie), de Lille, à Montpinchon, Manche.
Cocher (Félix), de Fretin, à Hambye, Manche.
Cochet (Louisa), de Quarouble, à Pontgouin, Eure-et-Loir.
Cocheteux (Emile), de Lille, à Saint-Lanne, Hautes-Pyrénées.
Cogé (Jean-Baptiste), de Pecquencourt, à Angers, Maine-et-Loire.
Cogé (Jean-Baptiste), de Pecquencourt, à Angers, Maine-et-Loire.
Colmont (Marie) et enf., d'Ors, à Niort, Deux-Sèvres.
Colin (Auguste), de Tourcoing, à Sargé, Loir-et-Cher.
Collette (Jules), de Lille, à Mesnil-Bouant, Manche.
Collery (Cyrilte), de Lille, à Labatut-Rivière, Hautes-Pyrénées.
Collery (Cyrille), de Lille, à Labatut-Rivière, Hautes-Pyrénées.
Colpaert (Jean-Baptiste) et fam., de Lomme, à Buzon, Hautes-Pyrénées.
Comiars (Marcel), de Lille, à St-Denis-le-Gast, Manche.
Conraas (Adam), de Lille, à Franchesse, Allier.
Coovez (André), d'Hautmont, à Dreux, Eure-et-Loir.
Coovez (André), d'Hautmont, à Dreux, Eure-et-Loir.
Coopmann (Alexis), de Wattignies, à Hambye, Manche.
Coquelle (Léonard), de Lille, à Roncey, Manche.
Coron (Alfred), de Somain, à Saint-Hilaire, Allier.
Corbisier (Léon), de Maubeuge, à Buxeuil, Indre.
Corbisier (Denise), de Maubeuge, à Buxeuil, Indre.
Corcket (Marcel), de Roubaix, à Châteauroux, Indre.
Cosbé (Maurice), de Lille, à Le Chefresne, Manche.
Couplet (Emile) et fam., de Déchy, à Mazamet, Tarn.
Coupey (Julien), de Lille, à St-Denis-le-Gast, Manche.
Coudoux (Paul), de Lille, à Gouvets, Manche.
Coudoux (Fernand), de Lille, à Gouvets, Manche.
Coutanier (Raymond), de Roubaix, à Regnéville, Manche.
Courtens (Henri), de Roubaix, à Chabris, Indre.
Cox (Gustave), de Lambersart, à Montpinchon, Manche.
Crémers (Jean), de Lille, à Muneville-sur-Mer, Manche.
Creus (Edmond), de Loos-lès-Lille, à Varennes, Indre.
Crépelles (Georges), de Sin-le-Noble, à Lauzun, Lot-et-Garonne.
Crépin (Givonette), de Maubeuge, à Vatan, Indre.
Crépin (Claire), de Maubeuge, à Vatan, Indre.
Créquit (Mme) et fam., d'Etrœungt, à Niort, Deux-Sèvres.
Crétal (Désiré), de Tourcoing, à Roncey, Manche.
Créteur (Georges), de Lille, à Trouley-Labarthe, Hautes-Pyrénées.
Créteur (Arthur), de Lille, à Loscurry, Hautes-Pyrénées.
Crensioux (Anna), de Raismes, à Levroux, Indre.
Croutelle (Hélène), de Maubeuge, à Orléans, Loiret.
Crouzet (Léopold), de Salomé, à Engenville, Loiret.
Crouzet (Léopold), de Salomé, à Engenville, Loiret.
Culot (Désiré), de Fresnes, à Auxerre, Yonne.
Culot (Arthur), de Fresnes, à Auxerre, Yonne.
Dailleux (Alfred), de Denain, à Bazillac, Hautes-Pyrénées.
Dalle (Charles), de Mouvaux, à Lascazères, Hautes-Pyrénées.
Dalenne (Louis) et enf., d'Annœulin, à Tranzault, Indre.
Dalenne (Félicité), d'Annœulin, à Tranzault, Indre.
Dallène (Augustin), de Wavrin, à Angers, Maine-et-Loire.
Dally (Maxime), de Lille, à Hambye, Manche.
Dalandre (Eugène), de La Madeleine-Lille, à Chabris, Indre.
Danel (Jean-Baptiste), d'Anchelles, à Hambye, Manche.
Dangreau (Edouard), de Quarouble, à Pontgouin, Eure-et-Loir.
Daneels (Alphonse), de Tourcoing, à Pont-Leroy, Loir-et-Cher.
Danel (Alfred) et fam., de Lille, à Tarbes, Hautes-Pyrénées.
Dapvril (Jean), de Lille, à Herenguerville, Manche.
Daragus (Marcel), de Lille, à Agen, Lot-et-Garonne.
Dauverchenne (Edmond), de Wallers, à Espiens, Lot-et-Garonne.
Dauchy (Désiré), de Prenesq, à Lengronne, Manche.
Daudenarde (Marie), de Provin, à Menetou-sur-Nahon, Indre.
Dauchy (Henri), de Lambersart, à Percy, Manche.
Daubresse (Lucien), de Sin-le-Noble, à Remilly, Manche.
Daubinet (Pierre), de Villeneuve, à Angers, Maine-et-Loire.
Daudenarde (Mélanie) et fam., de Provin, à Menetou-sur-Nahon, Indre.
Dauset (René), de Tourcoing, à Roncey, Manche.
Davez (Laure), d'Anzin, à La Chapelle-sur-Aveyron, Loiret.
Deboutride (Amélie), d'Haumont, à Argenvilliers, Eure-et-Loir.
Debusschère (Désiré), de Roubaix, à Pont-Leroy, Loir-et-Cher.
Debiolle (Léontine) et enf., d'Hautmont, à Saint-Amand, Loir-et-Cher.
Debaere (Henri), de Roubaix, à Pont-Leroy, Loir-et-Cher.
Debondue (Henri) et son épouse, d'Haubourdin, à Levroux, Indre.
Debière (Jules) et fam., de Waziers, à Chabris, Indre.
Debruysschère (François), de Roubaix, à La Feuillie, Manche.
Dedieu (Georges), d'Hellemme, à Saint-Denis-le-Gast, Manche.
Debacque (Henri), de Pérenchies, à Percy, Manche.
Debiter (Léon), de Seclin, à Saint-Louet-s.-Vire, Manche.

Nord.

Debiter (Robert), de Seclin, à Saint-Louet-s.-Vire, Manche.
Deblauwe, de Tourcoing, à Hambye, Manche.
Deborgie (Gustave), de Tourcoing, à Lengronne, Manche.
Debrue (Georges), de Château-l'Abbaye, à Gouvets, Manche.
Debruy (Robert), de Perenchies, à Mesnil-Villeman, Manche.
Debruire (Augustin), de Lille, à Saint-Lanne, Hautes-Pyrénées.
De Bruyker (Albert), de Lille, à Saint-Lanne, Hautes-Pyrénées.
Decharenton (Julie), de Condé s. Escaut, à Louin, Deux-Sèvres.
Decaudin (Céline) et enf., de Saint-Waast, à Melle, Deux-Sèvres.
Declercq, d'Armentières, à Pont-du-Casse, Lot-et-Garonne.
Decreton (Charles), de Fives-Lille, à Agen, Lot et Garonne.
Décoctz (Raymond), de Lille, à Agen, Lot-et-Garonne.
Décaubus (Emile), de Denain, à Lozon, Manche.
Decarpentier (Paul), de Fenain, à Montreuil, Manche.
Dèche (Louis), d'Aniche, à Tessy s.-Vire, Manche.
Decq (Marie), de Maubeuge, à Sainte-Lizaigne, Indre.
Declercq (Pierre), de Rentvain, à Hambye, Manche.
Decroix (Henri), de Lille, à Hambye, Manche.
Decroix (Julien), de Lille, à Lacassagne, Hautes-Pyrénées.
Decroix (Pierre), de Lille, à Lacassagne, Hautes-Pyrénées.
Decoster (Jean-Pierre), de Lille, à Lascazères, Hautes-Pyrénées.
Decottignies (Georges), de Croix, à Labatut-Larivière, Hautes-Pyrénées.
Dédours (Louis), de Marcq-en-Barœul, à Argenton, Indre.
Dedours (Marcel), de Marcq-en-Barœul, à Argenton, Indre.
Deeplanque (Emile), de Mouvaux, à Agen, Lot-et-Garonne.
Deffrasnes (Alphonse), de Lille, à Agen, Lot-et-Garonne.
Degueldre (Mme) et enf., de Fourmies, à Saint-Florent, Deux-Sèvres.
Degueldre (Alfred), de Fourmies, à Saint-Florent, Deux-Sèvres.
Degand (Louise), de Maubeuge, à Oiron, Deux-Sèvres.
Deglilage (Noël) et fam., de Maubeuge, à Chabris, Indre.
Dehan (Mme) et fam., de Bertry, à Vichy, Allier.
Debont (Maurice), de Lille, à Cancon, Lot-et-Garonne.
Dehotte (Léon), de Carnin, à Angers, Maine-et-Loire.
Dehaut (Albert), de Lille, à Saint-Denis-le-Gast, Manche.
Dehaese (Paul), de Fives-Lille, à Hères, Hautes-Pyrénées.
Dehon (Paul) et fam., de Lourches, à Buzon, Hautes-Pyrénées.
D'Haenens (Marcel) et enf., de Lille, à Autun, Saône-et-Loire.
Dejonckeere (Denis), de Tourcoing, à Lamassas, Lot-et-Garonne.
Dejensart (Dieudonné), de Saint-Amand-les-Eaux, à Hambye, Manche.
Dejensart (Télesphore), de Saint Amand-les-Eaux, à Hambye, Manche.
Dekaiser (Emile), de Tourcoing, à Cancon, Lot-et-Garonne.
Dekmuydt (Alef), de Tilloy, au Chefresne, Manche.
Dekuysche (Jules), de Tourcoing, à La Meurdraquière, Manche.
Delos (Eugène), de Lille, à Tarbes, Hautes-Pyrénées.
Delsaut (Mme) et enf., de Clairfayts, à Tarbes, Hautes-Pyrénées.
Dafossés-Duiglier (Mme), de Lequesnoy, à Vichy, Allier.
Deleporte-Payen (Mme), de Lesquesnoy, à Vichy, Allier.
Delatte (Eugène), de Condé-s.-Escaut, à Louin, Deux-Sèvres.
Delmothe (Achille), de Wambrechies, à Hautefage, Lot-et-Garonne.
Delvaux (Félicie), de Zée-de-Trelon, à Louzy, Deux-Sèvres.
Delvaux (Désiré), de Zée-de-Trelon, à Louzy, Deux-Sèvres.
Delfosse (Valentine), de La Madeleine, à Châtillon-s.-Sèvre, Deux-Sèvres.
Delfosse (Marius), de Lille, à Granges, Lot-et-Garonne.
Deltour (Octavie), d'Avesnes, à Niort, Deux Sèvres.
Delame (Anne-Marie), de Valenciennes, à Saint-Maxire, Deux-Sèvres.
Delfosse (Guy), de Denain, à Orléans, Loiret.
Delmotte (Achille), de Wambrechies, à Agen, Lot-et-Garonne.
Delebecque (Ferdinand), de Flers-Lille, à Agen, Lot-et-Garonne.
Delmotte (Gabriel), de Mons-en-Barœul, à Hambye, Manche.
Deloss (Marcel), de Lille, à Saint-Denis-le-Gast, Manche.
Deloy (Edouard), de Roubaix, à Hambye, Manche.
Delport (Jules), de Forest, à Percy, Manche.
Delplanque (Fernand), de Waziers, à Remilly, Manche.
Delval (Fernand), de Watignies, à Hambye, Manche.
Delacroix (François), d'Aniche, à Angers, Maine-et-Loire.
Delanoy (Joseph), d'Auberchicourt, à Angers, Maine-et-Loire.
Delcombe (Auguste), d'Houpline-Lille, à Angers, Maine-et-Loire.
Delefosse (Marcel), d'Annœulin, à Fougerolles, Indre.
Delefosse (Pierre), d'Annœulin, à Fougerolles, Indre.
Delcourt (Alfred), de Loos-les-Lille, à Varennes, Indre.
Delacour (Noël), de Croix, à Percy, Manche.
Delannoy (Henri), de Croix, à Hambye, Manche.
Delarre (Louis), d'Armentières, à Saint-Denis-le-Gast, Manche.
Delarre (Achille), d'Armentières, à Saint-Denis-le-Gast, Manche.
Delaur (Edouard), d'Anzin, à Equilly, Manche.
Delefosse (Robert), de Seclin, à Saint-Louet-s.-Vire, Manche.
Delcroix (Jean), de Thiemesnil, au Chefresne, Manche.
Deleporte (Oscar) et fam., de Lille, à Mesnil-Rognes, Manche.
Delemar (Henri), de Lille, à Heudemesnil, Manche.
Delesalle (Louis), de Tourcoing, à Anctoville, Manche.
Deleu (Anatole), de Pérenchi, à Gouvets, Manche.

Delfosse (François), de Donain, à Remilly, Manche.
Dellacherie (Philippe), de Roost-Warendin, à Remilly, Manche.
Delettre (Frumence), de Douriers, à Auxerre, Yonne.
Delbois (François), de Wavrin, à Angers, Maine-et-Loire.
Delefolie (Elise), de Salomé, à Argenton, Indre.
Délécluse (Albert), de Valenciennes, à Barillac, Hautes-Pyrénées.
Delplanque (Georges), de Tourcoing, à Maubourguet, Hautes-Pyrénées.
Debney (Gustave) et fam., de Lille, à Etang-sur-Arroux, Saône-et-Loire.
Delsarte (Lucienne) et fam., de Marchiennes, à La Luzerne, Manche.
Delplanque (Elise), de Regnigny, à Granville, Manche.
Delhaye (Eugène), de Fourmies, au Temple-Médoc, Gironde.
Delcour (Alcide), d'Aniche, à Tessy-sur-Vire, Manche.
Deloloy (Emilia), de Sin-le-Noble, à Chabris, Indre.
Delbart (Cécile), d'Estrées, à Clion, Indre.
Delcourt (Alfred), de Loos-lès-Lille, à Varennes, Indre.
Delaey (Jean-Baptiste), de Lille, à Saint-Cyran-du-Jambot, Indre.
Delelirem (Michel), de Lille, à Saint-Julien-en-Jarez, Loire.
Demont (Théophile), de Beaumont, à Remilly, Manche.
Demarel (Henri), de Caudry, à Tessy-s.-Vire, Manche.
Demousalle (Eugène), d'Erquelines, à Montpinchon, Manche.
Demarque (Jules), de Beuvry, à Hambye, Manche.
De Moulenaere (Alphonse), de Lille, à Percy, Manche.
Denil (Charles), de Lille, à Tarbes, Hautes-Pyrénées.
Denauw (Victor), de Tourcoing, à Pont-Leroy, Loir-et-Cher.
Denis (Henri), de Lille, à Vendœuvres, Indre.
Deguelder (Charles), de Brebières, à Orléans, Loiret.
Degans (Paul), de Lille, à Percy, Manche.
De Graet (Henri), de Lille, à Roncey, Manche.
Degryse (Edouard), de Lille, à Hudimesnil, Manche.
Degros (Henri), de Lourch, à Rabasteus, Hautes-Pyrénées.
Daniel (Mme), de Maubeuge, à Chabris, Indre.
Desneux (Léon), de Wambrechie, à Piquepoul, Lot-et-Garonne.
Despretz (Jacques), d'Auchillez-la-Bassée, à Massoube, Gers.
Despretz (Jean), d'Auchillez-la-Bassée, à Massoube, Gers.
Descamps (Albert), de Lille, à Montpinchon, Manche.
Descamps (Arthur), de Sin-le-Noble, à Remilly, Manche.
Descamps (Henri), de Monvaux, à Mesnil-Amand, Manche.
Descamps (Jules), de Cambrai, à Mesnil-Amand, Manche.
Descamps (Louis), de Saint-Amand, au Chefresne, Manche.
Descamps (Lucien), de Perenchies, à Mesnil-Villeman, Manche.
Deschéemaeker (Georges), de Roubaix, à Hambye, Manche.
Desmedt (Adolin), de Roubaix, à Saint-Denis-le-Gast, Manche.
Desmet (Emile), d'Halluin, à Muneville-sur-Mer, Manche.
Desmet (Jean), de Lille, à Percy, Manche.
Desmettre (Jules-César), de Mons-en-Barœul, à St-Denis-le-Gast, Manche.
Desmub (Charles), d'Armentières, à Beaucoudray, Manche.
Desorme (Henri), de Walignies, à Hambye, Manche.
Dessmets (Emile), de Lille, à Anctoville, Manche.
Desseyns (Eugène), de Saint-André, à Percy, Manche.
Desmarais (Léon), de La Bassée, à Angers, Maine-et-Loire.
Desenfants (Georges), de Louvroil, à La Champenoise, Indre.
Desmaretz (Germaine), de Marcq-en-Barœul, à Argenton, Indre.
Desjardins (Adélaïde), de Charbuy, à Auxerre, Yonne.
Desreumaux (Henri) et fam., de Lille, à Autun, Saône-et-Loire.
Depratre (Henri), de Roubaix, à Cosne-sur-l'Œil, Allier.
Depriester (Ferdinand), de Lille, à Agen, Lot-et-Garonne.
Deprez (Pierre), d'Halluin, à Maubourguet, Hautes-Pyrénées.
Dequin (Charles), de Sin-le-Noble, à Remilly, Manche.
Dermigny (Marie), de Ribécourt, à Saint-Hilaire-de-Harcouët, Manche.
Dernbel (Charles), de Trith-Saint-Léger, à Tessy-sur-Vire, Manche.
Dezin (Albert), de Tourcoing, à Auctoville, Manche.
Derouvroy et enf., de Quiery, à Vichy, Allier.
Dernis (Marcel), de Lille, à Franchesse, Allier.
Derlique (Fernand), de Cambrai, à Saint-Germain-des-Fossés, Allier.
Dérégnaucourt (Zélia) et fam., de Dechy, à Villeneuve-sur-Lot, Lot-et-Gar.
Dormuez (Paul), de Lézennes, à Palluau, Indre.
Deraeve (Armand), de Lille, à Hérenguerville, Manche.
Dericq (Gaston), de Roubaix, à Muneville-sur-Mer, Manche.
Dermaux (Léon), de Tourcoing, à Equilly, Manche.
Dervize (Izaïe), d'Houdchoote, à Mesnil-sur-Maud, Manche.
Dervilleman (Achille), de Lille, à La Baleine, Manche.
Dervilleman (Charles), de Lille, à La Baleine, Manche.
Derneucourt (Léon), de Landas, à Montreuil, Manche.
Derviau (Fernand), de Roubaix, à Sainte-Lezaigne, Indre.
Derache (Alexandre), d'Haubourdin, à Levroux, Indre.
Deudon (Marie), de Cambrai, à Chartres, Eure-et-Loir.
Descarpentries (Désiré) et enf., de Lille, à Tarbes, Hautes-Pyrénées.
Desailly (Charles), de Roubaix, à Agen, Lot-et-Garonne.
Descarpentines (Marcel), de Lille, à Laplume, Lot-et-Garonne.
Desruelles (Paul), d'Armentières, à Mondonbleau, Loir-et-Cher.
Desneux (Léon), de Wambrechies, à Agen, Lot-et-Garonne.
Détain (Ida), de Lille, à Beaune, Côte-d'Or.
Devaux (Jean-Baptiste) et enf., de Boulogne-s.-Mer, à Mayet-de-Mont., Allier.
Dewatine (Joseph), de Lille, à Tarbes, Hautes-Pyrénées.
Devrechy (Charles) et fam., de Fenain, à Montreuil, Manche.
Devos (Henri), d'Armentières, à Savigny, Loir-et-Cher.
Devos (Alice) et enf., d'Haumont, à Pezou, Loir-et-Cher.
Devaux (René), de Douzy, à La Chapelle-Saint-Laurian, Indre.
Devaux (Palmyra), de Douzy, à La Chapelle-Saint-Laurian, Indre.
Deveugele (Henri), de Wesquehal, à Percy, Manche.
Dévriese (Louis), de Canteleu, à Percy, Manche.
Dewerpe, d'Auby, à Hambye, Manche.
Devillers (Adèle) et enf., de Bauvin, à Crozon, Indre.
Dever (Alfred), de Lille, à Lacassagne, Hautes-Pyrénées.
Dewilde (Jean-Baptiste), de Lille, à Labatut-Rivière, Hautes-Pyrénées.
Defoort (Marie-Louise), de Maubeuge, à Fontenay, Indre.
Defontaine (Joseph), d'Aubry-lès-Douai, à Reuilly, Indre.
Dhennin (Jean-Baptiste) et fam., de Bauvin, à Orléans, Loiret.
Dhennin (Auguste) et fam., de Lille, à Samatan, Gers.
Dhaese (Moïse), de Lille, à Maubourguet, Hautes-Pyrénées.
Dhemin (Léon), de Lille, à Percy, Manche.
Dierick (Arthur), de Lille, à Montpinchon, Manche.
Debière (Claire), de Waziers, à Chabris, Indre.
Dick (Fernand), d'Houplines, à Agen, Lot-et-Garonne.
Diot (Henri), d'Hellemmes-lès-Lille, à Pont-du-Casse, Lot-et-Garonne.
Dieu (Madeleine), de Valenciennes, à Chartres, Eure-et-Loir.
Dieu (Louise), de Valenciennes, à Chartres, Eure-et-Loir.
Didierjean (Jeanne), de Maubeuge, à Sacoué, Hautes-Pyrénées.
Diot (Arthur), de Roubaix, à Pont-du-Casse, Lot-et-Garonne.
Druard (Fernand), de Lille, à Saint-Lanne, Hautes-Pyrénées.
Droulé (Henri), d'Anzin, à Hagedet, Hautes-Pyrénées.
Drelon (Louis), de Billy-Berclau, à Angers, Maine-et-Loire.
Druez (Henri), de Tourcoing, à Roncey, Manche.
Druelle (Modeste), de Fretin, à Hambye, Manche.
Draucourt (Jeanne), d'Haubourdin, à Buzançais, Indre.
Druillon (Céline) et fam., de La Bassée, à Jegun, Gers.
Draux (Mme) et fam., de Jeumont, à Saint-Hilaire-du-Harcouët, Manche.
Dronsaert (Paul), de Monceau-Saint-Waast, à Virazeil, Lot-et-Garonne.
Dompsin (Léopold), de Lille, à Hères, Hautes-Pyrénées.
Doncherevolche (Léonard), de Lille, à Lascazères, Hautes-Pyrénées.
Doumeu (Ferdinand) et fam., de Lille, à Pouyastruc, Hautes-Pyrénées.
Doignies (Henri) et fam., de Lille, à Saint-Denis-le-Gast, Manche.
Docies (Jean-Baptiste), de Lille, à Montaigu-les-Bois, Manche.
Doby (Alfred), de Marais, à Mesnil-Garnier, Manche.
Dourlet (François) et fam., de Guesnain, à Isle-Jourdain, Gers.
Donée (Henri), d'Abscon, à Lozon, Manche.
Doncoing (Bernard) et fam., de Neulin, à St-Pierre-de-Clairac, Lot-et-Gar.
Douai (Céline) et enf., de Sava, à Niort, Deux-Sèvres.
Doigny (Georges), de Lille, à Lurcy-Lévy, Allier.
Doms (Edouard), de Lille, à Cosne-sur-l'Œil, Allier.
Doublemart, de Lille, à Vichy, Allier.
Dujardin (Edmond), de Fives-Lille, à Hères Hautes-Pyrénées.
Dumez (Désiré), de Mouvaux, à Lascazères, Hautes-Pyrénées.
Dupont (Lia), de Wignehies, à Auxerre, Yonne.
Dupré (Daniel), de Lille, à Lacassagne, Hautes-Pyrénées.
Duparc (Désiré), de Lille, à Angers, Maine-et-Loire.
Dubruque (Emile), de Bauvin, à Angers, Maine-et-Loire.
Ducastel (Victor), de Lille, à Hambye, Manche.
Du Bois (Edmond), de Lille, à Mesnil-Arnaud, Manche.
Dubar (Auguste), de Lille, à Percy, Manche.
Duclot (Jean), de Fretin, à Hambye, Manche.
Duflot (Alfred), de Seclin, à Saint-Louet-sur-Vire, Manche.
Dutot (Marius), de Lille, à Roncey, Manche.
Duthait (Maurice), de Lille, à Gouvets, Manche.
Duthoit (Julien), de Lille, à Mesnil-Garnier, Manche.
Duthoit (Albert), de Marquette, à Percy, Manche.
Duthilly (Léon), de Lompret, à Gouvets, Manche.
Durot (Arthur), de Seclin, à Saint-Louet-sur-Vire, Manche.
Duriez (Alexandre), d'Armentières, à Beaucoudray, Manche.
Duriez (Alphonse), d'Armentières, à Beaucoudray, Manche.
Duribreux (Alfred), de Lehomme, au Chefresne, Manche.
Dupont (Jules) et fam., de Roubaix, à Muneville-sur-Mer, Manche.
Dupont (Richard), de Roubaix, à Montaigu-le-Bois, Manche.
Dumont (Alphonse), de Perenchin, à Mesnil-Villeman, Manche.
Dumetz (Henri), de Loos, à Roncey, Manche.
Dujardin (Louis), de Lille, à Percy, Manche.
Duhem (Adolphe), de Seclin, à Saint-Louet-sur-Vire, Manche.
Dubayon (Alcide) et fam., de Waziers, à Remilly, Manche.
Duluanuel (Félix), de Croix, à Lengronne, Manche.
Dufour (Stanislas) et fam., d'Aniche, à Remilly, Manche.
Dubouage (Louis), de Lannoy, à Reuilly, Indre.
Dupont (Suzanne) et fam., d'Ors, à Issoudun, Indre.

Dumortier (Gaston), de Roubaix, à Levroux, Indre.
Dumalin (Florentin), de Lille, à Murs, Indre.
Dutranoit (Honoré), de Roubaix, à Levroux, Indre.
Duprïez, de Maubeuge, à Chabris, Indre.
Dumetz (Henri), de Loos-lès-Lille, à Droué, Loir-et-Cher.
Duez (Jean), de Douai, à Pont-Leroy, Loir-et-Cher.
Duez (Modeste) et fam., de Lewarde, à Saint-Amand, Loir-et-Cher.
Dubois (Fernand), de Saint-Amand-les-Eaux, à Pont-Leroy, Loir-et-Cher.
Dubois (Fernand), de Saint-Amand-les-Eaux, à Pont-Leroy, Loir-et-Cher.
Dubois (Jean-Baptiste) et fam., de Douai, à Vendôme, Loir-et-Cher.
Dubois (Fortuné), de Fenain, à Montreuil, Manche.
Dufour (Hyacinthe), d'Abscon, à Lozon, Manche.
Dujardin (Pierre), de Bavai, à Saint-Loup, Manche.
Duquesne (Jean-Baptiste), d'Hellesmes, au Mesnil-Amey, Manche.
Dussard (Louis), de Beauvin, au Neufbourg, Manche.
Dupaul (Paul), de Fourmies, à Saint-Hilaire-du-Harcouët, Manche.
Dufosser (Nelly), de Jeumont, à Saint-Hilaire-du-Harcouët, Manche.
Dufossez (Marie) et fam. de Jeumont, à Saint-Hilaire-du-Harcouët, Manche.
Duchatel (Edmond) et fam., de La Bassée, à Fors, Deux-Sèvres.
Dubit (Louis), de Tourcoing, à Agen, Lot-et-Garonne.
Dubois (Joseph), d'Aubry, à Saint-Pierre-de-Clairac, Lot-et-Garonne.
Dubois (Arthur), d'Aubry, à Saint-Pierre-de-Clairac, Lot-et-Garonne.
Duprié (Paula), de Maubeuge, à Orléans, Loiret.
Duprié (Hélène), de Maubeuge, à Orléans, Loiret.
Duvelz, de Lille, à Niort, Deux-Sèvres.
Duriez (Julien), d'Armentières, à Pont-du-Casse, Lot-et-Garonne.
Dubois (Jean-Baptiste), de Roubaix, à Lalande, Lot-et-Garonne.
Dubois (Arthur), de Roubaix, à Hautefage, Lot-et-Garonne.
Duhem (Jeanne), de La Bassée, à Fors, Deux-Sèvres.
Dupuis (Rémy), de Denain, à Niort, Deux-Sèvres.
Duglen (Julienne) et enf., de Fourmies, à Fressines, Deux-Sèvres.
Duydt (Léon), de Lille, à Laroque, Lot-et-Garonne.
Dupont (Madeleine) et fam., de Valenciennes, à Saint-Maxire, Deux-Sèvres.
Dupont, d'Avesnes-sur-Helpe, à Saint-Florent, Deux-Sèvres.
Ducatillion (François), de Degny, à Sainte-Geneviève-des-Bois, Loiret.
Dufranne (Marie) et fam., de Asseveul, à Sougy, Loiret.
Duchateau (Julia) et fam., de Bellezeele, à La Chapelle-sur-Aveyron, Loiret.
Duray (Eugène), de Lille, à Vieure, Allier.
Duez (Mlle), de Quiery, à Vichy, Allier.
Dufranc (Mme) et enf., de Saint-Hilaire-les-Cambrai, à Vichy, Allier.
Dubuis (Emile), d'Avesnes-lez-Aubert, à Franchesse, Allier.
Dubieu (Alphonse), de Lille, à Couleuvre, Allier.
Eggermont (Constantin), de Roubaix, à Lurcy-Lévy, Allier.
Elbo (Gustave), de Tourcoing, à Hambye, Manche.
Eliet (Juliette), de Fourmies, à Auxerre, Yonne.
Eliet (Oscar) et sa fam., de Fourmies, à Auxerre, Yonne.
Encse (Carolus), de Valenciennes, à Saint-Pierre-de-Clairac, Lot-et-Garonne.
Engrand (Auguste), de Lille, à Percy, Manche.
Eylettens (Léon), de Lille, à Lurcy-Lévy, Allier.
Eynatte (Paul), de Lille, à Trouley-Labarthe, Hautes-Pyrénées.
Facon (Lucien), de Lille, à Percy, Manche.
Fagot (René), de Lille, à Saramon, Gers.
Faillebout (Charles), de Lille, à La Baleine, Manche.
Farineaux (Edmond), de Rosult, à Tessy-sur-Vire, Manche.
Faucomier (Fernand) et fam., de Marpent, à St-Ebrémond-d.-Bonfossé, Manche.
Faurviz (Mme) et enf., de Fimes, à Vichy, Allier.
Fauveau (Albert), d'Ornain, à Tessy-sur-Vire, Manche.
Fendy (Arthur), d'Escaupont, à Percy, Manche.
Fertin (Victor), de Wambrechies, à Agen, Lot-et-Garonne.
Fiews (Edouard, dit Jules) et fam., de Marcq-en-Barœuil, à Gap, Hautes-Alpes.
Fiévet (Hubert) et fam., de Valenciennes, à Luçay-le-Mâle, Indre.
Fiévet (Robert) et fam., de Saint-Saulve, à Hambye, Manche.
Fiévet (Victor), de Denain, à Mesnil-Villeman, Manche.
Flament (Louis), de Waziers, à Remilly, Manche.
Flandroy (Arthur), de Valenciennes, à Angers, Maine-et-Loire.
Flanquart (Arthur), de Seclin, à Saint-Louet-sur-Vire, Manche.
Flervaque (Danil), de Lille, à Anctoville, Manche.
Flipeaux (Paul), de Fiers-Breucq, à Regneville, Manche.
Florropps (Philippe) et fam., de Sin-le-Noble, à Saint-Florentin, Indre.
Fontaine (Gilbert), de Clary, à Vichy, Allier.
Fontaine (Camille), de Maubeuge, à Vichy, Allier.
Fontaine (Désiré) et fam., d'Annappes, à Hautefage, Lot-et-Garonne.
Fontaine (Henri), de Wattignies, à Orléans, Loiret.
Fontaine (Léon), de Caudry, à Tessy-sur-Vire, Manche.
Fontry et fam., de Trelon, à Vichy, Allier.
Fosse (Adolphe), de Valenciennes, à Tessy-sur-Vire, Manche.
Foucher (Joseph) et fam., de Jeumont, à Chartres, Eure-et-Loir.
Fourdenier (Victor), de Wavrin, à Angers, Maine-et-Loire.
Franck (Gustave) et fam., de Lille, à Tarbes, Hautes-Pyrénées.
François (Mme) et enf., de Beauvois-en-Cambrésis, à Niort, Deux-Sèvres.
Françus (Georges), de Denain, à Castelnau, Hautes-Pyrénées.

Franken (Joseph), de Lille, à Cosne-sur-l'Œil, Allier.
Frédéricq (Henri), de Roubaix, à Labitte-Toupière, Hautes-Pyrénées.
Fremaut (Maurice), de Lille, à Hères, Hautes-Pyrénées.
Frémery (Henri) et fam., d'Escaudin, à Boësse, Loiret.
Frigard (Victoire), de Busigny, à Saint-Ebrémond-de-Bonfossé, Manche.
Gabriel (Henri) et fam., de Lille, à Agen, Lot-et-Garonne.
Gaillard (Louis), de Fives-Lille, à Percy, Manche.
Galand (Louis), de Roubaix, à Cosne-sur-l'Œil, Allier.
Gambier (Arthur) et fam., de Sin-le-Noble, à Remilly, Manche.
Garbe (Théophile), d'Houplines, à Mesnil-Rogues, Manche.
Gardien (Georges), de Loos, à Roncey, Manche.
Gareu (Julien), de Péronchies, à Mesnil-Villeman, Manche.
Garnier (Simonne), de Lille, à Montpinchon, Manche.
Gasset (Mme), de Saint-Hilaire-lès-Cambrai, à Vichy, Allier.
Gaytaut (Auguste) et fam., de La Madelaine, à Montfaucon, Hautes-Pyrénées.
Gazeau (Mme) et enf., d'Anzin, à Airvault, Deux-Sèvres.
Geleyn (Vital), de Carvin, à Angers, Maine-et-Loire.
Gellynck (Désiré), de Lille, à Mesnil-Garnier, Manche.
Gelez (Jean-Baptiste), de Valenciennes, à Ilères, Hautes-Pyrénées.
Gillet (Victor) et fam., de Blagny, à Saint-Germain-des-Fossés, Allier.
Georges (Alexandre), de Lille, à Labatut-Rivière, Hautes-Pyrénées.
Georges (Emile), de Lambersart, à Montpinchon, Manche.
Georges (Henri) et fam., de Denain, à Cologne, Gers.
Gentilhomme (Isidore), d'Armentières, à Passage-d'Agen, Lot-et-Garonne.
Gervais (Emile), de Walincourt, à Roncey, Manche.
Gesthain (Mme) et enf., de Lille, à Vichy, Allier.
Genry (Léon), de Tritp-Saint-Léger, à Tessy-sur-Vire, Manche.
Gevaert (Georges), de Lille, à Cosne-sur-l'Œil, Allier.
Ghequière (Julien), de Villers-Campreau, à Vieure, Allier.
Ghesquies (Julien), de Tourcoing, à Saint-Denis-le-Gast, Manche.
Ghestain (Mme) et enf., de Lille, à Vichy, Allier.
Ghislain (Jean), de Lille, à Sombrun, Hautes-Pyrénées.
Ghiesmans (Adolphe), de Lille, à Saint-Denis-le-Gast, Manche.
Gilbert (Paul), de Verlinghem, à Gouvets, Manche.
Gillon (Edouard), de Fenain, à Montreuil, Manche.
Gillynck (Joseph), de Lille, à Equilly, Manche.
Girardi (Désiré), de Roubaix, au Mesnil-Amand, Manche.
Glorieux (Charles), de Roubaix, à Hambye, Manche.
Gobert (Fernand), de Fives-Lille, à Hambye, Manche.
Godissart (Florentine), de Maubeuge, à La Luzerne, Manche.
Goddaert (Médard), de Lille, à Labitte-Toupière, Hautes-Pyrénées.
Goemaere (Jules) et fam., de Merville, à Percy, Manche.
Goffin (Victor), de Douai, à Saint-Pierre-de-Clairac, Lot-et-Garonne.
Gombert (Siméon), de Lille, à Gouvets, Manche.
Gons (Jean), de Tourcoing, à Maubourguet, Hautes-Pyrénées.
Gonin (Zélie), de Recquignies, à Montipouret, Indre.
Gosselin (Léon), de Douai, à Boësse, Loiret.
Gosset (Mme) et fam., de Maubeuge, à Saint-Pierre-de-Jards, Indre.
Gosset (Jules) et fam., de Busigny, à Niort, Deux-Sèvres.
Gossens (Jean), de Lille, à Lascazères, Hautes-Pyrénées.
Goujon (Louise), de Cambrai, à Auxerre, Yonne.
Goubet (Alcide), de Denain, à Lozon, Manche.
Grad (Guillaume), de Lille, à Roncey, Manche.
Gralinot (Emile), d'Anzin, à Hagedet, Hautes-Pyrénées.
Grégoire (Arthur), de Lille, à Saint-Lanne, Hautes-Pyrénées.
Grimaux (Jean-Baptiste), de Denain, à Hères, Hautes-Pyrénées.
Grimonprez (Marcel), de Lille, à Gouvets, Manche.
Graote (Henri) et fam., de Lille, à Agen, Lot-et-Garonne.
Grout (Casimir), de La Bassée, à Angers, Maine-et-Loire.
Grymonpreg (Jules), de Lille, à La Meurdraquière, Manche.
Guenet (Henri), de Lewarde, à Sargé, Loir-et-Cher.
Guérin (Ernestine), de Fresnes, à Auxerre, Yonne.
Guétière (Jules), de Mouvaux, à Castelnau-Rivière-Basse, Hautes-Pyrénées.
Guillaume (Auguste), d'Aniche, à Luçay-le-Mâle, Indre.
Guinet (Elisabeth), de Marcoing, à Saint-Martin-de-Bonfossé, Manche.
Guignier (Eugène), de Lille, à La Motte-d'Aveillans, Isère.
Hache (Paul), de Douai, à Remilly, Manche.
Hallosserie (Victor), de Bailleul, à Percy, Manche.
Hallouchery (Fontaine), de Clary, à Vichy, Allier.
Halluin (Achille), de Lille, à Laroque, Lot-et-Garonne.
Hamon (Jules), de Solre-le-Château, à Saint-Florent, Deux-Sèvres.
Hanciaux (Marie-Louise), de Maubeuge, à Saint-Pierre-de-Jards, Indre.
Harmand (Edouard), de Tourcoing, à Pont-Leroy, Loir-et-Cher.
Hasseilweile (Emile), de Lille, à Montpinchon, Manche.
Havart (Irma), de Flines-Lerache, à Ouville, Manche.
Haverbecque (Auguste), de Bailleul, au Mesnil-Garnier, Manche.
Havez (Henri), d'Estaires, à Hambye, Manche.
Havez (Emile) et fam., de Lourches, à Bazillac, Hautes-Pyrénées.
Hayart (Albert), de Loos, à Agen, Lot-et-Garonne.
Hégo (François), de Lomme, à Gouvets, Manche.
Heilitson (Raymond) et fam., de Tourcoing, à La Meurdraquière, Manche.

Hendryx (François), de Lille, à Franchesse, Allier.
Henonne (Georges), de Lille, à Vieure, Allier.
Hennebert (Richard) et fam., de Lille, à Reuilly, Indre.
Hennicotte (Maurice), d'Haubourdin, à Levroux, Indre.
Henry (Esther), de Fourmies, à Niort, Deux-Sèvres.
Hens, de Roubaix, à Vichy, Allier.
Hequette (Charles), de Lille, à Cosne-sur-l'Œil, Allier.
Hubin (Charles), de Valenciennes, à Percy, Manche.
Heuau (Louis), d'Alesrou, à Lozon, Manche.
Herbonnez (François), d'Helesnes, au Mesnil-Amey, Manche.
Heriempont (Louis), de Lille, à Franchesse, Manche.
Herland (Auguste), de Lille, à Saint-Julien-en-Jarez, Loire.
Herland (Lucien), de Lille, à Saint-Julien-en-Jarez, Loire.
Horlant (Auguste), de Douai, à Chabris, Indre.
Hermann (Henri), de Lille, à Hambye, Manche.
Heulle (Hippolyte), de Marquet, à Agen, Lot-et-Garonne.
Heusdens (Félix), de Valenciennes, à Tessy-s.-Vire, Manche.
Hochin (Hippolyte), de Provin, à Angers, Maine-et-Loire.
Hoel (Pierre), de Wallers, à Lagarenne, Lot-et-Garonne.
Hoel (Julien) et fam., de Beuvry-les-Orchies, à Autun, Saône-et-Loire.
Hoet (Jules), de Candry, à Tessy-s.-Vire, Manche.
Holbecq (Lucien), d'Halluin, à Muneville-s.-Mer, Manche.
Hordoire, de Lille, à Vichy, Allier.
Horgniez (Charlimez), d'Erquelines, à Montpinchon, Manche.
Hornez (Edmond), de Lille, à Tarbes, Hautes-Pyrénées.
Hornez (Emile), de Lille, à Tarbes, Hautes-Pyrénées.
Honche (Henri) et sa fam., de Lille, à Percy, Manche.
Houdart (Pierre), de Marchiennes, à Buzançais, Indre.
Houlier (Louise) et enf., d'Hautmont, à St-Laurent-des-Taux, Loir-et-Cher.
Houpe (Léon), de Raisme, à Bazet, Hautes-Pyrénées.
Houriez (Achille), de Raisme, à Tarbes, Hautes-Pyrénées.
Houvenaghel (Auguste), de Bailleul, à Mesnil-Garnier, Manche.
Humez (Edouard), de Beuvry, à Hambye, Manche.
Hubert (Charles), de Waziers, à Remilly, Manche.
Hubiard (Albert), de Le Cateau, à Troyes, Aube.
Husson (Cécile), de Warcq, à Dreux, Eure-et-Loir.
Imbel (Benjamin), de La Bassée, à Jegun, Gers.
Iorck (Jules) et fam., de Denain, à Percy, Manche.
Jadot (Joséphine), de Douai, à Saint-Pierre-de-Clairac, Lot-et-Garonne.
Jaquaz (Félix), de Valenciennes, à La Motte-d'Aveillans, Isère.
Jayet (Lucien), de Vieux-Condé, à Tessy-sur-Vire, Manche.
Jeannet (Albert), d'Aniche, à Lucay-le-Mâle, Indre.
Joachim (Arthur), de Lille, à Lascazères, Hautes-Pyrénées.
Joly (Louis) et fam., de Douchy, à Bazillac, Hautes-Pyrénées.
Joly (Julien), de Ronchain, à Percy, Manche.
Joly-des Fossez (Mme) et enf., du Quesnoy, à Vichy, Allier.
Jombart (Henri), de Lille, à Hères, Hautes-Pyrénées.
Jonard (Mlle), de Solre-le-Château, à Vichy, Allier.
Just, de Lille, au Mas-d'Angenais, Lot-et-Garonne.
Justin (Alexis), de Fives-Lille, à Maubourguet, Hautes-Pyrénées.
Juvenez (Henri), de Tourcoing, à Anctoville, Manche.
Keymeulen (Alfred), de Lille, à Montpinchon, Manche.
Kil (Fernand), de Saint-Amand, à Saint-Hilaire-du-Harcouët, Manche.
Kindts (Edmond), de Lille, à Soublecause, Hautes-Pyrénées.
Labrecht (Marcel), de Lille, à Percy, Manche.
Lacroix (Marie-Louise), de Lille, à Saint-Médard, Indre.
Laté (Julien), de Lille, à Murs, Indre.
Lafontaine (Eugénie), d'Orchies, à Saint-Denis-le-Gast, Manche.
Lagroma (Elise, de), de Lille, à Niort, Deux-Sèvres.
Lagache (Julien), de Lille, à Gouvets, Manche.
Lagouche (Henri), de Villers-en-Cauchies, à Remilly, Manche.
Laignel (Albert), de Seclin, à Saint-Louet-sur-Vire, Manche.
Laloyaux (Vital) et son épouse, de Marpent, à Mondoubleau, Loir-et-Ch.
Lalau (François), de La Madeleine-Lille, à Chabris, Indre.
Lalau (Jules), de La Madeleine-Lille, à Chabris, Indre.
Lambourg (Adèle) et fam., du Quesnoy, au Val-Saint-Père, Manche.
Lamendin (Adolphe), d'Hélesnes, au Mesnil-Amey, Manche.
Lambert (E.) et fam., de Villers, à Saint-Jean-d.-Baisants, Manche.
Lamand (Marie) et enf., d'Aumont, à Vendœuvres, Indre.
Langlind (Marcellin), de Masny, à Sargé, Loir-et-Cher.
Lauçon (Louis) et fam., d'Homont, à Vatan, Indre.
Lancelle (Albert), de Douai, à Hambye, Manche.
Langlé (Raphaël), de Lille, à Hambye, Manche.
Langleviez (Thomas), d'Aniches, à Lengronne, Manche.
Langrenet (Louis), de Waziers, à Remilly, Manche.
Lance (Hippolyte), de Lille, à Hères, Hautes-Pyrénées.
Laporte (Mme), de Lille, à Niort, Deux-Sèvres.
Lapostolle (Marguerite), de Maubeuge, à Buxeuil, Indre.
Larchet (Mme), de Lille, à Vichy, Allier.
Larooze (Omer), de Valenciennes, à Pont-du-Casse, Lot-et-Garonne.
Lasselin (Mme), de Beauvoir-en-Cambrésis, à Niort, Deux-Sèvres.
Lassalle (Paule) et enf., de Valenciennes, à Niort, Deux-Sèvres.
Lasselin (André), de Boussières, à Lengronne, Manche.
Latirche (Edmond), d'Anzin, à Gouvets, Manche.
Laurent (Marie) et enf., d'Avesnes, à Niort, Deux-Sèvres.
Laurent (Marie-Louise), de Maubeuge, à Fontenay, Indre.
Laubry (Augustin) et fam., de Monsecours, à Auxerre, Yonne.
Lebon (Mme), de Douzy, à La Chapelle-Saint-Laurian, Indre.
Lebeuve (Edmond), de Lille, à La Baleine, Manche.
Leblanc (André), de Lille, à Hambye, Manche.
Leblanc (Charles), de Lesquin, à Percy, Manche.
Lebée (Pamarisse), de Maubeuge, à Saint-Christophe-en-B. Indre.
Lebleu (Désiré), de Nieppe, à Percy, Manche.
Le Brocquy (Marcel), de Lille, à Mesnil-Rogues, Manche.
Leclercq (Gérard), d'Hamon, à Cosne-sur-l'Œil, Allier.
Leclerc (Mlle), de Lomme, à Vichy, Allier.
Leclercq (Fernand), de Lille, à Agen, Lot-et-Garonne.
Leclercq (Léon), de Fenain, à Agen, Lot-et-Garonne.
Leclerc (Ferdinand) et fam., d'Hautmont, à Pezou, Loir-et-Cher.
Leclercq (Jules) et fam., d'Abscon, à Lozon, Manche.
Leclercq (René), de Lille, à Buzançais, Indre.
Lecocq (Gilberte), de Salomé, à Levroux, Indre.
Lecleire (Bernadette), de Lille, à Roanne, Loire.
Lecomte (Charles), de Nieppe, à Percy, Manche.
Lecerf (Edmond), d'Haveluy, à Remilly, Manche.
Leclerc (Alfred), de Waziers, à Remilly Manche.
Leclerc (Gaston), de Lille, à Hambye, Manche.
Leclercq (Augustin), de Lille, à Montaigu-les-Bois, Manche.
Lecocq (Eugène), de Lille, à Mesnil-Amand, Manche.
Lecocq (Jean) et fam., de Pérenchies, à Mesnil-Villeman, Manche.
Lecœuvre (Antoine), de Wallers, à Remilly, Manche.
Lecomte (Jules), de Tourcoing, à Roncey, Manche.
Lecompte (Fernand) et fam., de Pont-de-Nieppe, à Mesnil-Garnier, Manche.
Leclerc (Jules), de Tourcoing, à Angers, Maine-et-Loire.
Leclerc (Henri), de Marquillies, à Angers, Maine-et-Loire.
Leclerc (Julien), de Marquillies, à Angers, Maine-et-Loire.
Leclerc (Louis), d'Hulluch, à Angers, Maine-et-Loire.
Lecron (Fideline), de Vieux-Reng, à La Berthenoux, Indre.
Lecoq (Constance), de Monsecours, à Auxerre, Yonne.
Ledieu (Mme) et enf., de Saint-Hilaire-les-Cambrai, à Vichy, Allier.
Leduc (Victor), de Valenciennes, à Luxy-Lévy, Allier.
Ledru (Alfred), de Lille, à Laroque, Lot-et-Garonne.
Leduc (Héloïse) et fam., de Blanc-Misseron, à Abondant, Eure-et-Loir.
Leduc (Moïse), de Villers-en-Cauchies, à Remilly, Manche.
Leenknecht (Honoré), de Roubaix, à Jaligny, Allier.
Leemans (Jean) et fam., de Thun, à Sougy, Loiret.
Leenher (Gustave de), de Lille, à Buzançais, Indre.
Lefèvre (Adolphe) et fam., de Douai, à St-Pierre-de-Clairac, Lot-et-Gar.
Lefebvre (Adolphe) et fam., de La Madeleine-Lille, à Chabris, Indre.
Lefèbvre (Charles), de Seclin, à Hambye, Manche.
Lefebvre (Anatole) et fam., de Lallaing, à Roncey, Manche.
Lefebvre (Florimond), de Lille, à Montaigu-les-Bois, Manche.
Lefèbvre (Marcel) et fam., de Seclin, à Hambye, Manche.
Lefebvre (Louis), de Fretin, à Hambye, Manche.
Lefèvre (Henri) et fam., d'Emmerin, à Percy, Manche.
Lefebvre (Emile), de Lille, à Lahitte-Toupière, Hautes-Pyrénées.
Lefevar (Louis), de Lille, à Castelnau, Hautes-Pyrénées.
Lefèvre (Pierre), de Salomé, à Argenton, Indre.
Legrand (Yvonne), de Lille, à Iors, Deux-Sèvres.
Legrand (Clément), d'Alescon, à Lozon, Manche.
Legay (Germain), de Valenciennes, à Levroux, Indre.
Lehu (Emile), de Guesnain, à Cologne, Gers.
Leignel (Désiré) et fam., de Lille, à Agen, Lot-et-Garonne.
Leleu (Lucien), de Manchecourt, à Mondoubleau, Loir-et-Cher.
Leloup (Edmond), de Lille, à Chabris, Indre.
Lelievre (Arthur), de Seclin, à Angers, Maine-et-Loire.
Lemoine (Mme) et enf., de Lille, à Vichy, Allier.
Lemichel (Victor), de La Bassée, à Chartres, Eure-et-Loir.
Lemire (Emilie), de Montigné-en-Gahelle, à Loubès-Bernac, Lot-et-Garonne.
Lemaire (Joseph) et fam., d'Orchies, à Percy, Manche.
Lemesre (Aimable), de Lille, à Saint-Denis-le-Gast, Manche.
Lemoine (Alexandre), de Bellaing, à Remilly, Manche.
Lenne (Victor) et fam., de Douzy, à La Chapelle-St-Laurian, Indre.
Lenoir (Paul), de Waziers, à Remilly, Manche.
Lenvin (Henri) et fam., d'Armentières, à Beaucoudray, Manche.
Lenfant (Paul), d'Auberchicourt, à Angers, Maine-et-Loire.
Lepage (Catherine), de Lille, à Saint-Pourçain-Besbre, Allier.
Leporc (Aline) et fam., de Maubeuge, à Vatan, Indre.
Lepoer (Joseph), d'Houplines, à Mesnil-Rogues, Manche.
Lepers (Emile), de Lille, à Hudimesnil, Manche.
Leplat (Henri) et fam., d'Armentières, à Lengronne, Manche.
Lequinine (Désiré), de Denain, à Angers, Maine-et-Loire.

Leroux (Henri), de Tourcoing, à Niort, Deux-Sèvres.
Lerouge (Janvier), de Brebières, à Sainte-Geneviève-des-Bois, Loiret.
Lermuzaux (Mme), de Fourmies, à Aumont, Lozère.
Lermould (Nestor), de Roubaix, à Lengronne, Manche.
Leroy (Adolphe), de Lille, à Gouvets, Manche.
Leroy (Alfred) et fam., d'Houplines, à Grimesnil, Manche.
Lerique (Charles), de Lille, à Lacassagne, Hautes-Pyrénées.
Lesaint (Alcide), d'Omont, à Busset, Allier.
Lesecq (Auguste), de La Madeleine, à Pont-du-Casse, Lot-et-Garonne.
Lesne (Marcel), de Fenain, à Montreuil, Manche.
Letellier (Chéri), de Lille, à Gouvets, Manche.
Leterme (Maurice), de Loos, à Roncey, Manche.
Letellier (Marcel), de Lille, à Hères, Hautes-Pyrénées.
Lourquin (Isidore), de Lille, à Couleuvre, Allier.
Lévy (Mme) et enf., de Blamont, à Vichy, Allier.
Leva (Alexandre), de Roubaix, au Chefresne, Manche.
Levat (Georges), de Lille, à Percy, Manche.
Lévêque (Augustin), de Perenchies, à Mesnil-Villeman, Manche.
Lévêque (Damas), de Denain, à Remilly, Manche.
Lewatine (Joseph), de Lille, à Laccassagne, Hautes-Pyrénées.
Liagre (Rodolphe), de Lille, à Cosne-sur-l'Œil, Allier.
Libert (Louise) et enf., de La Bassée, à Jegun, Gers.
Liénard (Uger) et enf., de Fourmies, à Aumont, Lozère.
Liévin (Adèle), de Recquignies, à Saint-Chartier, Indre.
Liénart (Julienne) et fam., d'Illies, à Argenton, Indre.
Liénard (Adolphe), d'Haveluy, à Buzon, Hautes-Pyrénées.
Lillon (Josse), d'Uccle, à Surville, Manche.
Limoens (Ernest), de Tourcoing, à Niort, Deux-Sèvres.
Lion (Charles), d'Haumont, à Guilberville, Manche.
Lisse (Henri), de Salomé, à Engenville, Loiret.
Lisse (Charles), de Salomé, à Engenville, Loiret.
Liscon (Georges) et fam., de Glageon, à La Haye-Monjault, Deux-Sèvres.
Loison (Louis), de Saint-Ganovet, à Angers, Maine-et-Loire.
Lompret (Pierre), de Wallers, à Remilly, Manche.
Longuepée (Louis), de Bauvin, à Angers, Maine-et-Loire.
Lorthioir (Léon), de Lille, à Agen, Lot-et-Garonne.
Lorson (Pierre), de Loos, à Hambye, Manche.
Loridon (Marceau), de Tourcoing, à Houdimesnil, Manche.
Loriaux (Hector), de Fourmies, à Auxerre, Yonne.
Lousberg (Charles), d'Escaudain, à Saint-Hilaire, Allier.
Loudan (Auguste), d'Hellemin, à Percy, Manche.
Maes (Léonce), d'Armentières, à Pont-du-Casse, Lot-et-Garonne.
Maes (Alphonse), de Perenchies, à Lengronne, Manche.
Mahieu (Victor), d'Armentières, à Pont-du-Casse, Lot-et-Garonne.
Mahier (Charles), de Lille, à Anctoville, Manche.
Mairie (Jean), d'Annappes, à Hautefage, Lot-et-Garonne.
Maingain (Albert) et fam., d'Hautmont, à Granville, Manche.
Maison (Jules), de Denain, à Remilly, Manche.
Maine (Henri), de Lourches, à Laccassagne, Hautes-Pyrénées.
Mortier (Maria) et fam., de Bousignies, à Moriers, Eure-et-Loir.
Malésieux (Georges) et fam., de Douai, à Lahitte-Roupière, Htes-Pyrénées.
Mallet (Charles), d'Hellemmes-Lille, à Castelnau, Hautes-Pyrénées.
Malsche (François de), de Lille, à Mesnil-Garnier, Manche.
Manier (Etienne), de Lauzanne, à Agen, Lot-et-Garonne.
Mannecier (Charles), de Salomé, à Angers, Maine-et-Loire.
Marle (Céline), d'Ivouy, à Niort, Deux-Sèvres.
Marseloo (François), d'Armentières, à Pont-du-Casse, Lot-et-Garonne.
Martinache (Henry), d'Aniche, à Sainte-Geneviève-des-Bois, Loiret.
Martin (Jules), de Lambersart, à Rondoubleau, Loir-et-Cher.
Marquigny (Henri), de Lourches, au Mesnil-Amey, Manche.
Marié (Gustave), de Lille, au Temple-Médoc, Gironde.
Maréchal (Camille), de Waziers, à Chabris, Indre.
Marchal (Jules), de Maubeuge, à Châtillon-sur-Indre, Indre.
Marcaille (Constant), d'Avesne-les-Aubert, à St-Jean-des-Baisants, Manche.
Marcaille (Mme), d'Avesne-les-Aubert, à Saint-Jean-des-Baisants, Manche.
Marescaux (Léon), de Lille, à Hambye, Manche.
Marquant (Gabriel), de Wattignies, à Hambye, Manche.
Maret (Airsenne), de Tourcoing, à Equilly, Manche.
Marat (Maurice), de Molincourt, à Remilly, Manche.
Maréchal (Victorine), de Lourches, à Lacassagne, Hautes-Pyrénées.
Marcel (Constant), de Toufflers, à Saint-Lanne, Hautes-Pyrénées.
Marquant (Edouard) et fam., de Lille, à Etang-sur-Arroux, Saône-et-Loire.
Masclet (Catherine), de Dechy, à La Chapelle-sur-Aveyron, Loiret.
Mascart (Reneloc), de Blanc-Misseron, à Abondant, Eure-et-Loir.
Mas (Fernand), de Lille, à Agen, Lot-et-Garonne.
Masting (Marcelin), d'Esquerchin, à Isle-Jourdain, Gers.
Masting (Suzanne) et enf., d'Esquerchin, à Isle-Jourdain, Gers.
Massé (Léon), de Roubaix, à Munneville-sur-Mer, Manche.
Masselot (Jean-Baptiste), de Bauvin, à Angers, Maine-et-Loire.
Mauryce (Montury), de Lille, à Hambye, Manche.
Mayeur (Rose), de Douai, à Levroux, Indre.

Meaux (Marie), de Maubeuge, à Vichy, Allier.
Meens (Hector), de Lille, à Cosne-sur-l'Œil, Allier.
Mennechy (Marie) et fam., d'Haussy-Solesmes, à Dreux, Eure-et-Loir.
Menier (Léon), de Lille, à Agen, Lot-et-Garonne.
Menu (Clément), d'Esquerchin, à Buzançais, Indre.
Ménar (Irénée) et enf., de Roost-Warendin, à Isle-Jourdain, Gers.
Ménard (Moïse), de Loos, à Roncey, Manche.
Ménet (Edmond), de Nomain, à Hambye, Manche.
Menez (Marnan), de Lille, à Hambye, Manche.
Mérioux (Edmond), d'Aniche, à Remilly, Manche.
Merriaux (Ludovic), d'Aniche, à Remilly, Manche.
Mercier (Théophile), d'Abscon, à Lozon, Manche.
Mercier (Charles), de Denain, à Vic-Fezensac, Gers.
Mercier (Adolphine), de Maubeuge, à Sainte-Lizaigne, Indre.
Merlan (Adolphe), de Lille, à Rabastens, Hautes-Pyrénées.
Merckx (Pierre), de Lille, à Percy, Manche.
Meslin (Robert), de Vieux-Condé, à Tessy-sur-Vire, Manche.
Messings (Adrien), de Canteleu, à Buzon, Hautes-Pyrénées.
Meunechy (Hélène), d'Haussy-Solesmes, à Dreux, Eure-et-Loir.
Meuland (Henri), de Flines-les-Raches, à Ouville, Manche.
Meulan (Jean-Baptiste), de Flines-les-Raches, à Ouville, Manche.
Meulemester (André), de La Madeleine-Lille, à Percy, Manche.
Meulemester (Paul), de La Madeleine-Lille, à Percy, Manche.
Meuriss (Henri), d'Armentières, à Hambye, Manche.
Menland (Henri), de Flines-Lerache, à Ouville, Manche.
Meyer (Adrien), de Recquignies, à Regnéville, Manche.
Michel (Blanche), de Bousignies, à Moriers, Eure-et-Loir.
Michel (Blanche), de Bousignies, à Moriers, Eure-et-Loir.
Michotte (Emile), de Valenciennes, à Tessy-sur-Vire, Manche.
Michaux-Magy, de Solre-le-Château, à Vichy, Allier.
Milon (Léon), de Denain, à Villeton, Lot-et-Garonne.
Milleville (Henri), de Ronchin, à Percy, Manche.
Milleville (Oscar), de Sin-le-Noble, à Remilly, Manche.
Millescamps (Justin), de Croix, à Maubourguet, Hautes-Pyrénées.
Millon (Henri), de Waziers, à Remilly, Manche.
Mocq (Berthe), de Lewarde, à Mirlan, Gers.
Mochez (Alfred), de Waziers, à Rouilly, Indre.
Malsin (Hippolyte), de Wallers, à Lozon, Manche.
Moiret (Paul), de Lille, à Niort, Deux-Sèvres.
Mollet (Charles), d'Orbscon, à Lozon, Manche.
Molle (Emilia), d'Hamont, à Saint-Hilaire, Allier.
Monnier (Charles), de Landrecies, à Maintenon, Eure-et-Loir.
Monteny (Léon), de Lille, à Agen, Lot-et-Garonne.
Moura (Oscar), d'Hélesmes, au Mesnil-Amey, Manche.
Montagne (André), de Lille, à Lascazères, Hautes-Pyrénées.
Monnier (Charles), de Wattignies, à Percy, Manche.
Monnier (Paul), d'Orchies, à Saint-Denis-le-Gast, Manche.
Monnier (Charles), d'Orchies, à Saint-Denis-le-Gast, Manche.
Montogny (Fernand), de Roubaix, à Lengronne, Manche.
Montpellier (Charles), de Lille, à La Baloine, Manche.
Mortier (Henri), de Lille, à Vieure, Allier.
Moreau (Emile), de Lille, à Saint-Florent, Deux-Sèvres.
Morelle (Henri), de Manchecourt, à Mondoubleau, Loir-et-Cher.
Morelle (Bénédictine) et fam., de Sin-le-Noble, à Chabris, Indre.
Moritz (Maria) et fam., de Lille, à Cléré-du-Bois, Indre.
Mortelecque (Marie), de Provin, à Meneton-sur-Nahon, Indre.
Mortier (David), de Lille, à Buzançais, Indre.
Morlighem (Louis), de Lille, à Soublecause, Hautes-Pyrénées.
Morelle (Désiré), de Valenciennes, au Mesnil-Villeman, Manche.
Motte (Georges), de Saint-Amand-les-Eaux, à La Jeuillie, Manche.
Mousset (Léon), de Lille, à Saint-Lanne, Hautes-Pyrénées.
Mullier (Edouard), de Tourcoing, à Percy, Manche.
Mundt (Louis), de Canteleu, à Buzançais, Indre.
Mustelier (Henri) et fam., de Saint-Saulve, à Pontgouin, Eure-et-Loir.
Mutau (Sévère), de Lille, à Saint-Denis-le-Gast, Manche.
Muyck (Adolphe de), de Mons-en-Barœul, à Saint-Denis-le-Gast, Manche.
Muylaert (Louis), d'Hellemmes, à Agen, Lot-et-Garonne.
Nachtergaele (Jules), de Lille, au Mesnil-Rogues, Manche.
Nanceau (Arthur) et enf., de Lille, à Hères, Hautes-Pyrénées.
Narcisse (Jean-Baptiste), d'Hélesmes, au Mesnil-Amey, Manche.
Narguet (Jean), d'Hersbroucq, à Regnéville, Manche.
Nâthiez (Alexandre) et enf., de Lewarde, à Sargé, Loir-et-Cher.
Nayeau (Mme), d'Orchies, à Vitry, Allier.
Nevé (Louis), d'Hellesmes-lez-Lille, à Sainte-Lizaigne, Indre.
Nison (Albert), de Douchy, à Bazillac, Hautes-Pyrénées.
Noé (Albert), de Pérenchies, au Mesnil-Villeman, Manche.
Noé (André), de Pérenchies, au Mesnil-Villeman, Manche.
Notte (Octavie), de Maubeuge, à Orléans, Loiret.
Noyelle (Lucien), de Lille, à Percy, Manche.
Nuiore (Robert), du Quesnoy, au Val-Saint-Pair, Manche.
Nulestech (Henri), de Lille, à Soublecause, Hautes-Pyrénées.

Odent (Louis) et fam., de Loos, à Hambye, Manche.
Olivier (Julienne), d'Anzin, à La Chapelle-sur-Aveyron, Loiret.
Onol (Albert), de Lille, à Hautefage, Lot-et-Garonne.
Ozhan (Alfred), de Lille, à Percy, Manche.
Palstermans (Ernest), de Lille, à Le Chefresne, Manche.
Pamart (Abel), de Lille, à Cancon, Lot-et-Garonne.
Panier (Marie), de Salomé, à Levroux, Indre.
Pannetier (Louis), de Solesmes, à Trezelle, Allier.
Papeghin (Théodore) et fam., de St-Ronchin, à Muneville-sur-Mer, Manche.
Paquier (Oscar), de Seclin, à Gouvets, Manche.
Paradis (Louis) et enf., de Marpent, à Lurcy-Lévy, Allier.
Pardoen (André), de Roubaix, à Maubouguet, Hautes-Pyrénées.
Parent (Jules), de Noyelles-sur-Selle, à Remilly, Manche.
Parent (Albéric), de Denain, à Castelnau, Hautes-Pyrénées.
Parmentier (Mme) et fam., de Beauvoir-en-Cambrésis, à Niort, Deux-Sèvres.
Parmentier (Jérôme), de Lille, à Lescurry, Hautes-Pyrénées.
Parsy (Jean) et enf., à Anneullin, à Boësse, Loiret.
Pastur (François), d'Auberchicourt, à Angers, Maine-et-Loire.
Pastur (Georges), d'Auberchicourt, à Angers, Maine-et-Loire.
Pau (Fernand), d'Armentières, à Longueville, Manche.
Paulvaiche (Marcel), d'Ellesnme, à Maubourguet, Hautes-Pyrénées.
Panquint (Honoré), de Lille, à Gouvets, Manche.
Payen (Julienne), de Lequesnoy, à Vichy, Allier.
Pazin (Jean-Baptiste), de Coudry, à Prailles, Deux-Sèvres.
Pecqueux (Henri), d'Abscon, à Lozon, Manche.
Perhoest (Raymond), de Lille, à Mesnil-Amand, Manche.
Perruchon (Jean-Baptiste), de Raismes, à Saint-Hilaire, Allier.
Persyn (Albert), de Lille, à Equilly, Manche.
Perwez (Georges), de Lille, à Equilly, Manche.
Peters (Arthur), de Lille, à Buzançais, Indre.
Petillon (Marie), de La Bassée, à Fors, Deux-Sèvres.
Pétillon (Marie), de Salomé, à Argentan, Indre.
Petit (Eléonore), de Lille, à Cléré-du-Bois, Indre.
Petit (Noël), de Tourcoinp, au Mesnil-Rogues, Manche.
Petit (Marie), de Lens, à Maubourguet, Hautes-Pyrénées.
Pétit (Arthur) et fam., de Lille, à Cléré-du-Bois, Indre.
Petyt (Léon), de Loos-les-Lille, à Varennes, Indre.
Pevorter (Maurice de), de Lille, à Percy, Manche.
Pezé (Georges), de Lens, à Saint-Lanne, Hautes-Pyrénées.
Pezin, de Cambrai, à Niort, Deux-Sèvres.
Piat (Maurice), de Tourcoing, à Agen, Lot-et-Garonne.
Picart, de Fimes, à Vichy, Allier.
Picard (Renée) et fam., de Clary, à Vichy, Allier.
Picaut (Ernest), de Marq-en-Barœuil, à Régneville, Manche.
Pichois (Charles), d'Haubourdin, à Levroux, Indre.
Pidoux (Henri), de Lille, à Niort, Deux-Sèvres.
Pille (Pierre), de Tourcoing, à Hambye, Manche.
Pillot (Adhémar), de Lille, à Montaigu-les-Bois, Manche.
Pipelart (Charles), de Seclin, à Angers, Maine-et-Loire.
Planche (Mme), de Lille, à Vichy, Allier.
Plancke (Maurice), de Roubaix, à Chabris, Indre.
Plançon (Isidore) et fam., de Lille, à Percy, Manche.
Plancq (Louis), de Lambersart, à St-Cyran-du-Jambot, Indre.
Plankart (Auguste), de Seclin, à Hambye, Manche.
Planke (Marie) et enf., d'Armentières, à Vichy, Allier.
Planquert (Louis), de Tourcoing, à Hautefage, Lot-et-Garonne.
Planquert (Louis), de Roubaix, à Equilly, Manche.
Platteau (Jean-Baptiste) et fam, de Lomme, à Lengronne, Manche.
Platteeuw (Emile), de Deulemont, à Pont-Levoy, Loir-et-Cher.
Plays (Louis), de Fretin, à Hambye, Manche.
Plé (Adolphe) et fam., de Salomé, à Engeville, Loiret.
Plomion (Emile), de Roubaix, à Lengronne, Manche.
Pluchard (Moïse), de Beuvrage, à Tessy-sur-Vire, Manche.
Pluhengent (Eugénie), de Maubeuge, à St-Pierre-de-Jours, Indre.
Plumier (Marie) et fam., de Vicaigne, à Châtillon-sur-Thouet, Deux-Sèvres.
Pluvinage (Julien) et fam., de Condé-sur-Escaut, à Louin, Deux-Sèvres.
Poignet (Catherine) et fam., de Sin-le-Noble, à Auch, Gers.
Poirette (Aline), de Bousignies, à Moriers, Eure-et-Loir.
Landrieux (Mme) et fam., de Sin-le-Noble, à Chabris, Indre.
Pol (Paul), de Lewarde, à Miélan, Gers.
Polet (Irma) et fam., de Charbuy, à Auxerre, Yonne.
Polet (Constance), de Charbuy, à Auxerre, Yonne.
Pollet (Jules) et fam., de La Bassée, à Chartres, Eure-et-Loir.
Pollet (Jean), de Lille, à Hambye, Manche.
Pollet (Henri), de Lomme, à Châtillon-sur-Indre, Indre.
Pollet (Jean-Baptiste), de Lille, à Lascazères, Hautes-Pyrénées.
Pollet (Joseph), d'Auberchicourt, à Angers, Maine-et-Loire.
Poteau (Victorine), de Bauvin, à Orléans, Loiret.
Potiau (Ernestine), de Marpent, à Lurcy-Lévy, Allier.
Potier (Jean-Baptiste), d'Abscon, à Lozon, Manche.
Pottier (Frédéric), de Lille, à Buzon, Hautes-Pyrénées.

Ponchaux (Gustave), de Rosult, de Tessy-sur-Vire, Manche.
Pouillaude (Julien), de Valenciennes, à Levroux, Indre.
Poulain (Louis) et fam., de Wasiers, à Remilly, Manche.
Poulain (Charles), de Fenain, à Villeton, Lot-et-Garonne.
Pouleux (Eugénie), d'Hautmont, à Saint-Amand, Loir-et-Cher.
Poupeney (Jeanne), de Vieux-Reng, à La Berthenoux, Indre.
Pourchaud (Maria) at fam., de Douai, à St-Pierre-de-Clairac, Lot-et-Gar.
Prater (Maurice de) et fam., d'Armentières, à Longueville, Manche.
Prêtre (Gustave) et enf., de Lille, à Tarbes, Hautes-Pyrénées.
Prévost (Lucien) et enf., de Lille, à Hambye, Manche.
Prévost (Laure), de Gussignies, à Dreux, Eure-et-Loir.
Prévost (Irma) et fam., de Douzy, à La Chapelle-St-Laurian, Indre.
Prévot (Marcel), de Perenchies, à Mesnil-Villeman, Manche.
Procureur (Robert), de Lille, à Foulayronnes, Lot-et-Garonne.
Provost (Jacques), de Lille, à Trouley-Labarthe, Hautes-Pyrénées.
Proy (René), de Walincourt, à Ronccy, Manche.
Pruneau (André), de Wandigue-Hamage, à Agen, Lot-et-Garonne.
Pruvost (Henri), de Waziers, à Remilly, Manche.
Puchaux (Edmond), de Lille, à Montaigu-les-Bois, Manche.
Quénardel (Pauline) et fam., de Fismes, à Vichy, Allier.
Quertimez (Henri), de Lille, à Ilères, Hautes-Pyrénées.
Queste (Charles), d'Armentières, au Mesnil-Rogues, Manche.
Quinson (Mlle), de Quiéry, à Vichy, Allier.
Quiquempois (Pierre), de Denain, à Angers, Maine-et-Loire.
Ramboux (Moïse), de Lille, à Droué, Loir-et-Cher.
Raphael (André) et fam., de Charbuy, à Auxerre, Yonne.
Raschia (Marcel), de Lille, à Rabastens, Hautes-Pyrénées.
Rault (Edouard), de Lille, à Lahitte-Toupière, Hautes-Pyrénées.
Reguier (Jules), de Lille, à Herenguerville, Manche.
Renard (Kléber), de Lille, au Mesnil-Garnier, Manche.
Renard (Emile), de Loos-les-Lille, à Angers, Maine-et-Loire.
Renaut (Constant), de Roubaix, à Montpinchon, Manche.
Renou (Gabriel) et fam., d'Orsinval, à Breloux-la-Crèche, Deux-Sèvres.
Rennequin (Léon), de Perenchies, au Mesnil-Villeman, Manche.
Reumont (Clément), de Fourmies, à Auxerre, Yonne.
Reveillon (Maurice), de Loos-les-Lille, à Regnéville, Manche.
Révolu (Henri), de Lille, à Cazaubon, Gers.
Richard (Marcel), de Lille, à Laroque, Lot-et-Garonne.
Richard (Pauline) et fam., d'Hautmont, à Saint-Amand, Loir-et-Cher.
Richard (Julienne), d'Ors, à Issoudun, Indre.
Richer (Gustave) et enf., de Seclin, à Ecueillé, Indre.
Bernard (Angélina), de Lourches, à Châteauneuf-sur-Loire, Loiret.
Richer (Henri), de Denain, à Remilly, Manche.
Rigel (Alfred), d'Anzin, à Agen, Lot-et-Garonne.
Rincheval (Martin), de Lambre, à Angers, Maine-et-Loire.
Rivart (Oscar), d'Haumont, à Saint-Hilaire, Allier.
Robert (Marcel) et enf., de Lille, à Buxières-les-Mines, Allier.
Rochard (Marthe), d'Alein-les-Marie, à Cazaubon, Gers.
Roeck (Louis de), de Lille, à Lahitte-Toupière, Hautes-Pyrénées.
Roelens (Gustave) et fam., de Lille, à Agen, Lot-et-Garonne.
Roels (Joseph), de Lille, à Hagedet, Hautes-Pyrénées.
Roelen (Guillaume), de Lille, à Couleuvre, Allier.
Rogier (Charles), d'Houplines, au Mesnil-Rognes, Manche.
Roger (Julien), de Lille, au Mesnil-Garnier, Manche.
Robert (Henri), de Lille, au Mesnil-Garnier, Manche.
Rohart (Louis), de Lille, au Mesnil-Garnier, Manche.
Rohart (Louis), de Lille, au Mesnil-Garnier, Manche.
Rohart (Georges), de Haubourdin, à Gap, Hautes-Alpes.
Roland (Albert), de Lille, de Regnéville, Manche.
Romain (Clovis), de Marbaix, à Buxières-les-Mines, Allier.
Romon (Ferdinand), de Salomé, à Angers, Maine-et-Loire.
Rosin (Henri), de Lille, à Labatut-Rivière, Hautes-Pyrénées.
Roquet (Joseph), de Wallers, à Nérac, Lot-et-Garonne.
Rose (Henri), de Garoix, à Hambye, Manche.
Rouchez (Albert), de Fresne, à Agen, Lot-et-Garonne.
Rousselle (Victor), de Lille, à Agen, Lot-et-Garonne.
Rousselet (Victor), de Doulers, à Auxerre, Yonne.
Rousseau et fam., de Fourmies, à Morancez, Eure-et-Loir.
Rousseau (Arthur), de Tourcoing à Hambye, Manche.
Rouzé (Georges) et fam., de Marq-en-Barœul, à Gap, Hautes-Alpes.
Rousseau (Maria), de Douai, à Riscle, Gers.
Rouez-Leroy (Mme), de Solre-le-Château, à Vichy, Allier.
Rouez-Michaux (Mme), de Solre-le-Château, à Vichy, Allier.
Roy (Gustave) et fam., de Cuincy, à Vendœuvres, Indre.
Rudant (Marie), de Sin-le-Noble, à Diou, Indre.
Rudent (Emile), d'Havelicy, à Percy, Manche.
Ruisschaert (Albert), de Wattrelos, à Hambye, Manche.
Rumgels (Georges), de Roubaix, à Hambye, Manche.
Rys (Eugène), de Tourcoing, à Hudymesnil, Manche.
Sadoine (Désiré) et fam., de Lille, à Buxières-les-Mines, Allier.
Sailly (Emile), de Pérenchies, au Mesnil-Villeman, Manche.

Sartiaux (Léon), d'Aniche, à Tessy-sur-Vire, Manche.
Sainteuoy (Hippolyte), d'Iscrelieux, à Remilly, Manche.
Salomé (Robert), d'Aunappes, à Hambye, Manche.
Saudert (Albert), de Solre-le-Château, à Chartres, Eure-et-Loir.
Sandra (Victor), de Roubaix, à Hambye, Manche.
Sartiaux (Louis), de Masnières, à Soublecause, Manche.
Saudret (Albert), de Solre-le-Château, à Chartres, Eure-et-Loir.
Sautire (Auguste), de Beaumont, à Remilly, Manche.
Sauvage (Alfred), d'Aniche, à Luçay-le-Mâle, Indre.
Sauvage (Lucien), de Lille, à Maubourguet, Hautes-Pyrénées.
Savary (François) et fam., de Waziers, à Remilly, Manche.
Scauit (Raoul), d'Aniche, à Luçay-le-Mâle, Indre.
Schepens (Arthur) et fam., de Lille, à Reuilly, Indre.
Schmidt (Léonie), de Blanmiteron, à Sainte-Fauste, Indre.
Sechotto (Alphonse), de Roubaix, à St-Pourçain-sur-Besbre, Allier.
Seghers (Elise), de Bergues, à Lourdes, Hautes-Pyrénées.
Seigneil (Léon), de Lille, à Montaigu-les-Bois, Manche.
Seissaire (Aline), d'Avesnes, à Niort, Deux-Sèvres.
Séret (Eugène), de Maubeuge, à Buxeuil, Indre.
Sergent (Arthur), de Ouchy-la-Bassée, à Augers, Maine-et-Loire.
Servain (Henri), de Lourches, au Mesnil-Amey, Manche.
Sigel (Alfred), d'Orchies, à Percy, Manche.
Simon (Ferdinand), de Lille, à La Baleine, Manche.
Simon (Charles), de Lille, à Cosne-sur-l'Œil, Allier.
Six (Arthur), de La Madeleine-Lille, à Chabris, Indre.
Six (Actéon), de Lille, à Hudimesnil, Manche.
Six (Victor), de Lille, à Franchesse, Allier.
Smagghe (Gaston), d'Hazebrouck, à Gouvets, Manche.
Snaps (Emile) et enf., d'Anzin, à Couleuvre, Allier.
Snauvaert (Raymond), de Lille, au Mesnil-Garnier, Manche.
Sophie (Dimus), de Recquignies, à Regneville, Manche.
Soret (Alice) et fam., de Fégny, à Sougy, Loiret.
Soshiez (Auguste), de Raismes, à Equilly, Manche.
Souplet (Marie) et fam., de Recquignies, à Melle, Deux-Sèvres.
Soyez (Elie), de Sentinelle, au Mesnil-Villeman, Manche.
Speeckaert (Pierre), de Erre, à Tessy-sur-Vire, Manche.
Spiess (Daniel), de Vieux-Condé, à Tessy-sur-Vire, Manche.
Splingast (Marcel), de Beuvrage, à Tessy-sur-Vire, Manche.
Sprimont (André), de Guénain, à Vatan, Indre.
Spyquerelle (Lucien) et fam., de Marquette, à Saint-Lanne, Htes-Pyrénées.
Stacler (Alphonse), de Tourcoing, à Pont-Leroy, Loir-et-Cher.
Stebach (Fernande) et fam., de Renix, à Vendôme, Loir-et-Cher.
Stevens (Jules), de Lille, à Cosne-sur-l'Œil, Allier.
Stichelbaut (Alphonse), de Lille, à Laruque, Lot-et-Garonne.
Stienne (Charles) et fam., de Lille, à Châtillon-sur-Indre, Indre.
Storez (Robert), de Thiers, au Chefresne, Manche.
Stops (Isidore), de Lille, à St-Cyran-du-Jambot, Indre.
Storm (Fernand), de Lille, à Percy, Manche.
Struwé (Léopold), d'Armentières, à Hambye, Manche.
Sunon (Gaston), de Roubaix, à Hambye, Manche.
Suppert (François), de Bulit-Mantini, à Saint-Florentin, Indre.
Tabary (Jules), de Lille, à Ouville, Manche.
Tack (Joseph), de Loos, à Hautefage, Lot-et-Garonne.
Tack (Georges), de Marcq-en-Barœul, à Labitte-Toupière, Htes-Pyrénées.
Taillies (Cyrille), de Lille, à Franchesse, Allier.
Tauser (Edmond), d'Honnecourt, à Montreuil, Manche.
Testert (Georges), de Lille, à Mesnil-Bouant, Manche.
Thelier (Charles), de Lille, à Hautefage, Lot-et-Garonne.
Thieffry (Paul), de Lille, à Agen, Lot-et-Garonne.
Thioloy, de Cambrai, à Niort, Deux-Sèvres.
Thioly (Eugène), de Caudry, à Prailles, Deux-Sèvres.
Thirion (Raoul), de Lille, à Tarbes, Hautes-Pyrénées.
Tison (Marcel), de Lille, à La Baleine, Manche.
Tison (Henri), de Lille, à Labitte-Toupière, Hautes-Pyrénées.
Tison (Charles), de Lille, à Droué, Loir-et-Cher.
Tison (Adélaïde), de Recquignies, à Regneville, Manche.
Titimal (Antoine), d'Annœullin, à Hambye, Manche.
Tizzan (Marie) et enf., de Lewarde, à Miélan, Gers.
Tizzan (Achille), de Lewarde, à Miélan, Gers.
Toussaint (Victor), de Lille, à Besnardière, Maine-et-Loire.
Trachez (Henri), de Sin-le-Noble, à Remilly, Manche.
Trève (Charles), de Tourcoing, à Pont-Leroy, Loir-et-Cher.
Triez (Jules), de Lille, à La Baleine, Manche.
Tricoit (Alfred), de Croix, à Hambye, Manche.
Tricot (Jules), de Liessies, à Saint-Florent, Deux-Sèvres.
Tromillet (Céline), d'Ors, à Issoudun, Indre.
Truyens (Georges) et fam., de Maubeuge, à Sainte-Lizaigne, Indre.
Turck (Henri), de Bailleul, à Percy, Manche.
Turck (Jeanne) et enf., d'Honnecourt, à Virez, Manche.
Tytgat (Auguste), de Lille, à Labitte-Toupière, Hautes-Pyrénées.
Valencelle (Louise) et enf., de Cuincy, à Vendœuvres, Indre.

Vallart (Alphonse), d'Armentières, à Beaucoudray, Manche.
Vallet (Maria) et enf., d'Avesnes, à Niort, Deux-Sèvres.
Vaneste (Louis), d'Armentières, à Longueville, Manche.
Van Ghist (Berthe), de Recquignies, à Montipouret, Indre.
Vanpraet (Gaston), de Lille, à Agen, Lot-et-Garonne.
Vasse (Georges), de La Madeleine-Lille, à Chabris, Indre.
Vasseur (André), de Lille, à Percy, Manche.
Vasseur (Mme) et enf., de Glageon, à Montcombroux, Allier.
Vast (Eugène), de Lourches, à Bazillac, Hautes-Pyrénées.
Vandeville (Raymond), de Maubeuge, à Palluau, Indre.
Vautier (Gaston), de Mons-en-Barœul, à Buxières-les-Mines, Allier.
Vanacker (Henri), d'Estaires, à Hambye, Manche.
Vanacker (Léon), d'Estaires, à Hambye, Manche.
Vanacker (Simonet), d'Estaires, à Hambye, Manche.
Van Cauteren (Alois), de Roubaix, à Saint-Hilaire, Allier.
Vancauwenberghe (Hippolyte), de Lille, à Percy, Manche.
Vandemoere (Charles), de Werwicq, à Saint-Menoux, Allier.
Vandepoorter (Désiré), de Tourcoing, à Buzon, Hautes-Pyrénées.
Vandeputte (Cyrille), de Tourcoing, à Latterade, Hautes-Pyrénées.
Vanderdonckt (Félix), de Lille, à Mesnil-Garnier, Manche.
Vanderguchi (Jules), de Tourcoing, à Mesnil-Rogues, Manche.
Vanderhouderlinghen (Jean Baptiste), de Lille, à Vierzon, Cher.
Vanderhouderlinghen (Victor), de Lille, à Vierzon, Cher.
Vanderosière (Moïse), de Lille, à Hautefage, Lot-et-Garonne.
Vanderschel (Camille), d'Armentières, à Equilly, Manche.
Vanderschelden (Charles), de Lille, à Clion, Indre.
Vandoorscellaerst (Gaston), de Lille, à Percy, Manche.
Van Eeklante (Paul), de Lille, à Vendœuvres, Indre.
Van Hanebeck, de Lille, à Saint-Denis-le-Gast, Manche.
Vanherpe, de Lille, à Agen, Lot-et-Garonne.
Vanbouwe (Georges), de Lille, à Vatan, Indre.
Vaniscotte (Julien) et enf., de Lille, à Etang-sur-Arroux, Saône-et-Loire.
Vaniscotte (Gaston), de Loos, à Etang-sur-Arroux, Saône-et-Loire.
Vanlacthem (Léon), de Tourcoing, à Maubourguet, Hautes-Pyrénées.
Van Libergen (Jules), de Lille, à Cosne-sur-l'Œil, Allier.
Vanoux (Germaine), d'Hautmont, à Saint-Hilaire-du-Harcouët, Manche.
Vanoux (Gabrielle), d'Hautmont, à Saint-Hilaire-du-Harcouët, Manche.
Vanovervolt (Léon), de Loos-les-Lille, à Varennes, Indre.
Vanoverberghe (Louis), d'Armentières, à Mesnil Rogues, Manche.
Vanovervelt (Léon), de Loos-les-Lille, à Varennes, Indre.
Van Troy (Pierre), de Lille, à Saint-André-le-Gast, Manche.
Vanwymelbeck (Henri), de Lille, à Mondoubleau, Loir-et-Cher.
Van Wynsberghe (Gaston), de Roubaix, à Châtillon-sur-Indre, Indre.
Van Audenaeren (Joseph) et son épouse, de Pont-à-Celles, à Pouyastruc, Htes-P.
Vandenabeele (Julien), de Fives-Lille, à Hambye, Manche.
Van den Berg, de Lomme, à Vichy, Allier.
Vandenberghe (Adrien), de Lille, à Hambye, Manche.
Vandenhoten (Jean) et fam., d'Hautmont, à Argenvilliers, Eure-et-Loir.
Vanden-Bossche (Pierre), de Lille, à Vieure, Allier.
Vandenbossche (Alphonse), de Houplines, à Mesnil-Rogues, Manche.
Vandenbuck (Edmond), de Loos-les-Lille, à Varennes, Indre.
Vandenheede (Jean), de Lille, à Lengronne, Manche.
Van den Hoye (Marguerite), de Mons-en-Barœul, à Buxières-les-Mines, Allier.
Vantier (Henri), de Roubaix à Labitte-Toupière, Hautes-Pyrénées.
Verback (Maurice), de Tourcoing, à Astaffort, Lot-et-Garonne.
Verrier (Léon), de Beurrage, à Tessy-sur-Vire, Manche.
Vermesch (Arthur), de Seclin, à Hambye, Manche.
Verquin (Victor), d'Armentières, à Couleuvre, Allier.
Vermeren (Léon), de Lille, à Sainte-Lizaigne, Indre.
Verdière (Gustave), de Houplines, à Châtillon-sur-Indre, Indre.
Verhoven (Marie), d'Hautmont, à St-Laurent-des-Eaux, Loir-et-Cher.
Verstraete (Arthur), de Wattrelos-Sapins-Verts, à Agen, Lot-et-Garonne.
Verscheure (Jules), de Lille, à Hambye, Manche.
Versmessen (Théodore), de Lille, à Mesnil-Amand, Manche.
Vershren (Paul), de Lille, à Roncey, Manche.
Vermes (Georges), de Lille, à Hérenguerville, Manche.
Verhée (César), d'Armentières, à Beaucoudray, Manche.
Vercruysse (Zéphirine), de Roubaix, à Lengronne, Manche.
Verbeke (Marcel), de Lille, à Lengronne, Manche.
Verbrugghe (Gabriel), de Roubaix, à Hudimesnil, Manche.
Verriest (Fernand), de Marquette-les-Lille, à Saint-Lanne, Htes-Pyrénées.
Verriest (Paul), de Marquette-les-Lille, à Saint-Lanne, Hautes-Pyrénées.
Vervau (Edouard), de Lille, à Maubourguet, Hautes-Pyrénées.
Vermander (Albert), de Marquette, à Saint-Lanne, Hautes-Pyrénées.
Vercel (Georgina), de Maubeuge, à Buxeuil, Indre.
Verbeer (Antoine), de Lille, à Tarbes, Hautes-Pyrénées.
Vermeulen (Rose), d'Avesne-sur-Aisne, à Tarbes, Hautes-Pyrénées.
Vienne (Léon), de Loos, à Roncey, Manche.
Vienne (Auguste), de Lille, à Tarbes, Hautes-Pyrénées.
Vignal (Ernest), de Fives-Lille, à Hambye, Manche.
Vigouroux (Alphonse), de Lille, à Reuilly, Indre.

Vilcot (Maurice), de Villers-en-Cauchiez, à Remilly, Manche.
Vilain (Adolphine), d'Ors, à Issoudun, Indre.
Villette (Lucien), de Douai, à Labatut-Rivière, Hautes-Pyrénées.
Vilain (Aimé), de Sin-le-Noble, à Remilly, Manche.
Vimont (Adolphe), de Pérenchies, à Mesnil-Villeman, Manche.
Vivien (Marthe), de Sin-le-Noble, à Dieu, Indre.
Voet (Léo), de Lille, à Tarbes, Hautes-Pyrénées.
Voiturier (Henri), d'Armentières, à Couleuvre, Allier.
Vasseur (Anaclet), d'Anzin, à Equilly, Manche.
Voyeux (Eugénie), de Maubeuge, à Niort, Deux-Sèvres.
Vuylsben (Joseph), de Lille, à Mesnil-Garnier, Manche.
Wagnon (François), de Roubaix, à Equeilly, Manche.
Walteraud (Victor), de Sars-Poteries, à Moriers, Eure-et-Loir.
Walechx (Emile), de Lille, à Le Chefresne, Manche.
Walin (Pauline), de Douai, à St-Pierre-de-Clairac, Lot-et-Garonne.
Walleart (Gabriel), de Wasquehal, à Hambye, Manche.
Walbecq (Maria), de Béthune, à Morée, Loir-et-Cher.
Wartel (Lucien), de Loos, à Hambye, Manche.
Warocquier (Louis) et fam., d'Orchies, à Saint-Denis-le-Gast, Manche.
Waroux (Marcel), de Tourcoing, à Agen, Lot-et-Garonne.
Wartel (Clément), de Billy-Montigny, à Droué, Loir-et-Cher.
Wartelle (Edmond), de Landas, à Montreuil, Manche.
Warocquier (Mme), d'Orchies, à Saint-Denis-le-Gast, Manche.
Warlop (Hippolyte), de Seclin, à Angers, Maine-et-Loire.
Wartelle (Eugène), de Marchiennes, à Buxières-les-Mines, Allier.
Wattebled (François), d'Aubry-lès-Douai, à Remilly, Manche.
Wattripont (Georges), de Lille, à Saint-Laune, Hautes-Pyrénées.
Waterloos (Adolphe), de Lomme, à Reuilly, Indre.
Wauquier (Marius), de Denain, à Percy, Manche.
Waunchain (Léon), de Lille, à Franchesse, Allier.
Werwaerde (Emile), d'Estaires, à Hambye, Manche.
Wilson (Raymond), de Lille, à Gouvets, Manche.
Willems (Paul), de Lille, à Le Chefresne, Manche.
Willems (Henri), de Lille, à Le Chefresne, Manche.
Willemyns (Gaston), de Flers-Breucq, à Regnéville, Manche.
Willerdemmer (Alfred), d'Ecoberck, à Regnéville, Manche.
Wimmen (Victor), de Croix, à Maubourguet, Hautes-Pyrénées.
Wintmans (Romain), de Tourcoing, à Lengronne, Manche.
Wion (Marcel), de Lauwin-Planque, à Buzançais, Indre.
Wiplier (Auguste) et fam., d'Annoeulin, à Tranzault, Indre.
Witter (Noël), de Roubaix, à Montpinchon, Manche.
Wydraurr (Charles), de Roubaix, à Lacassagne, Hautes-Pyrénées.
Yernault (Sylvie), de Hautmont, à Pezou, Loir-et-Cher.
Zimmer (Marguerite), de Maubeuge, à Saint-Christophe, Indre.

7e LISTE.

Aubert (Charles), de Lille, à Montabot, Manche.
Adam (Marie), de Jeumont, à Hauteville-sur-Mer, Manche.
Aubecq (Léandre), de Wattignies, à Carnac, Morbihan.
Adam (Georges), d'Aniche, à La Chapelle-en-Juger, Manche.
Allart (Charles), de Denain, à Crossat, Creuse.
Allinckx (Émile), de Roubaix, à Bricqueville-sur-Mer, Manche.
Andréo (Joaimaille), de Lille, à Moyon, Manche.
Badart (Juliette), d'Hordain, à Saint-Pouange, Aube.
Baert (Arthur), de Croix, à Roncey, Manche.
Baillet (Firmin), d'Hautmont, à St-Yrieix-les-Bois, Creuse.
Bailleul (Achille), de Lille, à Lingreville, Manche.
Baillen (Armand), de Lille, à Gavray, Manche.
Bailleux (Élise), d'Eth, à Avranches, Manche.
Bailleux (Léon), d'Eth, à Avranches, Manche.
Bajoux (Céline) et enf., de Recquignies, à Saint-Priest-la-Plaine, Creuse.
Balloy (Victor), de Lille, à Maupertuis, Manche.
Baron (Charles), d'Armentières, à Annoville, Manche.
Basquin (Jules), du Cateau, à Saint-Amand, Manche.
Bataille (Jean-Baptiste), de Saméon, à Notre-Dame-de-Livoye, Manche.
Baton (Louise), de Jeumont, à Moidrey, Manche.
Bauche (Louis), d'Abscon, à Lozon, Manche.
Bauchet (Abel), de Wambrechies, à Beslon, Manche.
Baude (Jean-Baptiste), de Fromelles, à La Saunière, Manche.
Baudoin (Remy), de Marquette, à Moyon, Manche.
Bauvin (Émile), de Seclin, à Beslon, Manche.
Bayot (Amédée), d'Aniche, à Tessy-s.-Vire, Manche.
Beaudenon (Henri), de La Bassée, à Maisonnisses, Creuse.
Beaudry (Gaston), de Roubaix, à Bricqueville-sur-Mer, Manche.
Beaumont (Pierre), de Waziers, à Champs-de-Losques, Manche.
Beaumont (Albert), de Marquette, à Moyon, Manche
Béclier (Félicien), de Fourmies, à Rouxeville, Manche.
Becque (Victor), de Lille, à Villebaudon, Manche.
Becquet (Félix), de Lille, au Grand-Celland, Manche
Béhirier (Lucien), de Vieux-Condé, à Tessy-s.-Vire, Manche.
Berlecque (Fernand), d'Elincourt, à Montreuil, Manche.
Bernard (Henri), de Lille, à Lingreville, Manche.
Bertaux (Oscar), de Lille, à Peyrabout, Creuse.
Bertrand (Henri), de La Bassée, à Saint-Victor, Creuse.
Bertrand (Paul), de Romeries, à Granville, Manche.
Bidart (Jules), de Mons-en-Barœul, au Grand-Celland, Manche.
Biermans (Charles), de Lille, à Marigny, Manche.
Bierneau (Arthur), d'Aniche, à Tessy-s.-Vire, Manche.
Billot (Fernand), de Lille, à Maupertuis, Manche.
Biot (Jérôme), de Lille, à Beslon, Manche.
Blaise (Valentine), de Cambrai, à La Rochelle, Charente-Inférieure.
Bleuse (Madeleine), d'Hautmont, à Carnac, Morbihan.
Block (Bertha), de Busigny, à St-Ebrémond-de-Bonfossé, Manche.
Blottiaux (Hippolyte), d'Aniche, au Grand-Celland, Manche.
Blauwblonne (Pierre), de Fives-Lille, à Montabot, Manche.
Bonnaire (Alfred) et son épouse, de Landrecies, à Avranches, Manche.
Borcadin (Henri), de Loos, à Maupertuis, Manche.
Bosquet (Gustave), de Lille, à Bourey, Manche.
Bot (Louis), de Denain, à Cressat, Creuse.
Boucher (Fernand), d'Anzin, à Crossat, Creuse.
Bouchez (Louis), de Denain, à Lozon, Manche.
Boucou (Marcel), de Lille, à Bricqueville-sur-Mer, Manche.
Boudart (Jeanne), de Trelon, à Saint-Amand, Manche.
Bouisset (Germaine), d'Aniche, au Palais, Morbihan.
Boulangé (Marguerite), de Lille, au Val-Saint-Pair, Manche.
Boulangé (Cécile), de Lille, au Val-Saint-Pair, Manche.
Boulangé (Dominique), de Lille, au Val-Saint-Pair, Manche.
Boulangé (Marie) et fam., de Lille, au Val-Saint-Pair, Manche.
Boulio (Symphorien) et son épouse, de Crespin, au Hézo, Morbihan.
Bourré (Ildevert), de Rochet, à Bosroger, Creuse.
Bourier (Georges), d'Aniche, à Carnac, Morbihan.
Bouriez (Jules) et fam., de Beauvin, à Saint-Vaury, Creuse.
Bournot (Henri), de Fives-Lille, à Lingreville, Manche.
Boussenet (Jules), de Tourcoing, à Lingreville, Manche.
Bouteiller (Marcel), de Wargnies-le-Grand, à Avranches, Manche.
Bouteyn (Albert), de Lille, à Bricqueville-sur-Mer, Manche.
Bouvenot (Jules) et fam., d'Hazebrouck, à Vallaussanges, Creuse.
Bové (Gabrielle) et enf., d'Avion, à Précey, Manche.
Brac (Jean), de Béthencourt, à Moyon, Manche.
Brack (Charles), de Caudry, à Champcervon, Manche.
Braconnier (Julien), d'Anzin, à Puymat, Creuse.
Braquenier (Bénoni), d'Herrin, à Banize, Creuse.
Brassart (Gustave), d'Armentières, au Grand-Celland, Manche.
Bresous (Armand), de Lille, à Bricqueville-sur-Mer, Manche.
Brochart (Lucien), de Roubaix, à Annoville, Manche.
Broutin (Joseph), de Saint-Amand, à Cressat, Creuse.
Broux (Raymond), de Roubaix, à Gavray, Manche.
Brunelle (Alexandre), d'Annœullin, à Saint-Laurent, Creuse.
Bullez (Jean-Baptiste), de Waziers, aux Champs-de-Losques, Manche.
Burié (Arnoult), de Loos, à Maupertuis, Manche.
Burlet (Jules), de Vieux-Condé, à Tessy-sur-Vire, Manche.
Butez (Éloi), de Lille, à Villebaudon, Manche.
Buyser (Raymond de), de Roubaix, à Annoville, Manche.
Caadrelin (Valentin), d'Annœulin, à La Trinité-sur-Mer, Morbihan.
Caby (Maurice), d'Auchy, à La Chapelle-en-Juger, Manche.
Caby (Edmond), de Wattignies, à Bricqueville-sur-Mer, Manche.
Cachera (Pierre), de Marquette, à Moyon, Manche.
Cachera (Henri), de Denain, à Moyon, Manche.
Caestcker (Fernand), de Lille, à Montabot, Manche.
Caffiau (Jules), d'Iwuy, au Grand-Celland, Manche.
Capliez (Henri), de Lourches, au Mesnil-Amey, Manche.
Caignart (Robert), de Lille, à Gervaches, Manche.
Caignet (Ernest), d'Armentières, à Longueville, Manche.
Camagne (Pierre), de Waziers, aux Champs-de-Losques, Manche.
Cambrelin (Louis), de Béthune, à Carnet, Manche.
Cambay (Émile), d'Aniche, à St-Léger-le-Guérétois, Creuse.
Cambier (Alfred), de Marquette, à Moyon, Manche.
Canivet (Marcel), de Guesnain, à Montabot, Manche.
Canivet (Jean), de Guesnain, à Montabot, Manche.
Canivet (Joseph), d'Aniche, au Grand-Celland, Manche.
Canivet (Charles) et fam., de Denain, à Saint-Laurent, Creuse.
Capelle (Louis), de Quesnoy-sur-Deule, à Longueville, Manche.
Carion (Félicien), d'Avesnes, à Séné, Morbihan.
Carlier (Jean-Baptiste), de St-Amand-les-Eaux, à Montmagny, S.-et-Oise.

Catiau (Marcel), de Lille, à Fervaches, Manche.
Catteau (Amand), de Tourcoing, à Bricqueville-sur-Mer Manche.
Cattiaux (Fernand), de Lille, à Lingreville, Manche.
Cauderlier (Henri), de Lille, à Folligny, Manche.
Caudron (Albert), de Lille, à Bricqueville-sur-Mer, Manche.
Célisse (Victor), de Waziers, aux Champs-de-Losques, Manche.
Célisse (Victor fils), de Waziers, aux Champs-de-Losques, Manche.
César (Louis), de Lille, à Hauteville-sur-Mer, Manche.
Ceulenaère (Lucien), de Loos, à Villebaudon, Manche.
Ceynave (Noël), de Wasquehal, à Argouges, Manche.
Champagne (Emile), d'Aniche, au Grand-Celland, Manche.
Chambaud (Louis), de Mortagne, à Argouges, Manche.
Colle (Charles), de Lille, à Bricqueville-sur-Mer, Manche.
Chatelain (Maurice), de St-Laurent-Blangy, à Glénic, Creuse.
Chevalier (Ghislain) et son épouse, de Waziers, à La Chapelle-Taillef., Cr.
Choteau (Charles), d'Anzin, à Cressat, Creuse.
Chuine (Léon), de Lille, à La Colombe, Manche.
Ciler (Henri), d'Auberchicourt, à La Trinité-sur-Mer, Morbihan.
Claisse (Théodore), de Béthencourt, à Moyon, Manche.
Claisse (Isidore), de Béthencourt, à Moyon, Manche.
Classe (Henri), d'Anhiers, à Bellegarde, Creuse.
Clinkenaillie (Charles), d'Haubourdin, à Lingreville, Manche.
Cochera (Albert), de Wallers, à Lozon, Manche.
Coisne (Albert), d'Aniche, à Moyon, Manche.
Coisne (Paul), d'Aniche, à Moyon, Manche.
Coiteau (Eloise) et fam., de Lille, à Folligny, Manche.
Comer (Antoine), de Roubaix, à Notre-Dame-de-Livoye, Manche.
Constant (Jean), de Lille, à Lingreville, Manche.
Coupet (Henri), de Beuvry, au Grand-Celland, Manche.
Coppe (Henri), d'Abscon, à Lozon, Manche.
Coppens (Georges), de Tourcoing, à La Rochelle, Charente-Inférieure.
Copin (Charles), de Bruilles-les-Marchiennes, au Grand-Celland, Manche.
Cornuvel (Edmond), de Lille, à Beslon, Manche.
Corvain (Georges), de Roubaix, à Bricqueville-sur-Mer, Manche.
Corbizes (Arthur), d'Auberchicourt, à Glenics, Creuse.
Coupez (Robert), de Lille, à Dun-le-Palleteau, Creuse.
Couture (Valérien), de La Bassée, à Saint-Victor, Creuse.
Coquelle (Omer), de Monchecourt, au Grand-Celland, Manche.
Cotton (Georges), de Waziers, aux Champs-de-Losques, Manche.
Craecker (Louis de), de Lille, à Bricqueville-sur-Mer, Manche.
Crépin (Gaston), d'Orchies, à La Chapelle-en-Juger, Manche.
Crépin (Achille), d'Haubourdin, à Longères, Charente-Inférieure.
Cresson (Henri), d'Aniche, à Moyon, Manche.
Creymerch (Léon), de Wambrechies, à Beslon, Manche.
Crombet (Paul), de Lille, à Bricqueville-sur-Mer, Manche.
Crombet (Léon), de Lille, à Bricqueville-sur-Mer, Manche.
Culot (Charles) et fam., de Quiévelon, à Cormeilles-en-Vexin, Seine-et-Oise.
Cury (Juliette), de Glageon, à Lusigny, Aube.
Dael (Achille), de Tourcoing, à Saint-Cyr-l'Ecole, Seine-et-Oise.
Dal (Gervais), d'Annœullin, à La-Trinité-sur-Mer, Morbihan.
Daluin (Jean), de Tourcoing, à Bricqueville-sur-Mer, Manche.
Dambrine (Jules), de Lille, à Villebaudon, Manche.
Dardenne (François), de Roubaix, à Bricqueville-sur-Mer, Manche.
Dautricourt (Robert), de Comines, à Fervaches, Manche.
Davaine (Jules), de Saint-Amand-les-Eaux, à Cressat, Creuse.
Debreux (Léon), de Béthencourt, à Moyon, Manche.
Debouvrie (Jules), de Lille, à Bricqueville-sur-Mer, Manche.
Debruyne (Henri), de Lille, à Montabot, Manche.
Debraux (Georges), de Roubaix, à Lingreville, Manche.
Decq (François), de Lille, à La Vallade, Creuse.
Decroly (Alphonse), de Lille, à Bricqueville-sur-Mer, Manche.
Decisy (Victor), de Béthencourt, à Moyon, Manche.
Décaudin (Emile), de Denain, à Lozon, Manche.
Declein (Eugène), de Roubaix, à Annoville, Manche.
Decoen (Maurice), de Lille, à Notre-Dame-de-Livoye, Manche.
Dedobbelle (Marie), de Jeumont, à Moidrey, Manche.
Dedobbeler (Léon), de Jeumont, à Moidrey, Manche.
Dedobbeler (Robert), de Jeumont, à Moidrey, Manche.
Dedobbeler (Laure), d'Aulnoy, à Moidrey, Manche.
Dedobbeler (Jenny), de Villers-sur-Nicolles, à Moidrey, Manche.
Degraisse (Arthur), de Marquette, à Moyon, Manche.
Degrise (Carlos), de Neuville-en-Ferrain, à Avranches, Manche.
Dehem (Marcel), de Croix, à Gavray, Manche.
Detimmezmann (Marcel), de Lomme, à Roncey, Manche.
Deimons (Emile), de Roubaix, à Bricqueville-sur-Mer, Manche.
Dekeizer (Armand), de Lille, à Bricqueville-sur-Mer, Manche.
Delrue (Gaston), de Fives-Lille, à Lingreville, Manche.
Deldique (Augustin), de Lille, à Montabot, Manche.
Delehay (Prosper), d'Anzin, à Pionnat, Creuse.
Delannay (Paul) et enf., de Valenciennes, à Pionnat, Creuse.
Delannoy (Paul), de Saint-Saulve, à Pionnat, Creuse.
Délaroque (Constant), de Douchy, au Grand-Celland, Manche.
Delmeille (Raymond), de Fives-Lille, à Puy-Malsignat, Creuse.
Delforge (Henri), de Wavrin, à Banize, Creuse.
Delale (Henri), de Roubaix, à Beuvrigny, Manche.
Delabelle (Etienne), de Mouveaux, à Lingreville, Manche.
Delgrange (Albert) et enf., de Montchecourt, à La Chapelle-Taillefert, Creuse.
Delmar (Octave), de Lille, à Villebaudon, Manche.
Delmar (Marcel), de Lille, à Villebaudon, Manche.
Delnatte (Arthur), de Tourcoing, à Glénic, Creuse.
Delporte (Charles), de Tourcoing, à Bricqueville-sur-Mer, Manche.
Delporte (Henri), de Roubaix, à Roncey, Manche.
Delmar (Jules), de Lille, à Villebaudon, Manche.
Delmar (Georges), de Lille, à Villebaudon, Manche.
Delescluse (Louis), de Roubaix, à Bricqueville-sur-Mer, Manche.
Delescluse (Achille), de Roubaix, à Bricqueville-sur-Mer, Manche.
Dellécolle (Arthur), d'Aniche, au Grand-Celland, Manche.
Deletombe (Joseph), de Mouveaux, à Lingreville, Manche.
Delemotte (Léon), de Lille, à Annoville, Manche.
Delemotte (Léon), de Lille, à Annoville, Manche.
Deletombe (César), de Mouveaux, à Lingreville, Manche.
Delahaye (Victor) et épouse, d'Auberchicourt, à St-Léger-le-Guérétois, Creuse.
Delplanque (Marie) et fam., de Guesnain, à Espaly-St-Marcel, Haute-Loire.
Delcroix (Gustave), de Fives-Lille, à La Colombe, Manche.
Delmeulle (Louis), d'Orchies, à Lozon, Manche.
Delporte (François), de Douai, à Moyon, Manche.
Delpierre (Gaston), d'Aniche, à Moyon, Manche.
Delforge (Jules), de Marquette, à Moyon, Manche.
Delcambre (Victor), de Cousolre, au Grand-Celland, Manche.
Delteure (Gaston) et fam., d'Hautmont, à Avranches, Manche.
Delteure (Marguerite) et fam., d'Hautmont, à Avranches, Manche.
Delteure (Berthe), d'Hautmont, à Avranches, Manche.
Delmotte (Auguste) et fam., de Raismes, à Lingreville, Manche.
Deloffre (Louise), de Nivelles, à Avranches, Manche.
Delmaire (Jules), de Béthencourt, à La Colombe, Manche.
Délécant (Joseph), de Rieulay, au Mesnil-Amey, Manche.
Deladerrière (Henri), de Ligny-en-Cambrésis, au Grand-Celland, Manche.
Delplanque (Victor), de Guesnain, à Brives, Haute-Loire.
Delval (Alida), d'Orchies, à La Rochelle, Charente-Inférieure.
Delaunoy (Benoit), de Lallaing, à Roncey, Manche.
Delrue (Pauline), de Jeumont, à Moidrey, Manche.
Deldicque (Désiré), de Lille, à Hauteville-sur-Mer, Manche.
Demortier (Henri), d'Armentières, à Annoville, Manche.
Denimal (Charles) et fam., de Guesnain, à Saint-Victor, Creuse.
Denglot (Emile), de Wallers, à Saint-Yrieix-les-Bois, Creuse.
Demiautte (Maurice), de Loos-lès-Lille, à Fervaches, Manche.
Deneulin (Léon), de Marquette, à Lingreville, Manche.
Denis (Ernest) et épouse, de Bavay, à Avranches, Manche.
Deplechin (Fernand), de Lille, à Villebaudon, Manche.
Depourcq (Emile), de Tourcoing, à Beuvrigny, Manche.
Derinade (Anna), de Jeumont, à Hauteville-sur-Mer, Manche.
Destailleur (Joseph), de Tourcoing, à Bricqueville-sur-Mer, Manche.
Desrumeaux (Emile), de Tourcoing, à Bricqueville-sur-Mer, Manche.
Despinoy (Raoul), de Lille, à Villebaudon, Manche.
Desnouler (Joseph), de Roubaix, à Lingreville, Manche.
Desmailly (Gaston), de Lille, à Cuves, Manche.
Desforest (Jules), de Lille, à Hauteville-sur-Mer, Manche.
Descamp (Louis), de Lille, à Villebaudon, Manche.
Descamp (Louis-Eloi), de Lille, à Villebaudon, Manche.
Desmons (Auguste), de Douai, à La Rochelle, Charente-Inférieure.
Détrez (Noël), de Masny, à La Chapelle-en-Juger, Manche.
Devinctz (Henri), de Prémesques, à Argouges, Manche.
Devaux (Emile), de Lille, à Hauteville-sur-Mer, Manche.
Devaux (Désiré), de Lille, à Hauteville-sur-Mer, Manche.
Devoldre (Albert), de Roubaix, à Annoville, Manche.
Devos (Victor), de Lille, à Fervaches, Manche.
Devrome (Paul), de Lille, à Bricqueville-sur-Mer, Manche.
Devries (Henry), du Quesnoy-sur-Deûle, à Glenies, Creuse.
Deverver (Adolphe), de Douai, à Moyon, Manche.
Devalde (Gustave), de Roubaix, à Bricqueville-sur-Mer, Manche.
Dheunis (Jean), de Wattignies, à Bricqueville-sur-Mer, Manche.
Dhormes (Célestin) et fam., de Fenain, par Saint-Christophe, Creuse.
Diffembach (Florent), de Vieux-Condé, à Cressat, Creuse.
Domis (Louis), d'Abscon, à Lozon, Manche.
Donte (Henri), de Lille, à Lingreville, Manche.
Dockt (Paul), de Lille, à Bricqueville-sur-Mer, Manche.
Dorchies (Raymond), de Lille, à Lingreville, Manche.
Douanne (Adolphe) et fam., de Denain, à Saint-Laurent, Creuse.
Doutreligne (Maurice), de Roubaix, à Lingreville, Manche.
Doomard (Henri), d'Aniche, au Grand-Celland, Manche.
Droulez (Emile), de Bruay, à La Chapelle-en-Juger, Manche.
Drovost (Henri), de Tourcoing, à Hauteville-sur-Mer, Manche.

Drumont (Ghislain) et fam., de Jeumont, à Cormeilles-en-Vexin, Seine-et-O.
Dubail (Charles), de Lille, à Bricqueville-sur-Mer, Manche.
Dubois (Georges), de Lille, à Montabot, Manche.
Dubus (Alfred), de Douai, au Grand-Celland, Manche.
Dubard (Henri) et fam., d'Annœullin, à Saint-Laurent, Creuse.
Dubois (Emile), d'Aniche, à Moyon, Manche.
Dubois (Ubald), de Lille, à La Rochelle, Manche.
Ducrot (Léopold), de Tourcoing, à Bricqueville-sur-Mer, Manche.
Ducourant (Maurice), de Lille, à Fervaches, Manche.
Duconseille (Edouard), de Waziers, aux Champs-de-Losques, Manche.
Duez (Robert), de Lewarde, à Montabot, Manche.
Duez (Norbert), de Lewarde, à Montabot, Manche.
Dufermont (Henri), de Tourcoing, à Bricqueville-sur-Mer, Manche.
Dufour (Henri), de Bauvin, à La Chaussade, Creuse.
Dufour (Juvénal) et épouse, de Denain, à Saint-Laurent, Creuse.
Duflot (Victor), de Bruille-les-Marchiennes, à St-Pierre-Quiberon, Morbihan.
Dufour (Hyacinthe), de Douai, à Moyon, Manche.
Dufour (Hyacinthe père), de Douai, à Moyon, Manche.
Dufour (Pierre), de Marquette, à Moyon, Manche.
Dufresnoy (Henri), de Fresnes, à Villebaudon, Manche.
Dufour (Gilbert), de Marquette, à Moyon, Manche.
Duflot (Florent), d'Aniche, à Moyon, Manche.
Dufour (Marie), d'Hautmont, à Avranches, Manche.
Dufour (Jeanne), d'Hautmont, à Avranches, Manche.
Dufour (Hyacinthe), d'Abscon, à Lozon, Manche.
Duhem (Louis), de Lille, à Bourey, Manche.
Duhamel (Constant), de Tourcoing, à Marigny, Manche.
Dujardin (Hippolyte), de Vred, au Grand-Celland, Manche.
Duleu (Arthur), de Roubaix, à La Colombe, Manche.
Dumetz (Auguste), d'Aniche, à La Chapelle-en-Juger, Manche.
Dumont (Joseph), de Lille, à Beslon, Manche.
Dumont (Emile), de Roubaix, à Fervaches, Manche.
Dumont (Arthur), d'Aniche, au Grand-Celland, Manche.
Dumortier (Henri), de Lille, à Marigny, Manche.
Dumont (Charles), d'Aniche, à Moyon, Manche.
Dumelin (Florentin), de Lille, à Guéret, Creuse.
Dupont (Colombe) et fam., de Glageon, à Lusigny, Aube.
Dupont (Marguerite) et fam., de Glageon, à Lusigny, Aube.
Duprez (Eugène), de Recquignies, à Saint-Priest-la-Plaine, Creuse.
Dupont (Alfred) et fam., de Lille, à Puy-Malsignat, Creuse.
Duprez (Clémence), de Recquignies, à Saint-Priest-la-Plaine, Creuse.
Dupas (Henri), de Somain, à Lozon, Manche.
Dupont (Léon), de Lille, à Beslon, Manche.
Dupas (Maurice), de Waziers, aux Champs-de-Losques, Manche.
Dupire (Ange), de Roubaix, à Bricqueville-sur-Mer, Manche.
Dupasquet (Victor), de Lille, à Hauteville-sur-Mer, Manche.
Duquesne (Jean-Baptiste), d'Hélesmes, au Mesnil-Amey, Manche.
Duranchelle (Eugène), de Lille, à La Rochelle, Charente-Inférieure.
Dussard (Florimond), de Somain, au Grand-Celland, Manche.
Dussar (Emile), de Sin-le-Noble, à Saint-Victor, Creuse.
Duthoit (Emile), de Wambrechies, au Grand-Celland, Manche.
Eggermont (Georges), de Roubaix, à Génie, Manche.
Emeri (Marie), de Jeumont, à Hauteville-sur-Mer, Manche.
Emeri (Henri), de Jeumont, à Hauteville-sur-Mer, Manche.
Estoquet (Léon) et fam., de Denain, à Cressat, Creuse.
Evrard (François), de Wargnies-le-Grand, à Avranches, Manche.
Facon (Léon), de Bailleul, à Annoville, Manche.
Facon (Joseph), de Bailleul, à Annoville, Manche.
Facon (François), de Beuvry, au Grand-Celland, Manche.
Faipeur (Lydie), de Maubeuge, à Carnac, Morbihan.
Farvaque (Noël), de Tourcoing, à Beuvrigny, Manche.
Farinaux (Albert), de Wattignies, à Bricqueville-sur-Mer, Manche.
Felten (Jean), de Denain, à La Chapelle-en-Juger, Manche.
Fleurquin (Louis), de Masny, à La Chapelle-en-Juger, Manche.
Fleury (Maria), de Lille, à Avranches, Manche.
Flinois (Anatole), de Douai, à Champs-de-Losques, Manche.
Flinois (Marcel), de Douai, à Champs-de-Losques, Manche.
Flinois (Jean-Baptiste), de Waziers, à Champs-de-Losques, Manche.
Florin (Henri), de Roubaix, à Montabot, Manche.
Florin (Paul), de Roubaix, à Bricqueville-sur-Mer, Manche.
Fontaine (Pierre), de Waziers, à Champs-de-Losques, Manche.
Fontaine (Toussaint), de Waziers, à Champs-de-Losques, Manche.
Fouque (Arthur), de Lille, à Folligny, Manche.
Foucon (Raymond), de Seclin, à Beslon, Manche.
Fouache (Oscar), de Loffre, à Champs-de-Losques, Manche.
Froment (Paul), de Petite-Forêt-de-Raismes, au Grand-Celland, Manche.
Fromigier (Jules), de Raismes, à Pionnat, Creuse.
Gady (Maurice), de Lille, à Mampertuis, Manche.
Galland (Henri), d'Hornaing, au Grand-Celland, Manche.
Galant (Gaston), de Lille, à Lingreville, Manche.
Gambiez (Charles), de Rieulay, à Peyrabout, Creuse.
Garde (Louis), de Flers-en-Escrebieux, à Saint-Yrieix-les-Bois, Creuse.
Gay (Jean-Baptiste), de Marquette, à Moyon, Manche.
Gay (Désiré), de Marquette, à Moyon, Manche.
Gérard (Jean), de Roubaix, à Bricqueville-sur-Mer, Manche.
Gérard (Eugène), d'Erre, au Grand-Celland, Manche.
Gérard (Parfait), d'Erre, au Grand-Celland, Manche.
Gérard (Nicolas), de Boussières, à Moyon, Manche.
Ghesquier (Auguste), de Lille, à Villebaudon, Manche.
Gié (Victor), de Maubeuge, à Folligny, Manche.
Goblas (César), de Béthune, au Grand-Celland, Manche.
Godart (Clémentine) et enf., de Marpent, à St-Priest-la-Plaine, Creuse.
Goemare (Albert), de Roubaix, à Bricqueville-sur-Mer, Manche.
Goinbert (Henri), de Quesnoy-sur-Deule, à Lingreville, Manche.
Gorse (François), de Douzy, à Saint-Priest-la-Plaine, Creuse.
Gorez (Pascal) de Bauvin, à La Chaussade, Creuse.
Goran (Gabrielle) et enf., de Maubeuge, à St-Agnan-de-Versillat, Creuse.
Gossart (Henri), de Marchiennes, à Fervaches, Manche.
Goulière (Léon), de Béthencourt, à Moyon, Manche.
Goubet (Alcide), de Denain, à Lozon, Manche.
Gouzon (Prosper), d'Armentières, à Annoville, Manche.
Grégoire (Marcel), de Lille, à Beslon, Manche.
Gruson (Paul) et fam., de Lille, à La Saunière, Creuse.
Guérout (Louis), de Solesmes, à Hauteville-sur-Mer, Manche.
Guillaume (Louis), de Dechy, à Lavoûte-sur-Loire, Haute-Loire.
Gylbert (Victor), de Tourcoing, à Montabot, Manche.
Haenens (Albert d'), de Roubaix, à Bricqueville-sur-Mer, Manche.
Halkin (Félicien), de Lille, à La Colombe, Manche.
Halluin (Lucien), de Lille, à Villebaudon, Manche.
Haunappe (Mme) et enf., d'Hautmont, à Lavaveix-les-Mines, Creuse.
Harlet (Pauline) et enf., de Cousolre, à Plouescat, Finistère.
Hardouin (Palmyre), de Masnières, à Avranches, Manche.
Hardouin (Adolphe), de Masnières, à Avranches, Manche.
Haubert (Victor), de Lille, à Royan, Charente-Inférieure.
Hauet (Mme), de Maubeuge, à Carnac, Morbihan.
Helbecque (Charles), de Somain, au Grand-Celland, Manche.
Hennebelle (Léopold) et fam., de La Bassée, à La Chaussade, Creuse.
Hénau (Louis), d'Abscon, à Lozon, Manche.
Henneux (Rosalie), de Maubeuge, à Carnac, Morbihan.
Herlant (Joseph), de Douai, à Cuves, Manche.
Herbaut (Henri), de Lille, au Grand-Celland, Manche.
Hertmann (Gustave), de Wasquehal, à Argouges, Manche.
Herlin (François), de Wattignies, à La Chapelle-en-Juger, Manche.
Herbonnez (François), d'Hélesmes, au Mesnil-Amey, Manche.
Hernie (Fernand) et fam., de Denain, à Cressat, Creuse.
Hernie (François), de Denain, à Cressat, Creuse.
Heudre (Lucien), de Roubaix, à Bricqueville-sur-Mer, Manche.
Hilaire (Paul), de Lille, à Montabot, Manche.
Honoré (Henri), de Roubaix, à Lingreville, Manche.
Hotnée (Marie-Damien), de Bavay, à Avranches, Manche.
Hottelart (Albert), de Douchy, à La Chapelle-Taillefert, Creuse.
Houzé (Céline), de Lille, à Royan, Charente-Inférieure.
Houzé (Charles-Louis), de Lille, à Royan, Charente-Inférieure.
Houzé (Charles), de Lille, à Royan, Charente-Inférieure.
Hubert (Léon), de Raismes, à Locmariaquer, Morbihan.
Hubert (Charles), de Valenciennes, à La Chapelle-en-Juger, Manche.
Humery (Jules), de Waziers, à Saint-Léger-le-Guérétois, Creuse.
Humez (Gustave), de Waziers, à Champs-de-Losques, Manche.
Horel (Fernand), de Lille, à Montabot, Manche.
Hutin (Emile), d'Aniche, à Saint-Léger-le-Guérétois, Creuse.
Isaïe (Jacques), de Valenciennes, à La Chapelle-en-Juger, Manche.
Jammes (Jules), de Lille, à La Colombe, Manche.
Jansen (Marguerite), d'Hautmont, à Carnac, Morbihan.
Jaspard (Emile), d'Orchies, à Saint-Priest-la-Plaine, Creuse.
Jorion (Auguste), de Cuincy, à Lavoûte-sur-Loire, Haute-Loire.
Jorion (Désiré) et enf., de Fresnes-sur-l'Escaut, à Pionnat, Creuse.
Joson (Marie), de Jeumont, à Hauteville-sur-Mer, Manche.
Kloter (Juliatriz), d'Hautmont, à Carnac, Morbihan.
Kokelenberg (Georges), de Lille, à Lingreville, Manche.
Lacombe (Maurice), de Lille, à Puy-Malsignat, Creuse.
Lacquemanne (Léon), d'Anzin, à La Chapelle-en-Juger, Manche.
Lagache (Charles), de Lille, à Beslon, Manche.
Lahure (Honoré), d'Escaudin, à La Chapelle-en-Juger, Manche.
Lahure (Alfred), d'Escaudin, à La Chapelle-en-Juger, Manche.
Lallemand (Albert), de Lille, à La Colombe, Manche.
Lamour (Jules), de Lille, à Montabot, Manche.
Lamendin (Jean-Baptiste), d'Aniche, à Moyon, Manche.
Lambour (Adèle), du Quesnoy, à Avranches, Manche.
Lambour (Mathilde), du Quesnoy, à Avranches, Manche.
Lamour (Paul), de Lallaing, à Roncey, Manche.
Lambert (Jules), de Somain, à Lozon, Manche.
Lambert (Daniel), de Flines-les-Râches, au Grand-Celland, Manche.

Lamendin (Adolphe), d'Hélesmes, au Mesnil-Amey, Manche.
Lanfort (Joseph), de Lourches, à Etel, Morbihan.
Lanfort (Louis), de Lourches, à Etel, Morbihan.
Lancel (Alfred), de La Bassée, à Juilley, Manche.
Lancel (Charles), de La Bassée, à Juilley, Manche.
Langlart (Raymond), d'Armentières, à Annoville, Manche.
Landas (Georges), de Lille, à Villebaudon, Manche.
Landuyt (Liévin), de Roubaix, à Beslon, Manche.
Lantoine (Gustave), de Saint-Python, à Champcervon, Manche.
Laurent (Clémentine) et enf., de Maubeuge, à St-Agnan de-Versillat, Creuse.
Laude (Désiré), de Bellaing, à La Chapelle-Taillefert, Creuse.
Lauwyck (Gaston), d'Armentières, à Bricqueville-sur-Mer, Manche.
Leborgne (Henri), et fam., de Provin, à La Saunière, Creuse.
Lebrecht (Victor), de Tourcoing, à Roncey, Manche.
Lebrecht (Alphonse), de Tourcoing, à Roncey, Manche.
Leboucq (Charles), d'Anzin, à La Chapelle-en-Juger, Manche.
Lebrun (Louis), de Jeumont, à Cormeilles-en-Vexin, Seine-et-Oise.
Lécutiez (François), père, de Somain, à Saint-Christophe, Creuse.
Lécutiez (François) fils, de Somain, à Saint-Christophe, Creuse.
Leclercq (François), de Valenciennes, à Pionnat, Creuse.
Leclercq (Jules), d'Abscon, à Lozon, Manche.
Leclerc (Victor), de Tourcoing, à Gavray, Manche.
Lecomte (Maximilien), de Lille, à Bricqueville-sur-Mer, Manche.
Lecomte (Louis), de Landas, à Folligny, Manche.
Leclercq (Célestine), de Maroilles, à Avranches, Manche.
Leduc (Prudent), de Roubaix, à Fervaches, Manche.
Ledent (Constant), de Denain, à Carnet, Manche.
Lefevre (Julia), de Maubeuge, à Saint-Agnan-de-Versillat, Creuse.
Lefebvre (Lucien), de Lille, à Dun-le-Palleteau, Creuse.
Lefèvre (Louis), de Fives-Lille, à Hauteville-sur-Mer, Manche.
Lefrère (Flavie), de Saint-Martin-sur-Cojeul, à Dourtils, Manche.
Lefebvre (Ernest), de Lille, à Bourey, Manche.
Lefèvre (Henri), de Roubaix, à Bricqueville-sur-Mer, Manche.
Lefebvre (Marie-Louise), de Wignehies, à La Rochelle-La Pallice, Char.-Inf.
Lefebvre (Hermant), d'Aniche, à Moyon, Manche.
Lefrère (Pierre), de Vaucourt, à Argouges, Manche.
Legroux (Augustin), de Phalempin, à Peyrabout, Creuse.
Legouré (Kléber), de Roubaix, à Notre-Dame-de-Livoye, Manche.
Legrand (Clément), d'Abscon, à Lozon, Manche.
Léger (Marie), de Landrecies, à Avranches, Manche.
Lehoucq (Elisée), de Wambrechies, à Beslon, Manche.
Lekens (Edmond) et fam., de Maing, à Saint-Christophe, Creuse.
Lekieffre (Joseph), d'Hornaing, au Grand-Celland, Manche.
Lemaire (Jean), de Lille, à Bosroger, Creuse.
Lemaire (Georges), de Roubaix, à Annoville, Manche.
Lemaître (Jean), de Lille, à Bricqueville-sur-Mer, Manche.
Lemtrémy (Léopold), de Vendin-les-Béthune, au Grand-Celland, Manche.
Lemoine (Marie), de Maubeuge, à Carnac, Morbihan.
Lemaire (René), de Bailleul, à Annoville, Manche.
Lepreux (Jean-Baptiste), de Béthencourt, à Moyon, Manche.
Leplat (Julien), de Lille, à Villebaudon, Manche.
Leroy (Louis) et fam., d'Esquerchin, à Saint-Vaury, Creuse.
Leroy (Maxime), de Lille, à Maupertuis, Manche.
Leroy (Louis), de Lille, à Beslon, Manche.
Lernould (Julien), d'Erre, au Grand-Celland, Manche.
Leriche (Eugène), de Petite-Forêt, au Grand-Celland, Manche.
Leschevin (Louis), d'Anzin, à Crossat-Le Bourg, Creuse.
Lestienne (Georges), de Lille, à Beslon, Manche.
Lesaffre (Victor), d'Erquinghem-Lys, à Beuvrigny, Manche.
Liagre (Félix), de Roubaix, à Lingreville, Manche.
Libert (Richard), de Douai, à La Colombe, Manche.
Liets (Victor), de Lille, à La Colombe, Manche.
Liétaert (Alphonse), de Roubaix, à Avranches, Manche.
Lisse (Henri) et fam., de Salomé, à Saint-Léger le-Guérétois, Creuse.
Liviau (François), de Roubaix, à Bricqueville-sur-Mer, Manche.
Locquet (Henri), de Lourches, à Courtils, Manche.
Loiseau (Maurice), de Maubeuge, à Bosroger, Creuse.
Looten (Georges), de Lille, à La Colombe, Manche.
Looten (Edmond), de Bailleul, à Annoville, Manche.
Looten (Marcel), de Bailleul, à Annoville, Manche.
Loquet (Charles), de Marquette, à Moyon, Manche.
Loridant (Louis), de Ronchin, à Saint-Priest-la-Plaine, Creuse.
Lourmillon (Madeleine), de Jeumont, à Avranches, Manche.
Lourmillon (Jules), de Jeumont, à Avranches, Manche.
Lory (Alfred), de Tourcoing, à Bricqueville-sur-Mer, Manche.
Lucas (Joseph), de Marquette, à Moyon, Manche.
Lucas (Ildefrend), de Douai, à Moyon, Manche.
Lucat (Edouard), de Lille, à Saint-Priest-la-Plaine, Creuse.
Mahieu (Arthur), de Denain, à Carnet, Manche.
Mahieu (Pierre), de Lille, à Fervaches, Manche.
Mahieu (Henri), de Wavrin, à Banize, Creuse,

Maille (Emile), d'Annœullin, à Saint-Laurent, Creuse.
Maker (Robert), d'Armentières, à Bricqueville-sur-Mer, Manche.
Malbranque (Joseph), de Provin, à La Saunière, Creuse.
Manderick (Albert), de Lille, à Bricqueville-sur-Mer, Manche.
Maquet (Emile), de Roubaix, à Annoville, Manche.
Marcel (Ruffin), de Lille, à Lingreville, Manche.
Marchand (François), de Lille, à Montabot, Manche.
Maréchal (Alphonse), d'Armentières, à Fervaches, Manche.
Marent (Auguste), d'Armentières, à Beuvrigny, Manche.
Marécaux (Marcel), de Lille, à Saint-Avit-de-Tardes, Creuse.
Marescaus (Carlos), de Lille, à Bourey, Manche.
Marmousez (Jules), de Lille, à Banize, Creuse.
Marmuse (Louis), de Bailleul, à Annoville, Manche.
Marquigny (Henri), de Lourches, au Mesnil Amey, Manche.
Marsmann (Louis), de Maubeuge, à Bosroger, Creuse.
Martin (Eugène), de La Madeleine, à Pionnat, Creuse.
Martin (Henri), de Lille, à Lingreville, Manche.
Martin (Harold), de Cousolre, à La Rochelle, Charente-Inférieure.
Martinache (Joseph), de Waziers, à Champs-de-Losques, Manche.
Masquelier (Félix), d'Ostricourt, à Bellegarde, Creuse.
Masse (Alfred), du Cambrésis, à Moyon, Manche.
Masse (Paul), de Lille, à Moyon, Manche.
Masse (Maria) et enf., de Maubeuge, à Saint-Agnan-de-V., Creuse.
Mastiaux (Louis), de Wattrelos, à Notre-Dame-de-Livoye, Manche.
Masurel (Jean), de Tourcoing, à Bricqueville-sur-Mer, Manche.
Mazy (Pierre), de Waziers, à Champs-de-Losques, Manche.
Mellin (Jules), de Cuincy, à Lavoûte-sur-Loire, Haute-Loire.
Mercier (Boniface), d'Abscon, à Lozon, Manche.
Mercier (Théophile), d'Abscon, à Lozon, Manche.
Mériaux (Jules), d'Ecaillon, à Cuves, Manche.
Merriaux (Alexandre), d'Aniche, à La Chapelle-en-Juger, Manche.
Morriaux (Emile), d'Aniche, à La Chapelle-en-Juger, Manche.
Michez (Jules), de Lille, à Peyrabout, Creuse.
Miens (Adolphe), de Marquette, à Moyon, Manche.
Minet (Edmond), de Raismes, à Pionnat, Creuse.
Machié (Alphonse), de Waziers, à Champs-de-Losques, Manche.
Mocrette (Louis), de Lens, à Saint-Agnan-de-V., Creuse.
Mobin (Hippolyte), de Wallers, à Lozon, Manche.
Mollet (Charles), d'Abscon, à Lozon, Manche.
Moucomble (Eugène), d'Erquinghem, à Beuvrigny, Manche.
Monier (Silvain), d'Aniche, à La Chapelle-en-Juger, Manche.
Moreau (Jean-Bapt.) et fam., de Verchain-Maugrey, à Puy-Malsignat, Creuse.
Moreau (Henri), de Denain, à La Chapelle-en-Juger, Manche.
Morelle (François), de Somain, à Glénic, Creuse.
Morelle (Désiré), de Denain, à Saint-Pierre-Quiberon, Morbihan.
Morelle (Jean-Baptiste), de Somain, à Plouharnel, Morbihan.
Morelle (Désiré), de Denain, à Saint-Pierre-Quiberon, Morbihan.
Moura (Oscar), d'Hélesmes, au Mesnil-Amey, Manche.
Moura (Henri), d'Hélesmes, au Mesnil-Amey, Manche.
Mouton (Gustave) et fam., de Maroilles, à Avranches, Manche.
Narcisse (Jean-Baptiste), d'Hélesmes, au Mesnil-Amey, Manche.
Normand (Jean-Baptiste), de Dechy, au Grand-Celland, Manche.
Nuez (Augustin), de Sin-le-Noble, à Beslon, Manche.
Oalfiaux (Lucienne), d'Etb, à Avranches, Manche.
Opsomer (Felix), de Roubaix, à Bricqueville-sur-Mer, Manche.
Pacbe (Lucien), d'Armentières, à Bricqueville-sur-Mer, Manche.
Pagniez (Marcel) et enf., de Bruilles-les-Marchiennes, à St-Christophe, Creuse.
Panier (Alexis), d'Auberchicourt, à Carnac, Morbihan.
Pau (Fernand), d'Armentières, à Longueville, Manche.
Pecqueur (Henri), d'Abscon, à Lozon, Manche.
Pède (Jules) et enf., de Fives-Lille, à Puy-Malsignat, Creuse.
Peinnequin (Julien), de Lille, à Beslon, Manche.
Pélissier (Jules), d'Auberchicourt, à La Chapelle-en-Juger, Manche.
Peltrisot (Henriette), d'Avesnes-sur-Helpe, à Avranches, Manche.
Peltrisot (Marie), d'Avesnes-sur-Helpe, à Avranches, Manche.
Peltrisot (Charles), d'Avesnes-sur-Helpe, à Avranches, Manche.
Pennet (Etienne), de Lille, à Bricqueville-sur-Mer, Manche.
Perin (Alfred), de Lille, à Montabot, Manche.
Péru (Henri), de Douai, à La Chaussade, Creuse.
Peras (Antoine), de Vred, à Plouharnel, Morbihan.
Petit (Alphonse), de Béthencourt, à Moyon, Manche.
Petit (Charles), de Lille, à Moyon, Manche.
Petit (Jules) et enf., de Lauwin-Planque, à Saint-Christophe, Creuse.
Peux (Emile), de Lille, à Moyon, Manche.
Phalempin (Alphonse), de Tourcoing, à Bricqueville-sur-Mer, Manche.
Philips (Henri), de Lille, à Montabot, Manche.
Pierrens (Auguste), de Roubaix, à Marigny, Manche.
Pinte (Charles), d'Aniche, à La Chapelle-en-Juger, Manche.
Place (Alfred), d'Hellemmes, à Avranches, Manche.
Pochez (Zaïde), d'Hautmont, à Moindrey, Manche.
Pollet (Maurice), de Roubaix, à Hauteville-sur-Mer, Manche.

Pony (Henri), de Douai, à Moyon, Manche.
Ponery (Théodore), de Douai, à Moyon, Manche.
Potiez (Jean-Baptiste), d'Abscon, à Lozon, Manche.
Pourmin (Georges), de Lille, à Montpinchon, Manche.
Pourcelet (Joseph), de Valenciennes, à La Chapelle-en-Juger, Manche.
Poudré (François), de Lille, à Bourey, Manche.
Poullain (Victor), d'Aniche, à Moyon, Manche.
Ponthieu (Maurice), d'Honnecourt, à Saint-Agnan, Creuse.
Pourignaux (Alfred), d'Anhiers, à Bellegarde, Creuse.
Prater (Maurice de), d'Armentières, à Longueville, Manche.
Prater (Théophile de), d'Armentières, à Longueville, Manche.
Préau (Gaston), de Lille, à Saint Priest-la-Plaine, Creuse.
Pierre (Louis), d'Houplin, à Hauteville-sur-Mer, Manche.
Prevost (Roch), d'Hargnies, à Sené, Morbihan.
Prêtre (Gaston), de Lille, à Montabot, Manche.
Prévost (Louis), de Voiray, à Saint-Avit-de-Tardes, Creuse.
Putmaux (Albert), de Roubaix, à Avranches, Manche.
Quarez (Adolphe), de Bruey-sur-Escaut, à Pionnat, Creuse.
Queniaux (Paul), de Valenciennes, à La Chapelle-en-Juger, Manche.
Rabel (Jules), d'Anzin, à La Chapelle-en-Juger, Manche.
Rabel (Marcel), d'Anzin, à La Chapelle-en-Juger, Manche.
Rançon (Lucie), de Maubeuge, à Saint-Agnan-de-V., Creuse.
Renard (Léon), de Bruay-sur-Escaut, à Pionnat, Creuse.
Renben (Antony), de Lille, à Fervaches, Manche.
Rezette (Eugène), de Lille, à Royan, Charente-Inférieure.
Richet (Édouard), de Béthencourt, à Moyon, Manche.
Ridez (Eugène) et son épouse, de Fives-Lille, à Lascoux, Creuse.
Rigaut (Charles), de Mons-en-Barœul, à Annoville, Manche.
Rigot (Clément), de Lille, à Hauteville-sur-Mer, Manche.
Ringoière (Alphonse), de Lille, à Hauteville sur Mer, Manche.
Rivière (Léon), de Roubaix, à Fervaches, Manche.
Robert (Alexis) et enf., de Douchy, à La Chapelle-Taillefert, Creuse.
Robinand (Fortuné) et fam., de St-Amand-les-Eaux, à Cressat, Creuse.
Roche (Louise) et fam., de Maubeuge, St-Agnan-de-V., Creuse.
Roef (Alphonse de), de Lille, à Fervaches, Manche.
Roffin (Florent), d'Aniche, à Moyon, Manche.
Rohant (Germaine), de Lille, à Royan Charente-Inférieure.
Romon (Jules), d'Haubursin, à La Rochelle, Charente-Inférieure.
Rompteau (Ernest), de Marquette, à Moyon, Manche.
Roneby (Marceau), de Wattignies, à Bricqueville-sur-Mer, Manche.
Ronson (Rosa), de Marchiennes, au Grand-Celland, Manche.
Rossigny (Henri), de Loos, à Villebaudon, Manche.
Rousseau (Simonne), de Jeumont, à Moidrey, Manche.
Roussel (Maurice), de Roubaix, à Gravray, Manche.
Rumpteau (Hector), d'Orchies, à La Chapelle-en-Juger, Manche.
Scauffaire (Félix), de Lille, à Maupertuis, Manche.
Schau (Edouard), de Lille, à Bricqueville sur Mer, Manche.
Schmitz (Etienne), de Lille, à Lingreville, Manche.
Schoutteten (Jules), de Lille, à Beslon, Manche.
Schuermans (Robert), de Roubaix, à Roncey, Manche.
Selvais (Albert), de Raismes, à Lingreville, Manche.
Selvais (André), de Raismes, à Lingreville, Manche.
Sénéchal (Évariste), du Hamel, à Folligny, Manche.
Servoin (Henri), de Lourches, au Mesnil-Arney, Manche.
Silvert (Hippolyte), de Masny, à la Chapelle-en-Juger, Manche.
Simoens (Augustin), de Wambrechies, à Lingreville, Manche.
Simon (Julienne) et enf., d'Hautmont, à Lavaveix-les-Mines, Creuse.
Sixe (Paul), de Roubaix, à Glenic. Creuse.
Six (Maurice), de Wambrechies, à Lingreville, Manche.
Swartvaegher (Omer), de Bailleul, à Annoville, Manche.
Soumillon (Anna), de Jeumont, à Avranches, Manche.
Sulmont (François) et fam., de Roubaix, à Glénic, Creuse.
Staut (Jean-Baptiste), de Lille, à Notre-Dame-de-Livoye, Manche.
Stanclakir (Constantin), de Marquette, à Moyon, Manche.
Stemtclaire (Paul), d'Armentières, à Annoville, Manche.
Stoupy (Flore), de Louvroil, à Carnac, Morbihan.
Stordeur (Edmond) et fam., de Colleret, à Cormeilles-en-Vexin, Seine-et-Oise
Stré (Marie), de Lille, à Folligny, Manche.
Tanchon (Joseph), de Waziers, à Le Grand-Celland, Manche.
Tatin (Charles), d'Avesnes-s.-Helpe, à Avranches, Manche.
Tatin (Mme), d'Avesnes s.-Helpe, à Avranches, Manche.
Tatin (Alice), d'Avesnes-s.-Helpe, à Avranches, Manche.
Terrier (André), de Tourcoing, à Marigny, Manche.
Thibaut (Émile), de Lille, à Lingreville, Manche.
Thiébaut (Marcel), de Quesnoy-s.-Deule, à Lingreville, Manche.
Thomassin (Edmond), de Pont-de-la-Deule, à Chesley, Aube.
Thuilliez (Maurice), de Merville, à Maupertuis, Manche.
Thuilliez (Georges), de Lille, à La Colombe, Manche.

Tiercé (Louis), d'Ecaillon, à Caves, Manche.
Tilan (Édouard), de Denain, à La Colombe, Manche.
Tilan (Robert), de Denain, à La Colombe, Manche.
Toutellier (Henri), de St-Amand, à Moyon, Manche.
Touzet (Augustine), d'Abancourt, à Annoville, Manche.
Tornet (Marguerite), de Louvroil, à Carnac, Morbihan.
Torrez (René), de Bailleul, à Annoville, Manche.
Trenel (Édouard), de Lille, à Beslon, Manche.
Trénel (Albert), d'Haubourdin, à Lingreville, Manche.
Tribout (Abel), de Valenciennes, à La Chapelle-en-Juger, Manche.
Trinquart (Constant), de Masny, à La Chapelle-en-Juger, Manche.
Tronel (Jules), de Lille, à Villebaudon, Manche.
Tsicils (Michelin), de Lille, à Moyon, Manche.
Turquin (Chrysoline), de Beaurepaire, à Avranches, Manche.
Urbain (Gaétan), de Jeumont, à Moidrey, Manche.
Valencelle (Georges), d'Esquerchin, à St-Yrieix-les-Bois, Creuse.
Valckenaere (René), de Vieux-Berquin, à Longèves, Charente-Inférieure.
Van Esschen (Jules), et enf., d'Annœullin, à St-Laurent, Creuse.
Vanhamme (Charles), de Lille, à St-Avis-de-Tardes, Creuse.
Vantorhoudt (Louis), de Lille, à La Colombe, Manche.
Vandecasteele (Émile), d'Armentières, à Beuvrigny, Manche.
Vanderberghe (Édouard), de Lille, à Bricqueville-s.-Mer, Manche.
Vandenberghe (Paul), de Lille, à Hauteville-s.-Mer, Manche.
Vandenbossche (François), de La Bassée, à Juilley, Manche.
Vaneste (Louis), d'Armentières, à Longueville, Manche.
Vankelst (Fernand), de Lille, à Villaubaudon, Manche.
Vanhouk (Alfred), de Bondues, à Gravray, Manche.
Vansteenkiste (Gaston), de La Madeleine, à Hauteville-s.-Mer, Manche.
Vandemeulebrouck (Marcel), de Marcq-en-Barœul, à Fervaches, Manche.
Vangaeyzèle (Omer), de Bailleul, à Annoville, Manche.
Van Oberge (Charles), de Croix, à Gravray, Manche.
Van Mierls (Jean), de Croix, à Gravay, Manche,
Van Mierls (Guillaume), de Croix, à Gavray, Manche,
Vangaeyzéle (Henri), de Bailleul, à Annoville, Manche.
Varasse (Ernest), de Tourcoing, à Lingreville, Manche,
Vassiaux (Louis), de Lille, à Folligny, Manche.
Vaymel (Marcel), de Wavrin, à Banize, Creuse.
Vennin (Désiré), de Neuville-s.-Escaut, à Courtils, Manche.
Verburgt (Léon), de Lille, à Notre-Dame-de-Livoye, Manche.
Vervenne (Marceau), de Fives-Lille, à La Colombe, Manche.
Vercleven (Albert), de Roubaix, à Bricqueville-s.-Mer, Manche,
Vertichen (Suzanne), d'Arras, à Crollon, Manche.
Vertichen (Laurence), d'Arras, à Crollon, Manche.
Vertichen (Marguerite), d'Arras, à Crollon, Manche.
Verstavel (Marguerite), d'Arras, à Juilley, Manche.
Verdonck (Désiré), d'Armentières, à Annoville, Manche.
Veyder (Maurice), de Cambrai, à Cuves, Manche.
Villette (Paul), d'Aniche, à Moyon, Manche.
Villefert (Pierre), d'Aniche, à Moyon, Manche.
Villemot (Marie), d'Hordain, à St-Pouange, Aube.
Vincent (Louis), de Wambrechies, à Beslon, Manche.
Vincq (Edouard) et fam., de Villers-au-Tertre, à La Chapelle-Taillefert, Manche.
Volff (Élie), de Douchy, à Etel, Morbihan,
Volfi (Mme), de Douchy, à Etel, Morbihan.
Wallaert (Louis), d'Armentières, à Cuves, Manche.
Walck (Marie), de Lille, à Royan, Charente-Inférieure.
Wandorpe (Maurice), de Lille, à Notre-Dame-de-Livoye, Manche.
Wannequin (Céline), de Maroilles, à Avranches, Manche.
Wartel (Henri), de Douai, à Moyon, Manche.
Wartel (Alfred), de Lille, à Peyrabout, Creuse.
Warlonyet (Louis), de Douai, à Moyon, Manche.
Warin (Alfred), de St-Amand, à Moyon, Manche.
Wattelle (Louis), de Tourcoing, à Glénic, Creuse.
Wauty (Mme), de Bavay, à Avranches, Manche.
Waxin (Léonide), de Denain, à Lingreville, Manche.
Waxin (Paul), de Denain, à Lingreville, Manche.
Wiart (Henri), de Dechy, au Grand-Celland, Manche.
Willem (Fortuné), de Fenain, au Grand-Celland, Manche,
Willem (Noël), de Fenain, au Grand-Celland, Manche.
Willaert (Émile), de Roubaix, à Bricqueville-s.-Mer, Manche.
Winllot (Ernest), de Fresnes-sur-Escaut, à Pionnat, Creuse.
Vonfleteren (Édouard), de Mons-en-Barœul, à Glénic, Creuse.
Wootquenne (Nelly), de Jeumont, à Hauteville-s.-Mer, Manche.
Wootquenne (Raoul), de Jeumont, à Hauteville-s.-Mer, Manche
Zeller (Victor), d'Aniche, à Moyon, Manche.
Zimmermann (Jean), de Fives-Lille, à Montabot, Manche.
Zuindeau (Albert), de Wambrechies, à Lingreville, Manche.

8e LISTE.

Adrienssens (Henri), d'Anzin, à Saint-Étienne, Loire.
Aermant (Marie), de Maubeuge, à Chazelles, Charente.
Albert (Amédée), de Roubaix, à Saint-Étienne, Loire.
Arnoult (Albert), de Lille, à Ruelle, Charente.
Anciaux (Julien), de Dompierre, à Aunay-Odon, Calvados.
Anciaux (Julien), de Dompierre, à Aunay-sur-Odon, Calvados.
Arvanc (Richard), de Roubaix, à Saint-Étienne, Loire.
Aubert et son épouse, du Cateau-Cambrésis, à Saint-Cloud, Seine-et-Oise.
Babelon (Louis), de Lille, à Brécey, Manche.
Baene (Léonard), de Lille, aux Cresnays, Manche.
Baert (François), de Roubaix, à Trelly, Manche.
Bageon (Gustave), de Roubaix, aux Loges-sur-Brécey, Manche.
Bailly (Alcide), de Lille, à Joigny, Yonne.
Bailly (Emile), de Roubaix, à Saint-Étienne, Loire.
Bandt (Arthur de), d'Emmerin, à Nieuil, Charente.
Barton et fam., de Solre-sur-Sambre, à Pithiviers, Loiret.
Baudin-Blampin, de Sains-du-Nord, à Luc-sur-Mer, Calvados.
Bauwens (Arthur), de Roubaix, à Mesnil-Raoult, Manche.
Bauduin (Eugène), de Neuville-sur-Escaut, à Saint-Étienne, Loire.
Baudelot (Auguste), de Fourmies, à Saint-Étienne, Loire.
Bayard (Jean-Baptiste), d'Emerchicourt, à Saint-Étienne, Loire.
Bayard (Jean-Baptiste), d'Emerchicourt, à Saint-Étienne, Loire.
Bayot (Amédée), d'Aniche, à Tessy-sur-Vire, Manche.
Beauvillain (Marcel), de Caudry, à Chartres, Eure-et-Loir.
Beauvillain (Anna), de Caudry, à Chartres, Eure-et-Loir.
Becker (Victor), de Saint-Amand, à Héberville, Seine-Inférieure.
Behirier (Lucien), de Vieux-Condé, à Tessy-sur-Vire, Calvados.
Béhagne (Charles), de Douai, à Saint-Étienne, Loire.
Berlecque (Fernand), d'Elincourt, à Montreuil, Manche.
Berquinot (Emile), de Lille, à Chauffours, Eure-et-Loir.
Bernard (Henri), d'Houplin, à La Folie, Calvados.
Bornicz (Charles) et fam., de Lambersart, à Luc-sur-Mer, Calvados.
Bertrand (Albert), de Maubeuge, à Villemurlin, Loiret.
Berthiaux (Marcel), d'Anzin, à Saint-Étienne, Loire.
Berghof (Lucien), de Lille, à Saint-Étienne, Loire.
Berliot (Augustin), de Valenciennes, à Saint-Étienne, Loire.
Betoret et fam., de Fourmies, à Pithiviers, Loiret.
Beunes (Pierre), de Tourcoing, à Mesnil-Raoult, Manche.
Beudour (Auguste), de Fresnes, à Saint-Étienne, Loire.
Beurelinck (Maurice), de Lille, à Saint-Étienne, Loire.
Beuque (Albert), de Roubaix, à Saint-Étienne, Loire.
Bie (Félix de), de Lille, à Cerisy-la-Salle, Manche.
Bie (Mathilde de), de Lille, à Cerisy-la-Salle, Manche.
Bierneau (Arthur), d'Aniche, à Tessy-sur-Vire, Manche.
Bigalion (Philippe), de Raismes, à Saint-Étienne, Nord.
Bisiaux (Armand), de Wavrechain, à Saint-Étienne, Loire.
Blary (Omer), d'Onnaing, à Saint-Étienne, Loire.
Blaizot (Germain), de Denain, à Saint-Étienne, Loire.
Blandeau (Jules), de Tourcoing, à Mesnil-Raoult, Manche.
Blicq (Henri), de Santes, à Lapleau, Corrèze.
Blondeau (Augustin), de Flers-en-Escrebieux, à Lagarde, Corrèze.
Blondeau (Emile), de Somain, à Saint-Étienne, Loire.
Blondeaux (Alexandre), de Lille, à Saint-Genis-d'Hiersac, Charente.
Bocquet (Louis), de Lille, aux Loges-sur-Brécey, Manche.
Bocquet (Maurice), de Lille, à Saint-Étienne, Loire.
Bodart (Jean-Baptiste), de Lille, à Sens, Yonne.
Bodard (Jean-Baptiste), de Fives-Lille, à La Ferté-Loupière, Yonne.
Bogaert (Henri), de Roubaix, à Saint-Étienne, Loire.
Boite (Charles), de Lille, à Cerisy-la-Salle, Manche.
Boite (Oscar), de Lille, à Cerisy-la-Salle, Manche.
Boittiaux (Henri), de Denain, à Brécey, Manche.
Bogniez (Paul), de Lourches, à Mouilidars, Charente.
Bongioanni (Emilia) et enf., de La Bassée, à Perpezac-le-Noir, Corrèze.
Bornier (Albert) et fam., de Saint-Waast-la-Vallée, à Caen, Calvados.
Boucher (Emile), de Saint-Amand, à Héberville, Seine-Inférieure.
Bournoville (Jules), de Valenciennes, à Luc-sur-Mer, Calvados.
Boutry (Edouard), de Lille, à Saint-Étienne, Loire.
Bouchez (René), de Maubeuge, à Ussel, Corrèze.
Boussemart (César) et son épouse, de Santes, à Lapleau, Corrèze.
Brady (César), de Douai, à Saint-Sornin, Charente.
Brasseur (Raoul), de Marpent, à Saint-Planchers, Manche.
Bréan (Charles), de Dorignies-les-Douai, à Saint-Étienne, Loire.
Bretonnelle (Marie), de Fourmies, à Saint-Étienne, Loire.
Bresoux (Oscar), de Hantay, à Saint-Étienne, Loire.
Briche (Louis), de Marchiennes, à Houx, Eure-et-Loir.
Brice (Arthur), de Lille, à Saint-Étienne, Loire.
Brognicz (Abdon), de Landrecies, à Maintenon, Eure-et-Loir.
Brogniez (Pierre), de Landrecies, à Maintenon, Eure-et-Loir.
Brogniez (Gabrielle) et fam., de Landrecies, à Maintenon, Eure-et-Loir.
Brogniez (Renée), de Landrecies, à Maintenon, Eure-et-Loir.
Bruyn (François de), de Lille, à Brécey, Manche.
Bruckmann (Charles), de Lille, à Cerisy-la-Salle, Manche.
Brunel (Félix), de Lille, à Brécey, Manche.
Bruggeman (Victor), de Lille, à Cerisy-la-Salle, Manche.
Bruyère (Léopold), de Lille, aux Cresnays, Manche.
Bruiant (Jules), de Valenciennes, à Saint-Étienne, Loire.
Brymeersch (Julia), d'Armentières, à Chasteaux, Corrèze.
Buchet (Jules), de Lambersart, aux Cresnays, Manche.
Buchez (François), d'Anzin, à Saint-Étienne, Loire.
Buissez (Alexandre), de Denain, au Loreur, Manche.
Builtiel (Charles), de Lille, à Saint-Étienne, Loire.
Buquet (Désiré), de Lambres, à Saint-Étienne, Loire.
Burlet (Jules), de Vieux-Condé, à Tessy-sur-Vire, Manche.
Bury (Ernest), d'Escautpont, à Bailleau-le-Pin, Eure-et-Loir.
Bury (Olympe), d'Escautpont, à Bailleau-le-Pin, Eure-et-Loir.
Bury (Noëlla), d'Escautpont, à Bailleau-le-Pin, Eure-et-Loir.
Bury (Marcel), d'Escautpont, à Bailleau-le-Pin, Eure-et-Loir.
Burgeat (Alice), de Waziers, à Vouvray, Sarthe.
Burgeat (Jean-Baptiste), de Douai, à Saint-Étienne, Loire.
Busquin et fam., de Solre-sur-Sambre, à Pithiviers, Loiret.
Busse (Jules), de Saint-André, à Brécey, Manche.
Buteners (Servais), de Dunkerque, à Nice, Alpes-Maritimes.
Buysschaert (Joseph), de Fives, à Saint-Étienne, Loire.
Caby (Jules), de Wattignies, à Saint-Étienne, Loire.
Caille (Paul), de Fenain, à Montreuil, Manche.
Callian (Marcel), de Lille, à Saint-Étienne, Loire.
Campagne (Maurice), d'Anzin, à Brécey, Manche.
Camfiens (Alphonse), de Lille, à Saint-Étienne, Loire.
Canet (Maurice) et enf., d'Armentières, à Chasteaux, Corrèze.
Cancal (Edouard), de Lille, à Saint-Étienne, Loire.
Capelle (Albert), de Tourcoing, au Mesnil-Raoult, Manche.
Capelle (Albert), de Tourcoing, à Saint-Étienne, Loire.
Caron (Georges), de Dechy, à La Selle-sur-le-Bied, Loiret.
Cartillier (Georges), de Lille, à Mesnil-Opac, Manche.
Caron (Pierre), d'Armentières, à Saint-Étienne, Loire.
Cartier (Julien), de Denain, à Saint-Étienne, Loire.
Carbon (Clément), de Tourcoing, à Saint-Étienne, Loire.
Carpentier (Vve) et enf., de Cambrai, à St-Laurent-de-Brévedent, S.-Infér.
Caron (Emmanuel), de Masny, à Saint-Étienne, Loire.
Cassel (Florence), de Maubeuge, à Anet, Eure-et-Loir.
Casier (Arthur), de Tressin, à Cerisy-la-Salle, Manche.
Casier (André), de Lille, à Brécey, Manche.
Castel (Jules), d'Houplines, à Trelly, Manche.
Cassiman (Jean-Baptiste), de Lille, au Loreur, Manche.
Casier (Henri), de Wambrechies, à Saint-Étienne, Loire.
Catelle (Georges), de Lille, à Brécey, Manche.
Catieau (Gustave), de Fives-Lille, à Saint-Étienne, Loire.
Catherine (Arthur) et fam., de Maubeuge, à Villemurlin, Loiret.
Cauvin (Louis), de Fenain, à Montreuil, Manche.
Cauchet (Gaston), de Saint-Quentin, à Saint-Étienne, Loire.
Célisse (Henri), de Fresnes-sur-Escaut, à Saint-Étienne, Loire.
Celisse (Achille), d'Aniche, à Tessy-sur-Vire, Manche.
Celisse (Manuel), de Vieux-Condé, à Tessy-sur-Vire, Manche.
Chanieux-Dieudonné, de Condé, à Saint-Étienne, Loire.
Charlet (Félix), de Wambrechies, à Saint-Étienne, Loire.
Charlet (Charles), de Wambrechies, à Saint-Étienne, Loire.
Chassaigne (Antoine), de Maubeuge, à Saint-Étienne, Loire.
Chevalier (Jean), de Sin-le-Noble, à La Chartre, Sarthe.
Chevalier (Marcelle), de Sin-le-Noble, à La Chartre, Sarthe.
Chevalier (Norbert), de Lille, au Loreur, Manche.
Chevalier (Joseph), d'Anzin, à Saint-Étienne, Loire.
Chocquet (Alphonse), de Lambersart, aux Cresnays, Manche.
Clerguin (Henri), de Lille, à Ruelle, Charente.
Coudde (Albert), de Fives-Lille, à Brécey, Manche.
Coasne (Albert), de Fenain, à Montreuil, Manche.
Cobou (Raymond), de Lille, à Saint-Étienne, Loire.
Cochet (Gaston), de Raismes, à Saint-Étienne, Loire.
Coenne (Aubert), de Roubaix, à Beauchamps, Manche.
Coisne (Henri) et enf., de Santes, à Lapleau, Corrèze.
Coisne (Albert), de Wambrechies, à Saint-Étienne, Loire.
Colin (Nestor), de Denain, à Saint-Étienne, Loire.
Collenge (Fernand), de Valenciennes, à Saint-Étienne, Loire.

Compagnon (François), de Valenciennes, à Saint-Etienne, Nord.
Concille (Virginie) et fam., de Dôchy, à La Selle-sur-le-Bied, Loiret.
Connoioux (Marcel), de Lille, à Saint-Etienne, Loire.
Copman (Maurice), de Wattrelos, à Brécey, Manche.
Coqueraumont (Joseph), de Lille, au Loreur, Manche.
Cornu (Malvina), de Sin-le-Noble, à Dissay, Sarthe.
Cornu (François), de Sin-le-Noble, à Dissay, Sarthe.
Cornand (Charles), de Roubaix, à Saint-Etienne, Loire.
Cornil (Alfred), de Valenciennes, à Saint-Etienne, Loire.
Corrion (Albert), de Tourcoing, à Saint-Etienne, Loire.
Cosyn (Charles), de Roubaix, à Brécey, Manche.
Coudron (Félicie) et enf., de Lallaing, à Marseille, Bouches-du-Rhône.
Coulon (François) et fam., de Boussois, à Balleroy, Calvados.
Cauplot (Georges), de Waziers, à Vouvray, Sarthe.
Craene (Edouard de), de Lille, à Saint-Marq, Charente.
Crochart (Louise), de Solre-le-Château, à Aunay-sur-Odon, Calvados.
Cuinier (Jeanne), de La Bassée, à Blauzac, Charente.
Dael (Ferdinand) et fam., de Lille, à Nonac, Charente.
Daigniez (Marc), de Lille, à Confolens, Charente.
Daigniez (Omer), de Lille, à Angoulême, Charente.
Daix (Anatole), d'Armentières, à Vars, Charente.
Daloin (Edouard) et fam., de Douai, à Chauffours, Eure-et-Loir.
Daluine (Georges), de Tourcoing, à Saint-Amant-de-Graves, Charente.
Dallenne (Henri) et fam., de Wambrechies, à St-Laurent-de-Belzagot, Char.
Dalluin (Henri), de Lille, à Juignac, Charente.
Dambron (Alfred), de Roubaix, à La Rochette, Charente.
Dambre (Alphonse), de Lille, à Brécey, Manche.
Damagnez (Albert), de Lille, à Saint-Etienne, Loire.
Danschotter (Arthur), d'Armentières, à Loges-sur-Brécey, Manche.
Danhiez (Jules) et fam., de Lourches, à Ferrières-en-G., Loiret.
Danhier (Sidonie) et fam., de Maubeuge, à Valence, Charente.
Danhier (Joséphine) et fam., de Maubeuge, à Valence, Charente.
Danroime (Célina) et fam., de La Bassée, à Cellefrouin, Charente.
Danhier (Henri) et fam., de Maubeuge, à Valence, Charente.
Dancoine (Victor), de Seclin, à Paizay-Naudoin, Charente.
Dansette (Louis), de Lille, à Saint-Genis-d'Hiersac, Charente.
Dancoisne (Victor), de Loos, à Echallat, Charente.
Danjou (Ludovic), de Valenciennes, à Moutonneau, Charente.
Dante (Charles), de Roubaix, à Chalais, Charente.
Dangremont (François), de Lille, à Saint-Genis-d'Hiersac, Charente.
Danel (Charles), de Marcq-en-Barœul, à Champniers, Charente.
Danset (Jules), de Lille, à Sireuil, Charente.
Danduis (Raymond), de Lille, à Champniers, Charente.
Danvers (Victor), de Lille, à Paizay-Naudoin, Charente.
Danvers (Victor), de Lille, à Saint-Séverin, Charente.
Dannay (Marcel), de Sin-le-Noble, à Saint-Etienne, Loire.
Dangreave (Edmond), de Douai, à Saint-Etienne, Loire.
Dapprimée (Louis), de Croix, à Loges-sur-Brécey, Manche.
Darges (Maurice), de Lille, à Brécey, Manche.
Dassonville (Joseph), de Denain, à Jarnac, Charente.
Dastot (Abel), de Maubeuge, à Chazelles, Charente.
Daubercies-Couturier (Vve) et enf., d'Anor, à Luc-sur-Mer, Calvados.
Daussy (Louis), de Lille, à Cerisy-la-Salle, Manche.
Dautigny (Félicité), de Maubeuge, à Xambes, Charente.
Dauchy (Auguste), d'Avesnes-le-Sec, à Brie-La-Rochefoucauld, Charente.
Daudrumez (Victor), d'Armentières, à Châteauneuf, Charente.
Daudrumez (Paul), de Santes, à Lapleau, Corrèze.
Daudrumez (Victor), de Santes, à Lapleau, Corrèze.
Dauphin (Marie) et fam., de Sin-le-Noble, à Valence, Charente.
Dauverchain (Emile), de Raismes, à Saint-Etienne, Loire.
David (Jules), de Lille, à Saint-Etienne, Loire.
Deabiens (Louis), de Lille, à Saint-Christophe-de-Chalais, Charente.
Debliqui (Robert), de Lille, à Cerisy-la-Salle, Manche.
Debliqui (Pierre), de Lille, à Cerisy-la-Salle, Manche.
Debacker (Gustave), de Lille, à Saint-James, Manche.
Debacker (Léon), de Lille, à Cerisy-la-Salle, Manche.
Debacker (Charles), de Lille, à Cerisy-la-Salle, Manche.
Debosc (Rémy), de Lille, à Brécey, Manche.
Debuchy (Ciler), de Roubaix, à Ruffec, Charente.
Deblock (Henri), d'Armentières, à Manot, Charente.
Debaey (Maurice), de Lille, à Mosnac, Charente.
Debrot (Ildefonse), de Fenain, à Rouillac, Charente.
Debleck (Henri), d'Armentières, à Manot, Charente.
Debondues (Froris), de Lille, à Saint-Romain, Charente.
Debrauwer (Jean-Baptiste), de Roubaix, à Ruelle, Charente.
Debauf (Alphonse), de Lille, à Confolens, Charente.
Debacker (Maurice), de Lille, à Gond-Pontouvre, Charente.
Debruyne (Georges), d'Houplines, à St-Martial-de-Montmoreau, Charente.
Debelsunce (Henri), de Lille, à La Rochefoucauld, Charente.
Debusehère (Jules), de Roubaix, à La Faye, Charente.
Debarge (Jules), de Roubaix, à La Péruse, Charente.
Debosscher (Alphonse), de Lannoy, à Saint-Laurent-de-Céris, Charente.
Debruysère (Julien), de Marquette, à Courgeac, Charente.
Debril (André), d'Ostricourt, à Angoulême, Charente.
Debail (Joseph), d'Auberchicourt, à Rougnac, Charente.
Debyser (Emile), de Lille, à Angoulême, Charente.
Debren (Louis), de Roubaix, à Châteauneuf, Charente.
Deblecq (Jules), de Valenciennes, à Mazières, Charente.
Debuchère (Léon), d'Armentières, à Saint-Etienne, Loire.
Debruyne (Emile), de Lille, à Saint-Etienne, Loire.
Debay (Marcel), de Douai, à Saint-Etienne, Loire.
Debarge (Georges), de Lille, à Saint-Etienne, Loire.
Debal (Richard), de Lille, à Saint-Etienne, Loire.
Debarge (Georges), de Lille, à Saint-Etienne, Loire.
Decarpentries (Paul), de Fenain, à Montreuil, Manche.
Declerck (Julia), d'Armentières, à Brécey, Manche.
Declerck (Andréa), d'Armentières, à Brécey, Manche.
Decarnin (Gustave), de Lille, au Loreur, Manche.
Decorninck (Daniel), de Saint-André-les-Lille, à Cametours, Manche.
Decampenaire (Horace), de Marquette, à Angoulême, Charente.
Decq (Mélanie) et fam., de La Bassée, à Cellefrouin, Charente.
Declercq (Paul), de Roubaix, à Saint-Michel, Charente.
Decaluwe (Fernand), d'Armentières, à Saint-Michel, Charente.
Decroux (Henri), de Lille, à La Rochefoucauld, Charente.
Decroix (Henri), de Lille, à Châteauneuf, Charente.
Decock (Marceau), de Tourcoing, à Saint-Laurent-de-Céris, Charente.
Decottignies (Pierre), de Roubaix, à Ruelle, Charente.
Dec (Joseph), de Roubaix, à Barbezieux, Charente.
Decock (Albert), de Roubaix, à Nieuil, Charente.
Decronombourg (Eugénie), d'Hautmont, à Bailleau-l'Evêque, Eure-et-Loir.
Decarpentrie (Georges), de Lille, à Barbezieux, Charente.
Deconneck (Gaston), de Lille, à Chalais, Charente.
Decottignies (Louis), d'Hellemmes, à Bonnelles, Seine-et-Oise.
Decisy (Paul), de La Madeleine, à Bonnelles, Seine-et-Oise.
Declercq (Emile), de Lille, à Saint-Etienne, Loire.
Decarpini (Jean-Baptiste), de Valenciennes, à Saint-Etienne, Loire.
Decourtray (Charles), de Lille, à Saint-Etienne, Loire.
Decq (Célestien), de Fénain, à Saint-Etienne, Loire.
Decarnin (Félix), de Lille, à Saint-Etienne, Loire.
Declercq (Adolphe), de La Chapelle-d'Armentières, à Saint-Etienne, Loire.
Decker (Auguste de), de Lille, à Roanne, Loire.
Defret (Gustave), de Lille, à Fléac, Charente.
Defives (Charles), de Loos, à Saint-Laurent-de-Belzagot, Charente.
Defontaine (Henri), d'Anstaing, à Saint-Etienne, Loire.
Defourny (Adolphe), de Lille, à Saint-Etienne, Loire.
Defrenez (Armand), d'Anzin, à Saint-Etienne, Loire.
Defive (Jules), d'Armentières, à Saint-Etienne, Loire.
Degraeve (Théodore), de Roubaix, à La Rochette, Charente.
Degeyter (Achille), de Lille, à Angoulême, Charente.
Deglow (François), de Rœux, à Luxé, Charente.
Degeselle (Charles), de Lille, à Aubeterre, Charente.
Degallaix (Charles), de Seclin, à La Faye, Charente.
Degoegher (Zoé), de Lille, à Brécey, Manche.
Degrave (Arthur), de Fretin, à Brécey, Manche.
Degallaix (Alexandre), d'Anzin, à Saint-Etienne, Loire.
Degraeve (Charles), de Lille, à Saint-Etienne, Loire.
Dehaine (Albert), de Lezennes, à Brécey, Manche.
Dehaybe (Léon), de Lille, à Ruelle, Charente.
Dehaynin (Paul), de Mons-en-Barœul, à Angoulême, Charente.
Dehuite (Julia), de Ferrière-la-Grande, à Bailleau-l'Evêque, Eure-et-Loir.
Dehuite (Germaine), de Ferrière-la-Grande, à Bailleau-l'Evêque, Eure-et-L.
Dehoes (Edouard), de Roubaix, à Champniers, Charente.
Dehoze (Mme), de Maubeuge, à Médillac, Charente.
Dehoze (Jules), de Maubeuge, à Médillac, Charente.
Dejaegher (Camille), de Roubaix, à Brécey, Manche.
Dejonchère (Henri), de Roubaix, à Saint-Etienne, Loire.
Dekoninck (Henri), de Lille, à Barbezieux, Charente.
Dekindt (Georges), de Wambrechies, à Courgeac, Charente.
Dekindt (Paul), de Wambrechies, à Brécey, Manche.
Dekerle (Albert), de Lille, à Saint-Etienne, Loire.
Delannoy (Eugène), de Lille, aux Cresnays, Manche.
Delannoy (Arthur), de Tourcoing, à Mesnil-Raoult, Manche.
Delcourt (Louis), de Lourches, à Saint-James, Manche.
Delcour (Alcide), d'Aniche, à Tessy-sur-Vire, Manche.
Delapant (Jean-Baptiste), de Tourcoing, à Loges-sur-Brécey, Manche.
Delvalley (Fernand), de Lille, à Brécey, Manche.
Delattre (Albert), d'Hellemmes, à Gond-Pontouvre, Charente.
Delcour (Jean-Baptiste), d'Aniche à Genouillac, Charente.
Delval (Etienne), de La Bassée, à Ruelle, Charente.
Deltaye (Emile), de Sentinelle, à Saint-Angeau, Charente.
Delavrange (Fernand), de Lille, à Rouillac, Charente.
Delacourt (Maurice), de Lille, à Gond-Pontouvre, Charente.

Delporte (Léopold) et fam., de Lille, à Jarnac, Charente.
Delporte (Camille), de Lille, à Jarnac, Charente.
Delassus (Henri), de La Bassée, à Brie-sur-Chalais, Charente.
Delcourt (Mme) et fam., d'Hesnes-lès-La-Bassée, à Rioux-Martin, Charente.
Deloor (Mme) et fam., de Maubeuge, à Valence, Charente.
Delcourt (Victor), de Lille, à Jauldes, Charente.
Delfortrie, de La Madeleine, à Gond-Pontouvre, Charente.
Delefosse (Henri), de Lille, à Bardenac, Charente.
Delannoy (Fernand), d'Houplines, à Saint-Claud, Charente.
Delolosse (Jeanne), d'Hesnes-la-Bassée, à Orival, Charente.
Delofosse (Maurice), d'Hesnes-la-Bassée, à Orival, Charente.
Delcroix (Maurice), d'Hesnes-la-Bassée, à Orival, Charente.
Delsoul (Jacques), d'Auby, à Brie La Rochefond, Charente.
Deloppe (Adrien), de Denain, à Luxé, Charente.
Deleray (Emile), de Fenain, à Paizay-Naudoin, Charente.
Deltour (Georges), d'Auby, à Rivières, Charente.
Delaporte (Fernand), de Lille, à Saint-Denis-d'Hiersal, Charente.
Delauraine (Albert), de La Bassée, à Voulgezac, Charente.
Delfolie (Célina), de Sin-le-Noble, à Carcassonne, Charente.
Delfolie (Marie-Antoinette), de Sin-le-Noble, à Carcassonne, Charente.
Delpage (Félix), de Fresnes, à Marillac, Charente.
Delpagé (Lucien), de Fresnes, à Marillac, Charente.
Deloux (Henri), de Lys-les-Lannoy, à Chalais, Charente.
Delplanque (Oscar), de Flines-lès-Raches, à Echallat, Charente.
Delplanque (Amédée), de Flines-lès-Raches, à Echallat, Charente.
Delcroix (Anicet), de La Bassée, à Angoulême, Charente.
Delcroix (Louis), de Lille, à Gondeville, Charente.
Deledicq (Henri), de Lille, à Gondeville, Charente.
Delacroix (Louis), de La Bassée, à Ruelle, Charente.
Delepau (Emile), de Roubaix, à Mosnac, Charente.
Delalande (Pierre), de Lourches, à Ruelle, Charente.
Delalande (Ange), de Lourches, à Ruelle, Charente.
Delecourt (Paul), de La Madeleine, à Ruelle, Charente.
Delsaut (Robert), de Valenciennes, à Chantrezac, Charente.
Delvaux (Alfred), de Lille, à Champniers, Charente.
Delovaine (Désir), de La Bassée, à Voulgézac, Charente.
Delatte (Gisèle), de Jeumont, à Cloyes, Eure-et-Loir.
Delatte (Marthe), de Jeumont, à Cloyes, Eure-et-Loir.
Delerne (Achille), de Lille, à Montboyer, Charente.
Delatte (Auguste), de Jeumont à Cloyes, Eure-et-Loir.
Delattre (Célina), de Jeumont, à Cloyes, Eure-et-Loir.
Delattre (Marie), de Jeumont, à Cloyes, Eure-et-Loir.
Delatte (Constantin), de Jeumont, à Cloyes, Eure-et-Loir.
Delvaux (Philomène), de Rousies, à Marchezais, Eure-et-Loir.
Delvaux (Edmond), de Rousies, à Marchezais, Eure-et-Loir.
Delvaux (Zola), de Rousies, à Marchezais, Eure-et-Loir.
Delvaut (Aline) et fam., de Rousies, à Marchezais, Eure-et-Loir.
Delannoy (Fleurisa), de Tourcoing, à La Faye, Charente.
Delonc (Louis), de Saint-Amand, à Beaulieu, Charente.
Delobel (Madeleine), d'Armentières, à Chartres, Eure-et-Loir.
Delaere (Marie), d'Armentières, à Saint-Martial-de-Montmoreau, Charente.
Delval (Alphonse), d'Auberchicourt, à Garat, Charente.
Delobel (Henri), de Roubaix, à Garat, Charente.
Delahaye (Georges), de Lille, à Confolens, Charente.
Deléglise (Alphonse), de Tourcoing, à Barbezieux, Charente.
Delooz (Jean-Baptiste), de Wasquehal, à Ruelle, Charente.
Delemer (Paul), de Lesquin, à Saint-Eutrope, Charente.
Delvaud (Julien), de Quesnoy, à Moulidars, Charente.
Delhaye (François), de La Sentinelle, à Saint-Angeau, Charente.
Delire (Fortuné), de Lille, à Bassac, Charente.
Delvalle (Emile), de Roubaix, à Chabannais, Charente.
Delstanche (Jean), de Roubaix, à Saint-Michel, Charente.
Delplanque (Jules), de Lille, à Montmoreau, Charente.
Delacenserie (Auguste), de Lille, à Saint-Christophe-de-Chalais, Charente.
Delmotte (Marcel), de Lille, à Gond-Pontouvre, Charente.
Delplancke (Jean), de Croix, à Montmoreau, Charente.
Delmeire (Vincent), d'Armentières, à Saint-Michel, Charente.
Delleruyer (Gabriel), de Lille, à Chalais, Charente.
Delerue (Léon), de Lille, à Montbron, Charente.
Delmotte (Ernest), de Tourcoing, à Montbron, Charente.
Delacharlowy (Marcel), de Lille, à Angoulême, Charente.
Delestrée (Thomas), de Roubaix, à Saint-Amand-de-Boixe, Charente.
Deleroix (Victor), de Croix, à Vars, Charente.
Delespierre (Louis), de Roubaix, à Chabanais, Charente.
Delbecq (Jules), de Lille, à Gond-Pontouvre, Charente.
Delanez (Jules), de Lille, à Angoulême, Charente.
Delannoy (Simon), de Roubaix, à Barret, Charente.
Deleroix (Emile), d'Armentières, à Barret, Charente.
Delattre (Victor), de Tourcoing, à Saint-Michel, Charente.
Delannoy (Hippolyte), de La Chapelle, à Champniers, Charente.
Delange (Gaston), de Lille, à Ruelle, Charente.

Delamaide (Jules), de Fresnes, à Barbezieux, Charente.
Delval (Jeanne) et enf., de La Bassée, à Perpezac-le-Noir, Corrèze.
Delbaere (Edouard), de Lille, à Saint-Genis-d'Hiersac, Charente.
Deleplaque (Charles), de Lille, à Aubeterre, Charente.
Deléval (Adolphe), de Roubaix, à Exideuil, Charente.
Delcroix (Maurice), d'Armentières, à Gond-Pontouvre, Charente.
Delbeck (César), de Lille, à Mainxe, Charente.
Delannois (Albert), de Maubeuge, à Médillac, Charente.
Delille (Maurice), de Lille, aux Pins, Charente.
Delecluse (Liagre), de Lille, à Louhert, Charente.
Delaunois (Mme), de Maubeuge, à Médillac, Charente.
Delgrange (Adolphe), de Raisnes, à Saint-Etienne, Loire.
Deliombe (François), de Raisnes, à Saint-Etienne, Loire.
Delporte (Oscar), d'Armentières, à Saint-Etienne, Loire.
Delaere (Félix), de Lille, à Saint-Etienne, Loire.
Delattre (Emile), de Wattrelos, à Saint-Etienne, Loire.
Delambaere (Alexandre), de Roubaix, à Saint-Etienne, Loire.
Deloffre (Henri), de Waziers, à Saint-Etienne, Loire.
Deloux (Marcel), de Lys-les-Lannoy, à Saint-Etienne, Loire.
Delemar (Moïse), de Lille, à Saint-Etienne, Loire.
Delmeule (Maurice), de La Madeleine, à Saint-Etienne, Loire.
Delaplace (Gustave), de Roubaix, à Saint-Etienne, Loire.
Delage (Gaston), de Lille, à Saint-Etienne, Loire.
Deloffre (Désiré) et enf., d'Escarpelle, à Saint-Etienne, Loire.
Delvin (Jacques), de Lille, à Saint-Etienne, Loire.
Demeyer (Albert), de Lille, aux Cresnay, Manche.
Demoilly (Théophile), de Tourcoing, à Mesnil-Raoult, Manche.
Demaeseneire (Louis), de Croix, à Brécey, Manche.
Demaret (Henri), de Caudry, à Tessy-sur-Vire, Manche.
Demets (Emile), de Wasquehal, à Ruelle, Charente.
Demailly (Armand), de Saint-Amand, à Beaulieu, Charente.
Demcestère (Joseph), de Lille, à Ruelle, Charente.
Demeyer (Robert), de Lille, à Ruelle, Charente.
Demoulin (Clémence), de Maubeuge, à Lonnes, Charente.
Demeercleer (Raymond), de Montreuil, à Saint-Claud, Charente.
Demitddeleir (Jean-Baptiste), de Roubaix, à Châteauneuf, Charente.
Demoor (Joseph), d'Hellemmes, à La Rochefoucauld, Charente.
Demlischouwer (Charles), de Lille, à Saint-Amant-de-Graves, Charente.
Demeure (Camille), de Ferrière-la-Petite, à Luc-sur-Mer, Calvados.
Demuyter (Pierre), de Roubaix, à La Faye, Charente.
Demeilenver (Théophile), de Wambrechies, à Chabanais, Charente.
Dennain (François), d'Escaudain, à Gond-Pontouvre, Charente.
Demaghemaker (Gaston), de Roubaix, à Barbezieux, Charente.
Demolf (Gaston), de Lille, à Saint-Christophe-de-Chalais, Charente.
Demande (Henri), de Denain, à Saint-Angeau, Charente.
Demichy (Espérance), de Valenciennes, à Marseille, Bouches-du-Rhône.
Demarlier (Edouard), de Ferrière, à Saint-Etienne, Loire.
Denire (Gustave), de Lomme, à Gond-Pontouvre, Charente.
Denis (Gaston), d'Aniche, à Saint-Yriex, Charente.
Denis (Désiré), de Wambrechies, à Chabanais, Charente.
Demullet (Gustave), de Lille, à Vitrac, Charente.
Denère (Eugène), de Lomme, à Ruelle, Charente.
Depicune (Alfred), de Lille, à Barret, Charente.
Depauw (Louis), de Lille, à Paizay-Naudoin, Charente.
Depoorter (Alfred), de Loos, à Saint-Laurent-de-Belzagot, Charente.
Depoorter (Adolphe), de Loos, à Saint-Laurent-de-Belzagot, Charente.
Depré (Léon), de Wavrin, à Montboyer, Charente.
Depreux (Joseph), de Flers, à Lagarde, Corrèze.
Depuis (Lucien), de Lille, à Ruelle, Charente.
Depret (Alphonse), de Lille, à Vars, Charente.
Deprimée (Louis), de Roubaix, à Loges-sur-Brécey, Charente.
Depoilly (César), de Lille, à Saint-Etienne, Loire.
Depoorter (Jules), de Roubaix, à Saint-Etienne, Loire.
Deruhel (Charles), de Trith-Saint-Léger, à Tessy-sur-Vire, Manche.
Deropty (Cécile), de Sains, à Aunay-sur-Odon, Calvados.
Deriefle (Gustave), de Lille, à Coutances, Manche.
Derache (Henri), de Douai, à Fléac, Charente.
Deribreux (Louis), d'Armentières, à Saint-Sornin, Charente.
Deraeve (Adolphe), de Lille, à Montbron, Charente.
Derose (Henri), de Ronchin, à La Faye, Charente.
Derneulemester (Victor), de Lille, à Roumazières, Charente.
Dernoncourt (Henri), de Lauwin-Planque, à Suaux, Charente.
Deroy (Fernand), de Lille, à Nieuil, Charente.
Deruyck (Auguste), de Lille, à Sireuil, Charente.
Derycke (Léon), de Lomme, à Nosnac, Charente.
Dereguancourt (Alcide), de Fresnes-sur-l'Escaut, à Cognac, Charente.
Derieux (Mme) et fam., de Wallers, à Champniers, Charente.
Derveaux (Paul), d'Anzin, à Ruelle, Charente.
Deroubaix (Charles), de Lille, à Saint-Amant-de-Graves, Charente.
Deroisert (Louis), de Roubaix, à Taponnat, Charente.
Deron (Victor), de Lille, à Barbezieux, Charente.

Deros (Alfred), de Tourcoing, à Montmoreau, Charente.
Derousseau (Jean), de Roubaix, à Saint-Christophe-de-Chalais, Charente.
Dernoncourt (Marcel), de Lille, à Angoulême, Charente.
Deweireld (Arthur), de Lille, à Rivières, Charente.
Derpoert (Van) [Ernest], de Lille, à Aubeterre, Charente.
Deroubaix (Aimable), de Lille, à Gond-Pontouvre, Charente.
Dorain (Jules), de Lille, à Barbezieux, Charente.
Dernenceourt (Léon), de Landas, à Montreuil, Manche.
Deroy (Gaston), de Loos, à Saint-Etienne, Loire.
Dercourt (Paul), d'Anzin, à Saint-Etienne, Loire.
Deroubaix (Louis), de Lille, à Saint-Etienne, Loire.
Deroubaix (Maurice), de Tourcoing, à Saint-Etienne, Loire.
Derreveau (Lucien), de Lille, à Saint-Etienne, Loire.
Descamps (Angèle), d'Houplines, à Brécey, Manche.
Descamps (Henri), d'Houplines, à Brécey, Manche.
Desbove (Fernand), de Lille, à Cerisy-la-Salle, Manche.
Desbove (Eugène), de Lille, à Cerisy-la-Salle, Manche.
Desmette (G.), de Mons-en-Barœul, à St-Jean-du-Corail-des-Bois, Manche.
Deshayes (Victor), de Douai, à Trelly, Manche.
Desfossés (Albert), d'Arras, à Saint-James, Manche.
Destrez (Mathilde), de Fourmies, à Donville-les-Bains, Manche.
Destrez (Octavie), de Fourmies, à Donville-les-Bains, Manche.
Desplanque (Louis), de Lambersat, à Loubert, Charente.
Deschamps (Gustave), de Roubaix, à Saint-Michel, Charente.
Deswarte (Gery), de Bierne, à Ruelle, Charente.
Despigler (Maria), de Maubeuge, à Champniers, Charente.
Despigler (Félicie), de Maubeuge, à Champniers, Charente.
Descourt (Jules), de Lille, à Jauldes, Charente.
Dessuet (Mme) et fam., d'Hesnes-la-Bassée, à Rioux-Martin, Charente.
Desprez (Alexandre), de Lille, à Villefagnan, Charente.
Descloduro (François), de Douai, à Cognac, Charente.
Descatoire (Gaston), de Flines-les-Raches, à Echallat, Charente.
Deschins (Moïse), de Lille, à Segonzac, Charente.
Dessort (Joseph), de Lille, à Segonzac, Charente.
Destatte (Charles), de Valenciennes, à Champniers, Charente.
Dessin (Gustave), d'Armentières, à Champniers, Charente.
Dessin (Henri), d'Armentières, à Barbezieux, Charente.
Dessin (Victor), d'Armentières, à Barret, Charente.
Desrousseaux (Armand), de Lille, à Angoulême, Charente.
Desprez (Albert), de Tourcoing, à Ruelle, Charente.
Descarpentries (Auguste), de Lille, à Angoulême, Charente.
Desmet (Jules), d'Armentières, à Rouillac, Charente.
Descamps (Charles), de Loos, à Angoulême, Charente.
Desmet (Gustave), d'Armentières, à Rouillac, Charente.
Descamps (Martial), de Lille, à Goud-Pontouvre, Charente.
Desbarbiers (Félix), de Roubaix, à Chalais, Charente.
Descamps (Julien), d'Houplines, à Mazières, Charente.
Descamps (Emile), de Lille, à Sait-Amant-de-Boixe, Charente.
Desvignes (Joseph), de Bavay, à Bonneboscq, Calvados.
Destourbes (Louis), de Tourcoing, à Marillac, Charente.
Desmettre (Victor), de Tourcoing, à La Faye, Charente.
Desaint (Jean), de Saint-Amand, à Beaulieu, Charente.
Desmons (Albert), de Seclin, à Châteauneuf, Charente.
Desfossez (Charles), de Lille, à Angoulême, Charente.
Desein (Georges), de Lille, à Montbron, Charente.
Descarpentries (Gustave), d'Auberchicourt, à Villefagnan, Charente.
Descatoires (Jules), d'Orchies, à Angoulême, Charente.
Desmuliers (Jean), de Toufflers, à Rouillac, Charente.
Descatoire (Eugène), d'Orchies, à Angoulême, Charente.
Desse (Edmond), d'Hautmont, à Nieuil, Charente.
Desodt (Jeanne), d'Armentières, à Chasteaux, Corrèze.
Destrey (Emile), de Tourcoing, à Angoulême, Charente.
Dassain (Henri), de Lille, à Angoulême, Charente.
Descamps (Eugène), de Valenciennes, à Saint-Angeau, Charente.
Deschins (Moïse), de Lille, à Segonzac, Charente.
Destobbeleer (Gaston), de Wasquehal, à Saint-Etienne, Loire.
Desmet (Cyprien), de Mons-en-Barœul, à Saint-Etienne, Loire.
Desticourt (Jules), de Sentinelle, à Saint-Etienne, Loire.
Deschamps (Alfred), de Roubaix, à Saint-Etienne, Loire.
Desplanques (Moïse), de Tourcoing, à Saint-Etienne, Loire.
Déschicter (Alexandre), de Lille, à Saint-Etienne, Loire.
Desort (Henri), de Douai, à Saint-Etienne, Loire.
Desplanque (Jules), de Tourcoing, à Saint-Etienne, Loire.
Detemmerman (Gaston), de Lille, à Cerisy-la-Salle, Manche.
Detailleur (Armand), de Tourcoing, à Barret, Charente.
Détoullet (Eugène), de Denain, à Montbron, Charente.
Dethoor (Léon), de Fives, à Angoulême, Charente.
Detchy (Luxe), de Maubeuge, à Lommes, Charente.
Dethaudt (Fernand), de Lille, à Bassac, Charente.
Deuêvra (Louis), de Tourcoing, à Saint-Etienne, Loire.
Devreux (Joseph), d'Anzin, à Saint-James, Manche.

Devriese (Alfred), de Roubaix, à Villonneur, Charente.
Devolder (Modeste), de Loos, à Saint-Laurent-de-Belzagot, Charente.
Devulder (René), de Tourcoing, à Angoulême, Charente.
Devorchin (Alfred), d'Anzin, à Champniers, Charente.
Deville (Gustave), de Lille, à Vars, Charente.
Devos (Victor), d'Armentières, à Saint-Cybardeaux, Charente.
Devys (Jules), de Tourcoing, à Montembœuf, Charente.
Deveusere (Alphonse), de Fives, à Brie-La-Rochefoucauld, Charente.
Devaux (Léon), de Lille, à Saint-Amant-de-Boixe, Charente.
Devasme (Jean-Baptiste), de La Sentinelle, à Saint-Angeau, Charente.
Devroe (Jeanne), de Lille, à Marseille, Bouches-du-Rhône.
Devos (Paul), de Tourcoing, à Saint-Etienne, Loire.
Dewaele (Désiré), de Lesquin, à Brécey, Manche.
Dewasme (Louis), de Roubaix, à La Rochette, Charente.
Dewettinch (Gustave), de Marcq-en-Barœul, à Dirac, Charente.
Dewiez (Dardenne), de Fourmies, à Pithiviers, Loiret.
Dezuttère (Charles), de Croix, à La Faye, Charente.
Dhaine (Jules), de Lille, à Jarnac, Charente.
Dhaem (Jean), de Lille, à Charmant, Charente.
Dhavelosse (Charles), de Lille, à Barret, Charente.
Dhavelosse (Arthur), de Lille, à Barret, Charente.
Dhennin (Adolphe), de Lille, à Montbron, Charente.
Dhennin (Charles), d'Orchies-la-Bassée, à Tourriers, Charente.
Dhennain (Charles), de Waziers, à Rivières, Charente.
D'Hellemmes (Léon), d'Hellemmes, à Saint-Michel, Charente.
Dhieu (Albert), d'Hellemmes, à Angoulême, Charente.
Dhollauder (Pierre), de Lille, à Roumazières, Charente.
Djane (Antoine), de Douchy, à Brie-La-Rochefoucauld, Charente.
Diche (Louis), d'Aniche, à Tessy-sur-Vire, Manche.
Dierendonck (Pierre), de Lille, à Brécey, Manche.
Dierendonck (Alphonse), de Lille, à Brécey, Manche.
Dilliès (Charles), de Roubaix, à Ruelle, Charente.
Dincq (Georges), de Douai, à Saint-Etienne, Loire.
Divrechy (Charles), de Fenain, à Montreuil, Manche.
Divrechy (Elie), de Fenain, à Montreuil, Manche.
Dobbelaere (Paul), de Dunkerque, à Nice, Alpes-Maritimes.
Dobbelaere (Arthur), de Roubaix, à Vars, Charente.
Docquier (Jules), de Jeumont, à Cloyes, Eure-et-Loir.
Docquier (Gérard), de Jeumont, à Cloyes, Eure-et-Loir.
Docquier (Marie), de Jeumont, à Cloyes, Eure-et-Loir.
Docquier (Honoré), de Jeumont, à Cloyes, Eure-et-Loir.
Doise (Napoléon), de Roubaix, à La Faye, Charente.
Doilant (Albert), de Lille, à Hiersac, Charente.
Donnaint (François), de Rouvignies, à Bunzac, Charente.
Doolaghe (Gaston) et fam., d'Armentières, à Chasteaux, Corrèze.
Doom (Maurice), de Lille, à Gond-Pontouvre, Charente.
Dorchies (Paul), de Roubaix, à Cognac, Charente.
Dordin (Marie), de Maubeuge-sous-Bois, à Saint-Même, Charente.
Dor (Jules), de Valenciennes, à Chalais, Charente.
Douchy (Alfred), d'Emmerin, à La Péruse, Charente.
Douay (Gustave), de Marchiennes, à Montbron, Charente.
Douai (Albert), de Denain, à Angoulême, Charente.
Doucy (Marie), de Sin-le-Noble, à La Chartre, Sarthe.
Doucy (Louis), de Sin-le-Noble, à Saint-Etienne, Loire.
Douchemont (Théodule), de Valenciennes, à Saint-Etienne, Loire.
Dozin (Georges), de Lille, à Montboyer, Charente.
Doyen (Jean), de Maubeuge, à Chalais, Charente.
Drelon (Henri), d'Ochies-La-Bassée, à Luxé, Charente.
Droulez (Georges), d'Escaudain, à Jarnac, Charente.
Dronsart (Mme), de Maubeuge, à Montignac, Charente.
Drouot (Marcel), de Lille, à Chabanais, Charente.
Dronsart (Roger), de Maubeuge, à Montignac, Charente.
Druelle (Georges), de Marcq-en-Barœul, à Angoulême, Charente.
Drubels (Gustave), de Roubaix, à Taponnat, Charente.
Drubay (César), d'Avesnes-le-Sec, à Brie-La-Rochefoucauld, Charente.
Druon (Blanche) et enf., de La Bassée, à Perpezac-le-Noir, Corrèze.
Druon (Reine) et enf., de La Bassée, à Perpezac-le-Noir, Corrèze.
Druon (Julia), de La Bassée, à Perpezac-le-Noir, Corrèze.
Dubois (Ghislaine), de Maubeuge, à Montignac, Charente.
Dubois (Emile), de Maubeuge, à Montignac, Charente.
Dubois (Alphonse), de Lille, à Saint-Romain, Charente.
Dubois (Georges), de Lille, à Paizy-Naudoin, Charente.
Dubus (Adolphe), de Fenain, à Saint-Amant-des-Graves, Charente.
Dubois (Henri), de Fresnes, à Saint-Claud, Charente.
Duburre (Marie), de Loos, à Ventouse, Charente.
Dubois (Amant), de Roubaix, à . . ., Charente.
Dubois (André), de Lille, à Gond-Pontouvre, Charente.
Dubrulle (Oscar), de Roubaix, à La Faye, Charente.
Dubois (Gustave), de Sin-le-Noble, à Suaux, Charente.
Dubat (Louis), de Lille, à Juignac, Charente.
Dubus (Henri) et enf., de Roubaix, à St-Martial-de-Montmoreau, Charente.

Dubocage (Jean), de Lannoy, à Saint-Laurent-de-Céris, Charente.
Dubois (François), d'Esquerchin, à Garat, Charente.
Dubozchair (Charles), de Sailly-la-Bonne, à Nieuil, Charente.
Duburre (Jean), de Loos, à Ventouse, Charente.
Duburre (Mme), de Loos, à Ventouse, Charente.
Duburre (Mme), de Loos, à Ventouse, Charente.
Dubois (Julien), de Lille, à Saint-Amant-de-Boixe, Charente.
Dubois (Fortuné), de Fenain, à Montreuil, Manche.
Dubois (Odilon), de Bousignies, à Saint-Etienne, Loire.
Dubois (Georges), de Lille, à Saint-Etienne, Loire.
Dubois (Georges), de Lille, à Saint-Etienne, Loire.
Dubois (Elie), de Fénain, à Saint-Etienne, Loire.
Dubois (Marie), de Bousignies, à Saint-Etienne, Loire.
Duez (Emile), de Wattrelos, à Brécey, Manche.
Ducarne (Joseph), de Fresnes-sur-Escaut, à Saint-Etienne, Loire.
Ducarne (Joseph), de Fresnes-sur-Escaut, à Saint-Etienne, Loire.
Duchâtel (Emile), de Roubaix, à Mansle, Charente.
Duchamps (Jules), de Lille, à Montbron, Charente.
Ducotillon (Auguste), de Flers, à Luxé, Charente.
Ducroquet (Paul), de Lille, à Barbezieux, Charente.
Ducoulombier (Georges) et enf., de Tourcoing, à Saint-Cloud, S.-et-Oise.
Duflot (Auguste), de Raches, à Chantrezac, Charente.
Dufour (Antoine), d'Emerchicourt, à Brécey, Manche.
Dufossez (Norbert), de Lille, à Champagne-Mouton, Charente.
Duforêt (Auguste), de Flers, à Ruelle, Charente.
Dufresne (Félix), de Lille, à Angoulême, Charente.
Dufour (Alphonse), de Lille, à Saint-Romain, Charente.
Dufour (Liébert), d'Hellesmes, à Cherves-Châtelais, Charente.
Dufour (Félix), de Maubeuge, à Saint-Amant-de-Montmoreau, Charente.
Dufermont (Achille), de Lille, à Saint-Etienne, Loire.
Duhamel (Albert), de Lille, à Nonac, Charente.
Duhey (Victor), de Lille, à Ruelle, Charente.
Duhain (Léon) et enf., de Solre-le-Château, à Caen, Calvados.
Duhamel (Gustave), de Lille, à Saint-Etienne, Loire.
Duhamel (Emile), de Lille, à La Rochefoucauld, Charente.
Duhamel (Marcel), de Lille, à Angoulême, Charente.
Duhamel (Emile), de Lille, à Châteauneuf, Charente.
Duhet (François), de Saint-André, à Saint-Yrieix, Charente.
Dujardin (Albert), de Tourcoing, au Mesnil-Raoult, Manche.
Dujardin (Joseph), de Maubeuge, à Vars, Charente.
Dujardin (Ernest), de Pecquencourt, aux Pins, Charente.
Dujardin (Paul), de Lalbing, à Saint-Amant-de-Graves, Charente.
Dumont (Raymond), de Lambres-lès-Douai, à Ferrières-en-Gâtinais, Loiret.
Dumont (Berthe), de Lambres-les-Douai, à Ferrières-en-Gâtinais, Loiret.
Dumoulin (Louis), de Lille, à Villefagnan, Charente.
Dumortier (Auguste), de Lille, à Luxé, Charente.
Dumon (Marceau), de Lille, à Jauldes, Charente.
Dumez (Alexandre), d'Houplines, à Brécey, Manche.
Dumont (Guillaume), de Pérenchies, à Brécey, Manche.
Dumortier (Henri), de Croix, à Exideuil, Charente.
Dumont (Arthur), de Pérenchies, à Nonac, Charente.
Dumoulin (Lucien), de Pont-à-Marcq, à Champniers, Charente.
Dumoulin (César), de Lille, à Barret, Charente.
Dumoulin (Louis), de Lille, à Angoulême, Charente.
Dumoulin (Louis-Jean-Baptiste), de Lille, à Angoulême, Charente.
Dumortier, de Roubaix, à Chalais, Charente.
Dumez (Henri), d'Hérin, à Barbezieux, Charente.
Dumoulin (Adolphe), de Lille, à Saint-Etienne, Loire.
Dumoulin (Adolphe), de Lille, à Saint-Etienne, Loire.
Duneuf (Jules), de Lille, à Chalais, Charente.
Dupont (Alexis), de Fives-Lille, à Cametours, Manche.
Dupuis (Louis), de Lille, à Brécey, Manche.
Dupriez (Homère), de Maubeuge, à Marillac, Charente.
Dupuis (César), d'Abscon, à Saint Saturnin, Charente.
Dupont (Jules), de Lille, à Chantecoq, Loiret.
Dupont (Charles), de Loos, à Saint-Projet, Charente.
Dupont (Albert), de Fresnes, à Saint-Claud, Charente.
Dupont (Adèle), de Lille, à Chantecoq, Loiret.
Duprié (Georges) et fam., de Maubeuge, à Moulidars, Charente.
Dupuis (Désiré), de Marchiennes, à Montbron, Charente.
Dupuis (Gustave), de Lille, à Mosnac, Charente.
Duprie (Gustave), de Lille, à Ruelle, Charente.
Dupont (Constantin), de Lille, à Puymoyen, Charente.
Dupas (Félicité), de Maubeuge, à Chazelles, Charente.
Duprez (Georges), de Lille, à Gond-Pontouvre, Charente.
Dupré (François), d'Escaudain, à Ruffec, Charente.
Dupuis et fam., d'Haulmont, à Pithiviers, Loiret.
Dupont (Stéphanne), de Roubaix, à Saint-Michel, Charente.
Dupont (Marie) et enf., de Maubeuge, à Malemort, Corrèze.
Dupuy (Roger), de Roubaix, à Gond-Pontouvre, Charente.
Dupuis (Paul), de Roubaix, à Chalais, Charente.

Nord.

Duprécelle (Charles), de Roubaix, à Chabannais, Charente.
Dupont (Adrien), de Lille, à Saint-Cybardeaux, Charente.
Dupont (Victor), d'Armentières, à Châteauneuf, Charente.
Dupuy (François), de Lille, à Segonzac, Charente.
Dupont (Gustave), de Roubaix, à Mansle, Charente.
Dupas (Arthur), de Maing, à Saint-Etienne, Loire.
Dupas (Arthur), de Maing, à Saint-Chamond, Loire.
Dupas (Antoine), de Douai, à Saint-Etienne, Loire.
Dupont (Gaston), de Lille, à Saint-Etienne, Loire.
Duprez (François), de Lille, à Saint-Etienne, Loire.
Dupriez (Henri), de Lille, à Saint-Etienne, Loire.
Duquesne (Fernand), de Roubaix, à Chalais, Charente.
Duquenne (Victor), de Lille, à Saint-Amant-de-Boixe, Charente.
Duquenne (Louis), de Roubaix, à Mosnac, Charente.
Dure (Michel), de Lille, à Loges-sur-Brécey, Manche.
Duranton (Vibtor), de Saint-Amand, à Saint-Marq, Charente.
Duriez (André), de Lille, à Luxé, Charente.
Duretez (Emile), d'Armentières, à Saint-Michel, Charente.
Durot (Maurice), de Lille, à Saint-Michel, Charente.
Duribreu (Paul), d'Houplines, à Barbezieux, Charente.
Duret (Adolphe), de Raches, à Gensac-la-Pallue, Charente.
Duriez (Marcel), de Lille, à Luxé, Charente.
Durut (Irénée), de Denain, à Barbezieux, Charents.
Durbecq (Joseph), de Denain, à Gond-Pontouvre, Charente.
Dusart (Victor) et enf., d'Anzin, à Barbezieux, Charente.
Dussart (Gaston), de Lille, à Champagne-Mouton, Charente.
Dussort (Alphonse), de Thiant, à Luxé, Charente.
Dussart (Maurice), de Lille, à Champagne-Mouton, Charente.
Dutort (Gustave), de Roubaix, à Châteauneuf, Charente.
Dutilly (Jules), d'Armentières, à Saint-Martial-de-Montmoreau, Charente.
Dutrieux (Marcel), de Roubaix, à Montmoreau, Charente.
Duthoit (Jules), de Tourcoing, à Saint-Michel, Charente.
Dutoit (Adolphe), de Lille, à Chalais, Charente.
Duterte (Ernest) et enf., de Tourcoing, à Mosnac, Charente.
Dutros (Jean), de Lille, à Brie-sous-Chalais, Charente.
Duthulleul (Marcel), de Lille, à Saint-Etienne, Loire.
Dutielt (Adrien), de Lille, à Saint-Etienne, Loire.
Duvivier (Jules), de Valenciennes, à Loges-sur-Brécey, Manche.
Duvivier (Georges), de Dimont, à Rougnac, Charente.
Duvignon (Georges), de Lille, à Angoulême, Charente.
Duvillers (Henri), de Croix, à Vars, Charente.
Duwelz (Charles), de Lille, à Saint-Etienne, Loire.
Eck (Louis), de Wattrelos, à Vitrac, Charente.
Eocke (Henri), de La Chapelle-d'Armentières, à Chalais, Charente.
Ecrepout (Victor), de Lille, à Champagne-Mouton, Charente.
Elyn (Adrien), de Mons-en-Barœul, à Brécey, Manche.
Eloy (Ernest) et enf., d'Ochies-La Bassée, à Luxé, Charente.
Empis (Alexis), de Lille, à Luxé, Charente.
Emaille (Raoul), de Loos, à Taponnat, Charente.
Equé (Omer), de Salomé, à Blanzac, Charente.
Equé (Jules), de Salomé, à Blanzac, Charente.
Equinet (Constant), de Tourcoing, à La Faye, Charente.
Escarmure (Léa) et enf., de Sains, à Aunay-sur-Odon, Calvad
Estouder (Alexandre), de Denain, à Saint-Etienne, Loire.
Estouder (Alexandre), de Denain, à Saint-Etienne, Loire.
Evrard (Lucien), de Lille, à Loges-sous-Brécey, Manche.
Fabre (François), de Lille, à . . . . , Charente.
Facon (Valentin), de Lille, à Cerisy-la-Salle, Manche.
Facamprez (Edouard), de Lille, à Rouillac, Charente.
Facq (Armand), de Saint-André-lès-Lille, à Saint-Etienne, Loire.
Fadanna (Antoine), de Lille, à Angoulême, Charente.
Faiq (Arthur), de Phalempin, à Nieuil, Charente.
Fainne (Charles), de Croix, à Saint-Etienne, Loire.
Faivre (Gustave), d'Auberchicourt, à Hiersac, Charente.
Farineaux (Edmond), de Rosult, à Tessy-sur-Vire, Manche.
Fauquenoy (Abel), de Saint-André, à St-Genis, Charente.
Faucon (Auguste), de Masny, à Chabanais, Charente.
Fauveau (Jean), d'Auberchicourt, à Egletons, Corrèze.
Farez (Justin), de Lille, à Saint-Séverin, Charente.
Félix (Marcel), de Lille, à Saint-Eutrope, Charente.
Fenet (Albert), de Lille, à Villefagnan, Charente.
Férounillat (François), de Maubeuge, à Valence, Charente.
Fernez (Omer), de Bruay-sur-Escaut, à Saint-Etienne, Loire.
Ferrant (Georges), de Lille, à Saint-Etienne, Loire.
Férounillat (Nelly) et fam., de Maubeuge, à Valence, Charente.
Fervacque (Paul), de Tourcoing, à Chasseneuil, Charente.
Ferrac (Hippolyte), de Lille, à Saint-Amant-de-Boixe, Charente.
Fernand (Joseph), de Roubaix, à Châteauneuf, Charente.
Ferfaille (André), de Roubaix, à Rouillac, Charente.
Feutrie (Gérard), de Lille, à Saint-Etienne, Loire.
Feuillet (Charles), de Roubaix, à . . . , Charente.

Feutry (Julee), de Roubaix, à Barbezieux, Charente.
Fey (Georges), d'Armentières, à Coutances, Manche.
Fichaux (Fernand), de Lomme, à Bouex, Charente.
Fichaux (Léon), de Loos, à Angoulême, Charente.
Filleur (Eugénie) et fam., de Maubeuge, à Villemurlin, Loiret.
Filleur (Andréa) et fam., de Maubeuge, à Villemurlin, Loiret.
Fiquet (Julien) et fam., de Maubeuge, à Villemurlin, Loiret.
Firmin (Céline) et fam., d'Auchy, à Xambs, Charente.
Flattéeur (René), de Tourcoing, à Notre-Dame-de-Cenilly, Manche.
Flamand (Paul), de Lille, Montmoreau, Charente.
Flamand (Maurice), d'Armentières, à Saint-Etienne, Loire.
Fleury (Emile), de Douchin, à Chantrezac, Charente.
Fleurynck (Marcel), de Lomme, à Saint-Etienne, Loire.
Fleury (Charles), d'Anzin, à Saint-Etienne, Loire.
Flinors (Henri), de Lille, à Cognac, Charente.
Flinois (Fernand), de Lille, à Saint-Yrieix, Charente.
Flomont (Léon), d'Aniche, à Mosnac, Charente.
Flouquet (Charles), d'Hesnes-lès-la-Bassée, à Rioux-Martin, Charente.
Florent (Georges), de Denain, à Ruelle, Charente.
Florin (Georges), de Roubaix, à Brécey, Manche.
Florin (Georges), de Lille, à Brécey, Manche.
Florin (Julien), de Raches, à Saint-Etienne, Loire.
Florquin (Henri), de Lille, à Saint-Etienne, Loire.
Follet (Charles), de Lille, à Cerisy la-Salle, Manche.
Follet (Alfred), de Lille, à Cerisy-la-Salle, Manche.
Fontaine (Léon), de Caudry, à Tessy-sur-Vire, Manche.
Fontaine (Henri), d'Armentières, à Gond-Pontouvre, Charente.
Fontaine (François), de Valenciennes, à Dignac, Charente.
Pondu (Marie-Louise) et fam., de Maubeuge, à Vars, Charante.
Fosse (Adolphe), de Valenciennes, à Tessy-sur-Vire, Manche.
Fouque (Charles), de Seclin, à Cerisy-la-Salle, Manche.
Fouquet (Henri), de Fresnes, à Saint-Etienne, Loire.
Fouvez (Pierre), de Roubaix, à Ruelle, Charente.
Fougniès (Alfred), de Saint-Hilaire, à Genouillac, Charente.
Fournier (Richard), de Lomme, à Garat, Charente.
Fournier (Jean), de Douai, à Hiersac, Charente.
Fouchain (Maurice), d'Armentières, à Champniers, Charente.
Foucart (Albert), de Lille, à Saint-Michel, Charente.
Foucart (Auguste), de Tourcoing, à Saint-Michel, Charente.
Fouquart (René), de Fâlempin, à Sers, Charente.
Fouquet (Charles), d'Hesnes-lès-La Bassée, à Rioux-Martin, Charente.
Fourdin (François), de Fresnes, à Nonac, Charente.
Formont (Emile), d'Hellemmes, à Rouillac, Charente.
Forrière (François), de Fontaine-au-Pire, à Saint-Sornin, Charente.
Fostier (René), d'Hirson, à Courville, Eure-et-Loir.
Fostier (Bernadette) et fam., d'Hirson, à Courville, Eure-et-Loir.
Frapart (Célina), de Maubeuge, à Sonnes, Charente.
Frapart (François), de Maubeuge, à Sonnes, Charente.
Francart (Louise) et fam., de Maubeuge, à Bazac, Charente.
François (Ernest), de Lille, à Brécey, Manche.
France (Constant de), de Landas, à Montreuil, Manche.
Francart (Marcelle), de Maubeuge, à Bazac, Charente.
Franchomme (Jules), de Roubaix, à Montbron, Charente.
Frappart (Pierre), de Tourcoing, à Rivières, Charente.
François (Ferdinand), de Roubaix, à Angoulême, Charente.
Francomme (Armand), de Lille, à Champniers, Charente.
Franquard (Charles), de Valenciennes, à Roumazières, Charente.
Francke (Henri), d'Ostricourt, à Saint Etienne, Loire.
Fréale (Charles), d'Aubry, à Aubeterre, Charente.
Frechon (Laurent), de Ronchin, à Trelly, Manche.
Frémeaux (Augustin), de Lille, aux Cresnays, Manche.
Frémaux (Emile), de La Chapelle-d'Armentières, à Cuves, Manche.
Fremaux (Maurice), de Lille, à Graves, Charente.
Frevit (Adeline), de Maubeuge, à Saint-Bonnet, Charente.
Fremaux (Paul), de Lille, à Graves, Charente.
Fremaux (André), de Lille, à Champniers, Charente.
Frémeaux (Jules), de Fromelles, à Saint-Laurent-de-Belzagot, Charente.
Friart (Elise), de Maubeuge, à Lonnes, Charente.
Frimat (Léon), de Lille, à Bernac, Charente.
Frimat (Télesphore), de Lille, à Bernac, Charente.
Frontin (Georges), de Tourcoing, à Luxé, Charente.
Fruchart (Georges), de Croix, à Saint-Romain, Charente.
Fruchart (Amédée), de Wattrelos, à Montmoreau, Charente.
Fruit (Norbert), de Mons-en-Barœul, à Gond-Pontouvre, Charente.
Frutiaux (Jules), de Lille, à Angoulême, Charente.
Fruy (Jean), de Roubaix, à Châteauneuf, Charente.
Fylez (Georges), de Tourcoing, à Loubert, Charente.
Gabreau (Georges), de Lille, à Montboyer, Charente.
Gacremynck (Jules), de Wasquehal, à Brie-la-Rochefoucauld, Charente.
Gadeyne (Emile), de Lille, à Ruelle, Charente.
Gaillez (Louis), de Douchy, à Lineuil, Charente.
Gale (Richard), de Lille, à Châteauneuf, Charente.
Galet (Constant) et fam., d'Esquerchin, à Fléac, Charente.
Galle (Louis), de Lille, à Luxé, Charente.
Gallez (Alfred), d'Hautmont, à Bailleau-l'Evêque, Eure-et-Loir.
Gallez (Marguerite), d'Hautmont, à Bailleau-l'Evêque, Eure-et-Loir.
Gallez (Marthe), d'Hautmont, à Bailleau-l'Evêque, Eure-et-Loir.
Gallois (Henri), de Lille, à La Rochefoucauld, Charente.
Galois (Julina) et fam., de Maubeuge, à Chabanais, Charente.
Galois (Renée) et fam., de Maubeuge, à Chabanais, Charente.
Gambier (Fernand), de Lille, à Vitrac, Charente.
Garsin (Fernand), d'Houplines, à Barret, Charente.
Gaubert (Félicie) et fam., de Maubeuge, à Luxé, Charente.
Gauchez (Louis), de Lille, à Aubeterre, Charente.
Gauquier (Jules), de Loos-lès-Lille, à Saint-Etienne, Loire.
Gellenck (Théodore), de Lille, aux Cresnays, Manche.
Geneau (Albert), de Denain, à Villefagnan, Charente.
Genévrier (Gaston), de Lille, à Brie-La-Rochefoucauld, Charente.
Geoogo (Albert), de Lille, à Gond-Pontouvre, Charente.
Georges (Marie) et fam., de Maubeuge, à Xambes, Charente.
Georges (Henri), de Bruay-s-Escaut, à Brécey, Manche.
George (René), de Lille, à Saint-Etienne, Loire.
Gérard (Gaston), de Wattrelos, à Ruffec, Charente.
Gérard (Emile), de Cousolre, à Cléry, Loiret.
Gérard-Juste (Maria), de Cousolre, Loiret.
Gerbier (Elisa), de La Bassée, à Blanzac, Charente.
Gerduyn (Eugène), de Lille, à Taponnat, Charente.
Germaine (Louis), de Roubaix, à Saint-Etienne, Loire.
Gevaert (Charles), de Lille, à Saint-Amant-de-Graves, Charente.
Geyler (Martin de), de Lille, à Paizay-Naudoin, Charente.
Gheluve (Henri Van), de Lille, à Segonzac, Charente.
Gheskuièr (Camille), de Perenchies, à Luxé, Charente.
Ghesquier (Michel), de Frelinghien, à Barret, Charente.
Ghisgan (Arthur), de Denain, à Vitrac, Charente.
Ghislain (Victor), de Maubeuge, à Moulidars, Charente.
Ghys (Oscar), de Lille, à Montmoreau, Charente.
Ghys (Gustave), de Lille, à Barbezieux, Charente.
Gillain (Denise), de Maubeuge, à Chasseneuil, Charente.
Gillon (Edouard), de Fenain, à Montreuil, Manche.
Gilles (Gustave), de Denain, à Saint-Etienne, Loire.
Gille (Léon), de Denain, à Saint-Etienne, Loire.
Gilles (Gustave), de Denain, à Saint-Etienne, Loire.
Gillet (Jules), de Denain, à Aubeterre, Charente.
Gillon (Jean), d'Emmerin, à Chambrezac, Charente.
Gillou (Henri), de Wavrin, à Montboyer, Charente.
Gilquin (Joseph), de Lille, à Montbron, Charente.
Gilson (Horace) et fam., de Ramousies, à Treigny, Yonne.
Ginnecken (Maria), de Maubeuge, Lonnes, Charente.
Girard (Raymond), de Roubaix, à Saint-Michel, Charente.
Girardin (Paul), de Lille, à Chalais, Charente.
Glacet (Germaine), d'Hautmont, à Bailleau-l'Evêque, Eure-et-Loir.
Glacet (Juliette), d'Hautmont, à Bailleau-l'Evêque, Eure-et-Loir.
Glassé (Louis), de Sin-le-Noble, à Saint-Etienne, Loire.
Glorieux (Alphonse), de Roubaix, à Mosnac, Charente.
Glorieux (Armand), de Fives, à Gond-Pontouvre, Charente.
Gobert (Papias), de Lille, à Jauldes, Charente.
Gobert (Arthur), de Maubeuge, de Villemurlin, Loiret.
Gobert (Victor), de Denain, à Saint-Etienne, Loire.
Godaert (Albert), de . . ., à Saint-Etienne, Loire.
Godart (Antoine) et fam., de Solesmes, à Caen, Calvados.
Godderidge (Constant), de Lille, au Loreur, Manche.
Godderisse (Jules), de Roncq, à La Faye, Charente.
Goemine (Jean), de Tourcoing, à Julienne, Charente.
Goebert (Augustin), de Lille, à Brécey, Manche.
Goetbals (Louis), de Roubaix, à Saint-Etienne, Loire.
Gogne (Jules), de Roubaix, à Cerisey-la-Salle, Manche.
Goique (Gustave), de Marquette-lès-Lille, à Saint-Etienne, Loire.
Goissen (Georges), de Tourcoing, à Excideuil, Charente.
Goffette (Désiré), de Roubaix, à Chabannais, Charente.
Gomanne (Marcel), de Mons-en-Barœul, à Genouillac, Charente.
Gombert (Alphonse), de Nieppe, à Saint-Genis-Hiersac, Charente.
Gondejeune (Edouard), de Roubaix, à Bouex, Charente.
Gosman (François), de Tourcoing, à Saint-Etienne.
Gosse (Louis), d'Hellemmes-Lille, à Brécey, Manche.
Gossart (Vve) et fam., d'Hesnes-la-Bassée, à Orival, Charente.
Gosse (Auguste), de Denain, à Luxé, Charente.
Gossens (Marcel), d'Hellemmes, à Rouillac, Charente.
Gossens (Désire), d'Hellemmes, à Rouillac, Charente.
Goudon (Joseph), d'Aniche, à Nonac, Charente.
Goulet (François), de Lille, à Châteauneuf, Charente.
Gourcbeaux (Mme), de Maubeuge, à Saint-Cloud, Seine-et-Oise.
Gourdin (Augustin), de La Bassée, à Angoulême, Charente.

Grange (Marie) et enf., de Waziers, à Marseille, Bouches-du-Rhône.
Gradineaud (Henri), de La Sentinelle, à Saint-Amant-de-Graves, Charente.
Graignon (Arthur), d'Armentières, à Saint-Cybardeaux, Charente.
Grand (Gaston), de Flines-lès-Raches, à Mosnac, Charente.
Grard (Julie), de Sin-le-Noble, à Carcassonne, Charente.
Gravelin (Edouard), d'Emmerin, à Chambezac, Charente.
Grulois (Gustave), de Roubaix, à Exideuil, Charente.
Grusson (Jules-Henri), de Lille, à Brécey, Manche.
Grusselle (Camille), de Maubeuge, à Châteauneuf, Charente.
Gruson (Louis), de Lille, à Linais, Charente.
Grzelak (Antoine), de Lallaing-sur-Douai, à Saint-Etienne, Loire.
Guédin (Carmen), d'Escoudain, à La Selle-sur-le-Bied, Loiret.
Guénée (Henri), de Wasquehal, à Ruelle, Charente.
Guenot (Mme) et enf., de Sains-du-Nord, à Luc-sur-Mer, Calvados.
Joly (Editte), d'Escaudain, à La Selle-sur-le-Bied, Loiret.
Guéry (Léon), de Trith-Saint-Léger, à Tessy-sur-Vire, Manche.
Guérain (Mme) et fam., de Maubeuge, à Montignac, Charente.
Guérard (Henri), de Lille, à Saint-Etienne, Loire.
Guéritte (Jeanne) et fam., de Maubeuge, à Loigny-la-Bataille, Eure-et-L.
Guéritte (Henri) et fam., de Maubeuge, à Loigny-la-Bataille, Eure-et-Loir.
Guerre (Edouard), de Lille, à Villejagnau, Charente.
Guerrier (Théodore), de Tourcoing, à Rouillac, Charente.
Guffens (Gaston), de Beuvrages, à Saint-Etienne, Loire.
Guilhem (François), d'Aniche, à Beauchamps, Manche.
Guichard (Léon), de Loos, à Mouthiers, Charente.
Guilhaut (Augustin) et fam., de Douai, à Marseille, Bouches-du-Rhône.
Guilbert (Edmond), de Lille, à Saint-Etienne, Loire.
Guilbert (Albant), de Douai, à Mazières, Charente.
Guilbert (Paul), de Lille, à Garat, Charente.
Guillaume (Leoneus), d'Orchies, à Angoulême, Charente.
Guillaume (Victor), de Maubeuge, à Saint-Bonnet, Charente.
Guilny (Eloi), de Lille, à Villefagnan, Charente.
Guilmot (Léopold), de Dunkerque, à Cannes, Alpes-Maritimes.
Guilmot (Paul), de Dunkerque, à Cannes, Alpes-Maritimes.
Gurdebeke (Victor), de Lille, à Rouillac, Charente.
Guislin (Henri), de Maubeuge, à Saint-Saturnin, Charente.
Gydé (Cyrille), de Roubaix, à Mosnac, Charente.
Haberli (Emile), de Lille, à Cérisy-la-Salle, Manche.
Halbrecq-Gérard (Jeanne), de Cousolre, à Cléry, Loiret.
Halbrecq (Suzanne), de Cousolre, à Cléry, Loiret.
Hannappe (Léonie), du Cateau, à Chartres, Eure-et-Loir.
Happe (François), de Cambrai, à Saint-Etienne, Loire.
Happe (François), de Cambrai, à Saint-Etienne, Loire.
Havy (Fernand), de Waziers, à Saint-Etienne, Loire.
Havet (Gustave), de Houplines, à Brécey, Manche.
Haver (Louis), d'Houplines à Brécey, Manche.
Hayère (d'), de Lille, à Barbezieux, Charente.
Hector (Léonidas), d'Auberchicourt, à Saint-Etienne, Loire.
Hellier-Tribouillet, de Lille, à Saint-Etienne, Loire.
Hellein (Alexandre), de Denain, à Saint-Etienne, Loire.
Hennache (Pierre), de Lille, à Loges-sur-Brécey, Manche.
Hennebois (Albert), de Douai, à Brécey, Manche.
Hennebois (Jules), de Douai, à Brécey, Manche.
Hennion (Antoine), de La Madeleine, à Bonnelles, Seine-et-Oise.
Henry (Désiré) et famille, de Boussières, à Saint-Etienne, Loire.
Hennechart (Alphonse), de Lille, à Saint-Etienne, Loire.
Hervy (Fernand), de Waziers, à Saint-Etienne, Loire.
Herreman (Marie), d'Armentières, à Chartres, Eure-et-Loir.
Herreman (Adélaïde), d'Armentières, à Chartres, Eure-et-Loir.
Herbauts (Emile), de Dunkerque, à Nice, Alpes-Maritimes.
Herbaut (Gaston), de Dunkerque, à Nice, Alpes-Maritimes.
Herbey (Marie) et fam., de Douai, à Marseille, Bouches-du-Rhône.
Heusdens (Félix), de Valenciennes, à Tessy-sur-Vire, Manche.
Heurbise (Jules), de Solre-le-Château, à Aunay-sur-Odon, Calvados.
Hochedez (Louis), de Roubaix, à Brécey, Manche.
Hoet (Jules), de Caudry, à Tessy-sur-Vire, Manche.
Hoest (Fernand d'), de Mons-en-Barœul, à St-Jean-du-Corail-des-Bois, Manche.
Hoest (Joseph), de Lille, à Saint-Etienne, Loire.
Houvoux (François), de Dunkerque, à Nice, Alpes-Maritimes.
Huet (Alfred) et fam., d'Anor, à Cérisiers, Nièvre.
Hulot (Catherine) et enf., d'Esquerchin, à Malemort, Corrèze.
Hurez (Marceau), de Lille, à Brécey, Manche.
Huyghe (Charles), de Lille, aux Cresnays, Manche.
Isaac (Vincent), d'Houplines, à Brécey, Manche.
Jacques (Jules), d'Haumont, à Saint-Etienne, Loire.
Jadot (Emile), de Lille, à Brécey, Manche.
Jaminet et fam., d'Hautmont, à Pithiviers, Loiret.
Jamet (Henri), de Lille, à Loges-sur-Brécey, Manche.
Jaussens (Anna), de Marquette, à Brécey, Manche.
Jayet (Lucien), de Vieux-Condé, à Tessy-sur-Vire, Manche.
Joly (Léodor) et fam., d'Escaudain, à La Selle-sur-le-Bied, Loiret.
Joly (Appolonie), d'Escaudain, à La Selle-sur-le-Bied, Loiret.
Joly (Maurice), de Lambersart, à Saint-Etienne, Loire.
Jorion (Edouard), de Ronchin, à Trelly, Manche.
Joye (Célestine) et enf., d'Armentières, à Chasteaux, Corrèze.
Kaczorowski (Gustave), de Wallers, à Saint-Etienne, Loire.
Kaibek (Jean), de Denain, à Le Loreur, Manche.
Kaufmann (Paul), de Lille, à Saint-Etienne, Loire.
Keyster (Jules), de Bailleul, à Le Loreur, Manche.
Kockelburgh (Henri), de Roubaix, à Brécey, Manche.
Lacour (Edouard), de Rœux, à Brécey, Manche.
Lacre (de), de Lille, à Saint-Etienne, Loire.
Lafraise (Emile), de Lille, à Saint-Jean-du-Corail-des-Bois, Manche.
Lagouge (Eli), de Roubaix, à Saint-Etienne, Loire.
Lagache (Emile), de Tourcoing, à Saint-Etienne, Loire.
Lagneau (Mme) et enf., de Roubaix, à Saint-Etienne, Loire.
Laignel (Marcel), de Seclin, à Saint-Etienne, Loire.
Lambert (Henri), de Roubaix, à Trelly, Manche.
Lammertyn (Jules), de Lille, à Saint-Etienne, Loire.
Lambrecht (Jean), d'Armentières, à Saint-Etienne, Loire.
Lamoureux (Louise), d'Anor, à Courville, Eure-et-Loir.
Lamorlette (Jules), de Lille, à Guy-l'Evêque, Yonne.
Lamorlette (Mme), de Lille, à Guy-l'Evêque, Yonne.
Lancereaux (Léon), de Valenciennes, à Villars, Alpes-Maritimes.
Langlois (Eugène), de Busigny, à Bonneboscq, Calvados.
Langlin (Joseph), de Guesnain, à Saint-Etienne, Loire.
Lassalle (Julie), du Cateau, à Chartres, Eure-et-Loir.
Laurent (Oscar), de Trélon, à Luc-sur-Mer, Calvados.
Laurent (Mme), d'Etrœungt, à Luc-sur-Mer, Calvados.
Lazo (Nicolas), d'Ostricourt, à Saint-Etienne, Loire.
Leblanc (Joseph), de La Madeleine, à Bonnelles, Seine-et-Oise.
Lecoutier (Jean-Baptiste), de Douai, à Huismes, Manche.
Leclercq (Joseph), de Caudry, à Tessy-sur-Vire, Manche.
Leclercq (Léon), de Lille, à Brécey, Manche.
Lecler (François), de Lille, à Loges-sur-Brécey, Manche.
Leclercq-Meurant, de Sains-du-Nord, à Sainville, Eure-et-Loir.
Leclercq (Léon), de Semeries, à Sainville, Eure-et-Loir.
Leclercq-Paguier (Mme), de Semeries, à Sainville, Eure-et-Loir.
Leclercq (Paul), de Semeries, à Sainville, Eure-et-Loir.
Leclerc (Jean), d'Avesnes, à Vaux, Yonne.
Leclerc (Renée), d'Avesne, à Vaux, Yonne.
Lecoyer (Stéphanie), d'Anor, à Dollot, Yonne.
Leclercq (Clotilde) et enf., d'Inchy-Beaumont, à Luc-sur-Mer, Calvados.
Lécutier (Pierre), de Somain, à Saint-Etienne, Loire.
Leduc (Palmyre), de Valenciennes, à Huisnes, Manche.
Leet (Alphonse), de Roubaix, à Brécey, Manche.
Lefebvre (Lucien), de Sin-le-Noble, à Trelly, Manche.
Lefebvre (Edmond) et enf., de Rœux, à Courtils, Manche.
Lefebvre (Jules), de Roubaix, à Brécey, Manche.
Lefrère (Flavie), de Marbin-sur-Cagels, à Courtils, Manche.
Lefelvre (Alexandre), de Déchy, à Beauchamps, Manche.
Lepelve (Arthur), de Roubaix, à Beauchamps, Manche.
Lepelve (Julien), de Roubaix, à Beauchamps, Manche.
Legrelle (François), de Saint-Aubin, à Auribau, Alpes-Maritimes.
Legrand (Alexandre) et fam., de Maubeuge, à Caen, Calvados.
Legros (Paul), du Cateau, à Noyers, Calvados.
Legrand (Maurice), de Waziers, à Saint-Etienne, Loire.
Lejeune (Charles), de Roubaix, à Saint-Etienne, Loire.
Lemaître (Alfred), de Quesnoy-sur-Deule, à Brécey, Manche.
Lemay (Léon), de Tourcoing, à Cérisy-la-Salle, Manche.
Lemoine (Albert), de Raismes, à Saint-Etienne, Loire.
Lemay (David), de Wambrechies, à Saint-Etienne, Loire.
Lemire (Achille), de Bruille-les-Marchiennes, à Saint-Etienne, Loire.
Lenglin (Clément), de Bruille, à Brécey, Manche.
Lenglet (Georges) et fam., du Cateau, à Saint-Etienne, Loire.
Lenglin (Antoine), de Masny, à Saint-Etienne, Loire.
Lens (Charles de), de Lille, à Boucx, Charente.
Leplat (Pierre), de Tourcoing, à Chanteau, Loiret.
Lepoivre (Gustave), de Lille, à Saint-Etienne, Loire.
Leqhimo (Arthur), de Lille, à Saint-Etienne, Loire.
Leroy (Jean-Baptiste) de Rœulx, à Brécey, Manche.
Leroy (Jules), de Lille, à Brécey, Manche.
Leroy (Jules), de Fourmies, à Donville-les-Bains, Manche.
Leroy (Denis), de Lambersart, aux Cresnays, Manche.
Lernaerts (Jacques), de Dunkerque, à Nice, Alpes-Maritimes.
Lesne (Marcel), de Fenain, à Montreuil, Manche.
Lesne (Alfred), de Sin-le-Noble, à Saint-Etienne, Loire.
Leuillier (Jeanne), de Bailleul, à Saint-James, Manche.
Leuillier (Pierre), de Bailleul, à Saint-James, Manche.
Levêque (Charles), de Douai, à Brécey, Manche.
Lievin (Leclercq), de Croix, à Saint-Etienne, Loire.
Lilippaide (Jean), de Lille, à Saint-Etienne, Loire.

Lohin (Désiré), de Lille, à Saint-Étienne, Loire.
Lobry (Alfred), de Bruey-Thiers, à Saint-Étienne, Loire.
Looz (Jules), de Lille, à Cerisy-la-Salle, Manche.
Lootens (Alphonse), de Lille, à Cerisy-la-Salle, Manche.
Louage (Léonard), de Masny, à Saint-Étienne, Loire.
Louvart (Paul), de Saint-Aubin, à Auribeau, Alpes-Maritimes.
Loyer (Henri), de La Madeleine, à Saint-Étienne, Loire.
Lullier (Julienne), de Bailleul, à Saint-James, Manche.
Lussier (Dardenne), de Fourmies, à Pithiviers, Loiret.
Lybaert (Clément), de Lille, à Brécey, Manche.
Lybaert (Gustave), de Lille, à Brécey, Manche.
Macadré (Émile), de Lille, à Saint-Étienne, Loire.
Macquet (Charles), de Lille, à Saint-Étienne, Loire.
Macron (Adèle) et enf., de La Bassée, à Perpezac-le-Noir, Corrèze.
Maenhout (Julien), de Lille, à Brécey, Manche.
Maes (Henri), de Verlinghen, à Brécey, Manche.
Maerte (Jules), de Gravelines, à Saint-Étienne, Loire.
Magy (Louis) et ép., de Solre-le-Château, à Caen, Calvados.
Maillard (Blanche), de Sémeries, à Sainville, Eure-et-Loir.
Maillard-Buisset, de Sars-Poterie, à Sainville, Eure-et-Loir.
Mairesse (Achille), de Landrecies, à Maintenon, Eure-et-Loir.
Mairesse-Delhaye (Anna), de Landrecies, à Maintenon, Eure-et-Loir.
Mailliet (Alfred), de Fives-Lille, à Brécey, Manche.
Malbrain (Gustave), de Saint-Amand, à Brécey, Manche.
Malfait (Paul), de Croix, à Cerisy-la-Salle, Manche.
Malvache (Jean-Baptiste), de Marbaix, à Villeneuve-la-Guyard, Yonne.
Mangez (Arthur), de Lambersart, aux Cresnays, Manche.
Mandirac (Jean), de Lille, à Cerisy-la-Salle, Manche.
Mandirac (Marie), de Lille, à Cerisy-la-Salle, Manche.
Mangez (Albert), de Seclins, à Saint-Étienne, Loire.
Maquinay (Henri), de Tourcoing, à Saint-Étienne, Loire.
Marle (Irénée), d'Ormeing, à Beauchamps, Manche.
Marquelier (Henri), de Tourcoing, à Mesnil-Raoult, Manche.
Marie (Jean), de Lille, à Saint-Étienne, Loire.
Martin (Zéphir) et fam., d'Anor, à Cerisiers, Yonne.
Masson (Lepdie), d'Obies, à Courtils, Manche.
Masquelier (Louis), de Ronchin, à Saint-Étienne, Loire.
Masse (Philomène), de Maubeuge, à Villemurlin, Loiret.
Masse (Georges), de Denain, à Saint-Étienne, Loire.
Massé (Georges), de Valenciennes, à Saint-Étienne, Loire.
Massu (Pierre), de Flersen-Escrebieux, à Brécey, Manche.
Maton (Étienne), d'Armentières, à Cametours, Manche.
Mathieu (Oscar), de Bavay, à Caen, Calvados.
Mattys (Georges), de Tourcoing, à Saint-Étienne, Loire.
Mecuros (Augustin), de Lille, à Cerisy-la-Salle, Manche.
Melin (Charles), de Lille, à Saint-Étienne, Loire.
Menneveux (Maurice), d'Anzin, à Saint-Étienne, Loire.
Mercier (Florent), d'Avesnes-les-Auberges, à Brécey, Manche.
Meslin (Robert), de Vieux-Condé, à Tessy-sur-Vire, Manche.
Mespouille (Louis), de Lille, à Saint-Étienne, Loire.
Meyer (François de), de Lille, à Menot, Charente.
Méchot (Angélina), de Maubeuge, à Villemurlin, Loiret.
Mignaud (Louis), de Roubaix, à Saint-Étienne, Loire.
Mihotte (Émile), de Valenciennes, à Tessy-sur-Vire, Manche.
Milon (Ildephonse), de Fenin, à Saint-Étienne, Loire.
Milliem (Charles), de Louvroil, à Saint-Étienne, Loire.
Mille (Vincent), de Saint-André-les-Lille, à Saint-Étienne, Loire.
Millet (Raymonde), de Féguies, à Saint-Germain-le-Gaillard, Eure-et-Loir.
Milleville (Charles), de Sin-le-Noble, à La Chartre, Sarthe.
Milleville (Julie), de Sin-le-Noble, à La Chartre, Sarthe.
Millou (Henri), de Waziers, à Saint-Étienne, Loire.
Mol (Victor de), de Lille, à Genlis, Côte-d'Or.
Molet (Juliette), d'Esquerchin, à Malemort, Corrèze.
Mom Venryckeghem (Charles), de Roubaix, à Cametours, Manche.
Monnier (Prudent), d'Anzin, à Saint-Étienne, Loire.
Moreau (Jules), de Rousies, à Marchezais, Eure-et-Loir.
Moreau (Élise), de Rousies, à Marchezais, Eure-et-Loir.
Moreau (Achille), de Rousies, à Marchezais, Eure-et-Loir.
Monvoisin-Fontaine, de Saint-du-Nord, à Sainville, Eure-et-Loire.
Morel (Georges), de Dunkerque, à Nice, Alpes-Maritimes.
Moriamez (Georges), de Raismes, à Saint-Étienne, Loire.
Mouy (Zéphir), de Fenain, à Montreuil, Manche.
Myllaert, d'Houplines, à Trelly, Manche.
Mairé (Eugène), d'Hautmont, à Saint-Dizier, Haute-Marne.
Nam (Jean), d'Avesnes-sur-Helpe, à Marseille, Bouches-du-Rhône.
Nicoud (Fernand), de Roubaix, à Cerisy-la-Salle, Manche.
Noé (Henri), de Marcq-en-Barœul, à Bonnelles, Seine-et-Oise.
Notre-Dame (Jules), de Saint-André, à Brécey, Manche.
Oneine et fam., d'Hautmont, à Pithiviers, Loiret.
Opsomer (Joseph), de Lille, à Trelly, Manche.
Opsomer (Raymond), de Lille, à Trelly, Manche.
Oustland (Octave), d'Armentières, à Trelly, Manche.
Pamelard (Maurice), d'Anzin, à Saint-Étienne, Loire.
Papin (Arthur), de Fresnes, à Saint-Étienne, Loire.
Papin (Émile), de Lille, à Saint-Étienne, Loire.
Papin (Émile), de Lille, à Saint-Étienne, Loire.
Parent (Camille), de Tourcoing, à Loges-sur-Brécey, Manche.
Paratte (Jean), de Lille, à Vaudrimesnil, Manche.
Paratte (Odette), de Lille, à Vaudrimesnil, Manche.
Paratte (Jacques), de Lille, à Vaudrimesnil, Manche.
Pardaux (Mme), de Maubeuge, à Saint-Cloud, Seine-et-Oise.
Paumas (Constance), de Saint-Vaast-la-Vallée, à Courtils, Manche.
Payen (Élise), de Solesmes, à Thézan, Aude.
Pecqueur (Hubert), de Masny, à Saint-Étienne, Loire.
Penet (Charles), de Lille, à Loges-sur-Brécey, Manche.
Peningue (Léon) et enf., de Condé-sur-Escaut, à Saint-Dizier, Hte-Marne.
Persoir (Charles), d'Hautmont, à Villeneuve-le-Roi, Seine-et-Oise.
Petrens (Désiré), de Lille, à Brécey, Manche.
Petit (Casimir), de Fourmies, à Donville-les-Bains, Manche.
Pétan (Céline), de Déchy, à La Selle-s/-le-Bied, Loiret.
Pétain (Séraphine), de Déchy, à La Selle-s/-le-Bied, Loiret.
Petit (Célina) et enf., d'Esquerchin, à Malemort, Corrèze.
Petit (Alfred), de Douai, à Chauffours, Eure-et-Loir.
Philippe (Louis), de Denain, à Saint-Étienne, Loire.
Philippe (Émile), de Denain, à Saint-Étienne, Loire.
Picaert (Paul), de Lille, à Brécey, Manche.
Pierre (Gustave), de Fives-Lille, à Brécey, Manche.
Pierre (Gaston), de Lille, à Saint-Étienne, Loire.
Pilloy (Charles), de Ronchin, à Saint-Étienne, Loire.
Philippaid (Alexandre), de Lille, à Saint-Étienne, Loire.
Platteau (Henri), de Verlinghem, à Brécey, Manche).
Planqueel (Ermance), d'Houplines, à Brécey, Manche.
Plumecocq (Victor), de Lille, à Cametours, Manche.
Plumecocq (Henri), de Lille, à Cametours, Manche.
Pluchard (Moïse), de Beuvrage, à Tessy-sur-Vire, Manche.
Poerck (Jean de), de Tourcoing, à Brécey, Manche.
Poisson (Henri), de Dunkerque, à Marseille, Bouches-du-Rhône.
Pollin (Albert), de Lille, aux Cresnays, Manche.
Poulain (Louis) et enf., de Douai, à Saint-Étienne, Loire.
Pouchaux (Gustave), de Rosult, à Tessy-sur-Vire, Manche.
Poulain (Charles), de Douai, à Saint-Étienne, Loire.
Prévost (Mme), de Bavay, à Caen, Calvados.
Prévot (Achille), de Lille, à Saint-Étienne, Loire.
Procureur (Jean), de Kellemmes, à Brécey, Manche.
Procureur (Jean-Baptiste), de Kellemmes, à Brécey, Manche.
Pruvot (Lucie) et enf., de Frens-sur-Escaut, à Marseille, Bouches-du-Rhône.
Pujol (Yvonne), de Sars-Poteries, à Moriers, Eure-et-Loir.
Pujol (Robert), de Sars-Poteries, à Moriers, Eure-et-Loir.
Rabary (Georges), de Lille, à Brécey, Manche.
Ramser (Paul), de Roubaix, à Saint-Étienne, Loire.
Rasson (Adolphe), de Tourcoing, à Lapleau, Corrèze.
Remy (Raoul), de Haut-Lieu, à Saint-Fargeau, Yonne.
Renaud (Auguste) et enf., de Neufmesnil, à Saint-Dizier, Haute-Marne.
Richard (Gaston), de Dorigny, à Saint-Étienne, Loire.
Ridez (Henri), de Lille, à Saint-Étienne, Loire.
Ringevan (Fernand), de Fenain, à Montreuil, Manche.
Robert (César), de Rœulx, à Brécey, Manche.
Robbe (René), d'Hellemmes, à Cametours, Manche.
Roche (Charles), de Trith-Saint-Léger, à Beauchamps, Manche.
Roger (Léon) et sa mère, de Lille, à Aunay-sur-Odon, Calvados.
Rogier (Albert), de Beuvrage, à Tessy-sur-Vire, Manche.
Rolants (Pierre), de Roubaix, à Trelly, Manche.
Rolland (Philibert), de Saint-Saulve, à Saint-Étienne, Loire.
Rosselle (Albert), de Tourcoing, à Mesnil-Raoult, Manche.
Roussel (père), de Fenain, à Montreuil, Manche.
Roussel (Arsane), de Fenain, à Montreuil, Manche.
Sacardame (Suzanne), de Catillon, à Coutances, Manche.
Sacardeau (Claude), de Catillon, à Coutances, Manche.
Sacardeau (Hélène), de Catillon, à Coutances, Manche.
Saelens (Jean), de La Madeleine, à Saint-Étienne, Loire.
Sailly (Roland), de Déchy, à La Selle-sur-le-Bied, Loiret.
Sanssoucy (Hélène), de Lille, à Saint-Jean-du-Corail-des-Bois, Manche.
Sartiaux (Léon), d'Aniche, à Tessy-sur-Vire, Manche.
Schneider (Rudolphe), de Guesnain, à Vallauris, Alpes-Maritimes.
Semaille (Vve) et fam., de Marpent, à Saint-Planchers, Manche.
Sénéchal (Auguste), de Bailleul, à Saint-James, Manche.
Sergent (Jean-Baptiste), de Lille, à Saint-Étienne, Loire.
Servoise (Henri), de Valenciennes, à Saint-Étienne, Loire.
Seys (Louis), de Fines, à Cerisy-la-Salle, Manche.
Sgard (Alfred), de Hellemmes, à Saint-Étienne, Loire.
Siollet (Toussaint), d'Anzin, à Saint-Étienne, Loire.
Simonet (Eugène), de Lille, à Saint-Étienne, Loire.

Smagghe (Marie), de Lille, à Brécey, Manche.
Smet (Adolphe de), de Fives-Lille, à Camétours, Manche.
Smidts, de Lille, à Saint-Etienne, Loire.
Soète (Léon), de Lille, à Le Loreur, Manche.
Soete (Arthur), de Tourcoing, à Les Cresnays, Manche.
Sorez (Alphonse), de Lille, à Saint-Etienne, Loire.
Soulairac et fam., de Maubeuge, à Aunay-sur-Odon, Calvados.
Soyer (Adolphe), de Lille, à Cerisy-la-Salle, Manche.
Soyez (Jules), de Wasquehal, à Lapleau, Corrèze.
Speeckaert (Pierre), d'Erre, à Tessy-sur-Vire, Manche.
Spiess (Daniel), de Vieux-Condé, à Tessy-sur-Vire, Manche.
Splingast (Marcel), de Beuvrage, à Tessy-sur-Vire, Manche.
Steelandt (Pierre), de Tourcoing, à Mesnil-Raoult, Manche.
Stievenard (Victor), de Bellignies, à Accolay, Yonne.
Stock (Valère), de Lambersart, à Les Cresnays, Manche.
Sttillet (Albert), de Feignies, à St-Germain-le-Gaillard, Eure-et-Loir.
Sueur (Félix), de Lille, à Caen, Calvados.
Szezerba (Jean), d'Ostricourt, à Saint-Etienne, Loire.
Tanghe (Benoni), de Saint-André, à Brécey, Manche.
Tanier (Edmond), d'Honnecourt, à Montreuil, Manche.
Taverne (Ernest), de Lille, à Saint-Etienne, Loire.
Terhelle (Joseph), de Fives, à Cerisy-la-Salle, Manche.
Terstraeten (Louis), de Lille, à Cerisy-la-Salle, Manche.
Terusien (Auguste), de Baisieux, à Cannes, Alpes-Maritimes.
Thiolat (Gilberte), de Houdain, à Villemurlin, Loiret.
Thiolat (Palmyre), de Houdain, à Villemurlin, Loiret.
Thilmany (Léon), de Lille, à Notre-Dame-de-Cenilly, Manche.
Thiétard (Henri), de Bemirage, à Saint-Etienne, Loire.
Thiry (Jean), de Tourcoing, à Saint-Etienne, Loire.
Thomas-Pain, de Sémeries, à Sainville, Eure-et-Loir.
Thomas (Jules), de Semeries, à Sainville, Eure-et-Loir.
Thorez (Rosalie) et enf., d'Esquerchin, à Malemort, Corrèze.
Tielemans (François), de Roubaix, à Trelly, Manche.
Tilment (Lise), de Marpent, à Donville-les-Bains, Manche.
Tombeux (Marie), de Condé-sur-l'Escaut, à Saint-Etienne, Loire.
Tournois (Albert), de Denain, à Le Loreur, Manche.
Toussaint (Georges), de Lille, à Saint-Etienne, Loire.
Trassart (Henri), de Lille, à Chauteau, Loiret.
Tribout (André), d'Hellesmes, à Saint-Etienne, Loire.
Turmeny (Vve) et enf., d'Hazebrouck, à Port-en-Bessin, Calvados.
Urbain (Edouard), d'Anzin, à Brécey, Manche.
Valencelle (Zélie), d'Esquerchin, à Malemort, Corrèze.
Valchi (Victor), d'Armentières, à Loges-sur-Brécey, Manche.
Valencelle (Zélie), d'Esquerchin, à Malemort, Corrèze.
Valette (Georges), de Douai, à Saint-Etienne, Loire.
Vandenbossche (Charles), de Lille, à Brécey, Manche.
Vandenbossche (Pierre), de Lille, à Brécey, Manche.
Vandenhove (Isidor), de Roubaix, à Trelly, Manche.
Vandenvynckeghem (Lucien), de Roubaix, à Camétours, Manche.
Vandeputte (Arthur), de Fives, à Cerisy-la-Salle, Manche.
Vandercruysen (Théophile), de Tourcoing, à Trelly, Manche.
Vanderkerten (Albert), de Croix, à Cerisy-la-Salle, Manche.
Vanhaute (Armand), de Roubaix, à Brécey, Manche.
Vandeworde (Albert), de Roubaix, à Brécey, Manche.
Vanneville (Fleury), d'Houplines, à Brécey, Manche.
Vanghuet (Delphin), de Roubaix, à Beauchamps, Manche.
Vanschoor (Jean), de Lille, à Cerisy-la-Salle, Manche.
Vansteenkiste (Constant), de Lille, à St-Jean-du-Corail-des-Bois, Manche.
Van Den Haute, de Lille, à Marseille, Bouches-du-Rhône.
Vaubeylen (Mathilde), d'Armentières, à Chasteaux, Corrèze.
Vaubeylen (Félicie), d'Armentières, à Chasteaux, Corrèze.
Vanderkoeve (Emile), de Roubaix, à Lapleau, Corrèze.
Vanautrive (Blanche), de Houdain, à Villemurlin, Loiret.
Vanautrive (Fernand), de Houdain, à Villemurlin, Loiret.
Vandenbulcke (Ginter), de Lille, à Saint-Etienne, Loire.
Vanmenlebrouck (Edmond), de Lille, à Saint-Etienne, Loire.
Vanacher (Camille), de Lille, à Saint-Etienne, Loire.
Vanden-Acker (Désiré), de Lille, à Saint-Etienne, Loire.
Van den Bulke (Achille), de Roubaix, à Saint-Etienne, Loire.
Vandaele (Henri), de Taryin, à Saint-Etienne, Loire.
Vandendriestch (Louis), de Roubaix, à Saint-Etienne, Loire.
Vasseur (Clovis), de Lille, à Saint-Etienne, Loire.
Vasseur (Jules), de Lille, à Cerisy-la-Salle, Manche.
Vasnoverbeliin (Jules), de Tourcoing, à Camétours, Manche.
Vay Hamme (Alexandre), de Lille, à Saint-Etienne, Loire.
Vennin (Désiré), de Neuville-sur-Escaut, à Courtils, Manche.
Verstichelen (Raoul), de Lille, à Cerisy-la-Salle, Manche.
Verdier (J.), de Lille, à Les Cresnays, Manche.
Verhaeverbeke (Eugène), de Fives-Lille, à Brécey, Manche.
Verrier (Léon), de Beuvrage, à Tessy-sur-Vire, Manche.
Vervaet (Célestine), de Morbecque, à Firminy, Loire.
Vervacke (Pierre), de Roubaix, à Saint-Etienne, Loire.
Véry (Marcelle), de Maubeuge, à Loigny-la-Bataille, Eure-et-Loir.
Véry (René), de Maubeuge, à Loigny-la-Bataille, Eure-et-Loir.
Véry (Marie), de Maubeuge, à Loigny-la-Bataille, Eure-et-Loir.
Véry-Guislain (Célinotte), de Maubeuge, à Loigny-la-Bataille, Eure-et-Loir.
Véry (Madeleine), de Maubeuge, à Loigny-la-Bataille, Eure-et-Loir.
Véry (Henri), de Maubeuge, à Loigny-la-Bataille, Eure-et-Loir.
Véry (Félix), de Maubeuge, à Loigny-la-Bataille, Eure-et-Loir.
Veslyck (Marcel), de Lille, à Saint-Etienne, Loire.
Viget (Julia), de Hautmont, à Bailleau-l'Evêque, Eure-et-Loir.
Viget (Marcel), de Hautmont, à Bailleau-l'Evêque, Eure-et-Loir.
Viget (Olga), de Hautmont, à Bailleau-l'Evêque, Eure-et-Loir.
Villette (Arthur), de Lille, à Brécey, Manche.
Vilain (Henri), de La Madeleine, à Saint-Etienne, Loire.
Vogel (Alfred), de Lille, à Brécey, Manche.
Voituron (Mathurine) et enf., de Solre-le-Château, à Aunay-sur-Odon, Calv.
Waelkens (Jules), de Lille, à Saint-Etienne, Loire.
Wartelle (Edmond), de Landas, à Montreuil, Manche.
Watrelos (Jules), de Somain, à Saint-Etienne, Loire.
Watrelos (Gustave), de Somain, à Saint-Etienne, Loire.
Watteau et enf., de Semeries, à Sainville, Eure-et-Loir.
Watigny (Alfred), de Douai, à Chauffours, Eure-et-Loir.
Waxin (Théodore), d'Avesnes-lez-Aubert, à Neuilly, Yonne.
Wuilfort (Marcel), de Denain, à Le Loreur, Manche.
Zélina (Jean), de Maubeuge, à Saint-Etienne, Loire.
Zwolinski et enf., de . . ., à Saint-Etienne, Loire.
Zwolinski, de Lallaing, à Saint-Etienne, Loire.

9e LISTE.

Adens (Louis), de Roubaix, à La Péruse, Charente.
Adriaenssens (Albertine) et fam., de Neuf-Mesnil, à Parisot, Tarn.
Aerts (Joseph), de Lille, à Ruffec, Charente.
Agnois (Maurice), de Lille, à Saint-Martial-d'Albarède, Dordogne.
Ah Chiche (Rabah), de Béthune, à Mansle, Dordogne.
Ahmed ben Barech, de Béthune, à Puymoyen, Charente.
Albert (Victor), de Roubaix, à Saint-Martial-d'Albarède, Dordogne.
Albert (Gaston), de La Madeleine, à Gond-Pontouvre, Charente.
Aldegonde (Leté) et fam., de Maubeuge, à St-Amant-de-Montmoreau, Ch.
Algohet (Julien), de Roubaix, à Gavray, Manche.
Allard (Auguste), de Bois-Grenier, à Saint-Denis-le-Vêtu, Manche.
Allard (Jules), de Tourcoing, à Sorège, Tarn.
Allard (Paul), de Douai, à Saint-Martial-d'Albarède, Dordogne.
Altglame (Germain), de Vicq, à Saint-Mary, Charente.
Alvin (Alexis) et fam., de Louvroil, à Laguenne, Corrèze.
Aluens (Victor), de Roubaix, à Ruelle, Charente.
Amache (Alexandre), de Dechy, à Fléac, Charente.
Ambroise (Jean), de Lille, à Saint-Cybardeaux, Charente.
Amisse (Désiré), d'Aubry, à Montmoreau, Charente.
Amor ben Barech, de Béthune, à Puymoyen, Charente.
Amrô (Augustin), de Lille, à Négrondes, Dordogne.
Ancemot (Amélie) et fam., de Maubeuge, à Angoulême, Charente.
André (Léon) et fam., de Lille, à Ruelle, Charente.
André (Arthur) et fam., de Moncheccourt, à Domjean, Manche.
André (Louis), de St-Amand-les-Eaux, à St-Yrieix, Charente.
Andrieux (Gaston), de Lille, à Sireuil, Charente.
Anselme (Emile), de Wattrelos, à Lempaut, Tarn.
Anthoine (Félicité) et fam., de Ferrières-la-Grande, à Jarnac, Charente.
Antoiny (Henri), de Wattrelos, à Saint-Michel, Charente.
Appencourt (Eugène), de Lille, à Rougnac, Charente.
Appourchau (Marcel), d'Armentières, à Luxé, Charente.
Arbault (Georges), de Ronchin-lès-Lille, à Limeyrat, Dordogne.
Arens (Auguste), de Roubaix, à Excideuil, Dordogne.
Aubert (Paul), de Saint-Amand, à Belleserre, Tarn.
Aubin (Thomas), de Louvignies-Bavai, à Mézières-lès-Cléry, Loiret.
Auchal (Auguste), de Villers-Outréau, à Montbron, Charente.
Auchard (Camille), de Loos-en-Gohelle, à Hiersac, Charente.
Augias (Marie), de Quœvrechen, à Poulaines, Indre.
Augias (Louise), de Quœvrechen, à Poulaines, Indre.
Auguste (Louis), de Bersée, à Montmoreau, Charente.
Avez (Marcel), de Wattignies, à Saint-Martin-la-Méane, Corrèze.
Bachelet (Théodule), de Lille, à Marsaneix, Dordogne.
Bacher (Chérif), de Wingles, à Châteauneuf, Charente.
Baclet (Julien), d'Armentières, à Yars, Charente.

Bacquet (Emile), de Dechy, à La Faye, Charente.
Baert (Emile), de Lille, à Angoulême, Charente.
Baesen (Gaston), d'Hellemmes, à Yvrac, Gironde.
Baeu (Léonard), de Lille, aux Cresnays, Manche.
Baert (François), de Roubaix, à Tréfly, Manche.
Bagis (Mme) et fam., de Maubeuge, à Loches, Indre-et-Loire.
Baillet (Rosine) et fam., de Sous-le-Bois, à Bazelat, Creuse.
Bailleul (Jules), de Lille, à Ligueux, Dordogne.
Bailleul (Lucien), de Lille, à Luxé, Charente.
Bailliet (Honoré), de Lens, à Rougnac, Charente.
Baillon (Marie), de Louvroil, à Vars, Charente.
Baisez (Charles), de Tourcoing, à Limeyrat, Dordogne.
Bailleu (Armand), de Lille, à Gavray, Manche.
Bailleul (Achille), de Lille, à Lingreville, Manche.
Bailloeul (Désiré), de Faches-Thumesnil, à Cuq-Toulza, Tarn.
Balligand (Zeplin), d'Avesnelles, à Tours, Indre-et-Loire.
Balloy (Edmond), de Lille, à Gavray, Manche.
Baque (Jean), d'Armentières, au Guislain, Manche.
Baratori (Aury), de Douai, à Saint-Merd-de-Lapleau, Corrèze.
Barbe (Henri), d'Aulny-sur-Rivière, à Angoulême, Charente.
Barberis (Henri), de Lille, à Saint-Germain-des-Prés, Dordogne.
Barbet (Paul), d'Avesnes-les-Aubert, à Manot, Charente.
Barbier (Albert), de Lille, à Bardefol-d'Ans, Dordogne.
Barbier (Raoul), de Fresnes, à Ruffec, Charente.
Barbieux (Raymond), d'Hellemes, à Rouillac, Charente.
Barbouse (Amédée), de Saint-André-lès-Lille, à Excideuil, Dordogne.
Barbier (Honorine) et fam., de Sous-le-Bois, à Bazelat, Creuse.
Barbry (Henri) et fam., d'Armentières, à Angoulême, Charente.
Bariseel (Louis) et fam., de Maubeuge, à Moulidars, Charente.
Barret (François), d'Aniche, à Rosières, Tarn.
Bartier (Victor), de La Chapelle-d'Armentières, à Châteauneuf, Charente.
Bartierg (Georges), d'Auberchicourt, à Saint-Saturnin, Charente.
Bartholomeurs (Raymond), de Roubaix, à Saint-Cybardeaux, Charente.
Barroit (Georges), de Lille, au Mesnil-Opac, Manche.
Baseart (Henri), de Louvroil, à Saint-Cybardeaux, Charente.
Basseville (Jules), de Lille, à Cestas, Gironde.
Bastien (Adolphe), d'Anzin, à Marsaneix, Dordogne.
Basquin (Adolphine), de Bertry, à Saint-Malo, Ille-et-Vilaine.
Bastin (Ferdinand), d'Hautmont, à Saint-Martin-la-Méane, Corrèze.
Batou (Pauline), de Maubeuge, à Xambes, Charente.
Banduin (Marcel), de Lille, à Limeyrat, Dordogne.
Baudhuin (Louis), du Cateau, à Izon, Gironde.
Baulin (Désiré), de Roubaix, à Gond-Pontouvre, Charente.
Bautignie (Charles) et fam., de Valenciennes, à Goudeville, Charente.
Bautier (Henri), de Lille, à Angoulême, Charente.
Bauwens (Léon) et fam., de Gond-Pontouvre, Charente.
Bauwens (Gustave), de Tourcoing, à Lempaut, Tarn.
Bauwens (Arthur), de Tourcoing, à Lempaut, Tarn.
Bauwens (Albert), de Roubaix, à Limeyrat, Dordogne.
Baux (Arthur), de Lesquin, à Marsaneix, Dordogne.
Bauchard (Marguerite) et enf., de Loos, à Felletin, Creuse.
Bauduin (Daniel), de Lille, à Aulon, Creuse.
Bauduin (Zulmée) et enf., de Sous-le-Bois, à Bazelat, Creuse.
Baudet (Edouard), d'Erre, à Domjean, Manche.
Bauwens (Philémon), de Marcq-en-Barœul, à Cérences, Manche.
Baudry (Augustin), d'Hasnon, à Vallon-sur-Gée, Sarthe.
Baville (Paul), de Lille, à Saint-Cybardeaux, Charente.
Bayart (Edouard), de Roubaix, à Temple-Laguyon, Dordogne.
Bayon (Marcel), de Lille, à Biras, Dordogne.
Bayard (Louis), de Roubaix, à Hocquigny, Manche.
Bazard (Jean), de Roubaix, à Linars, Charente.
Beaumont (Victor), de Roubaix, à Excideuil, Charente.
Peaurain (Louis), de Fives-Lille, à Antonne, Dordogne.
Peauchemin (Paulin), de Denain, à Domjean, Manche.
Becart (Gérard), de Denain, à Luxé, Charente.
Becq (Eugène), de Loos, à Hiersac, Charente.
Becquet (Albert), de Lambersaut, à Châteauneuf, Charente.
Bécu (Jules), de La Bassée, à Voulgézac, Charente.
Becquer (Arthur), de Bourbourg, à Quettreville, Manche.
Bécu (Jules), d'Armentières, à Arnac Pompadour, Corrèze.
Récart (Eugène), d'Aniche, à Labastide-Gabanose, Tarn.
Begar (Emile), de Lille, à Chalais, Charente.
Beghein (Lucien), de Lille, à Genouillac, Charente.
Béguin (Louise), de Maubeuge, à Vars, Charente.
Beghin (Maurice), de Roubaix, à Exideuil, Dordogne.
Begard (Charles), de Seclin, à Saint-Sauveur-la-Pommeraye, Manche.
Behague (Rosalie) et fam., de Douai, à Neuilly-le-Brignon, Indre-et-Loire.
Behaegel (Marcel), de Lille, à Rouillac, Charente.
Béhagne (Jean), de Roubaix, à Sainte-Marie-de-Chignac, Dordogne.
Beliant (Dominique), de Maubeuge, à Jarnac, Charente.
Belpoor (Léopold), d'Armentières, à Barret, Charente.

Bendaert (Céry), de Sin-le-Noble, à Aigues, Charente.
Bennel (Alfred), de Lille, à Saint-Amant-de-Graves, Charente.
Benoist (Astil), d'Aniche, à Villeneuve-sur Conie, Loiret.
Beneteau (Noël), de Roubaix, à Mansle, Charente.
Benoist (Arsène) et fam., de Bouchain, à Quettreville, Manche.
Bernier (Louisa) et fam., de Maubeuge, à St-Etienne-de-Fursac, Creuse.
Berleur (Jeanne) et fam., de Maubeuge, à Beaumont-en-Véron, Indre-et-L.
Bernard (Célestine), de Recquignies, à Abilly, Indre-et-Loire.
Bergé (Lucien), de La Madeleine, à Cestas, Gironde.
Bergé (Lucien), de Lille, à Coulgens, Charente.
Bergne (Julien), de Lille, à Brie-La Rochefoucauld, Charente.
Bérichel (Albert), de Tourcoing, à Linars, Charente.
Berland (Raymond), de Lille, à Soursac, Corrèze.
Bernard (Henri), de Monvanse, à Limeyrat, Dordogne.
Bernard (Paul), de Tourcoing, à Blis et Born, Dordogne.
Bernard (Lucien) et fam., de Douai, à Barbezieux, Charente.
Bernard (Marcel), de Lille, à Confolens, Charente.
Bernard (Hector), de Roubaix, à Chalais, Charente.
Berquet (Henri), de Saint-Amand-les-Eaux, à Magnac, Charente.
Bertaux (Robert), de Lesquin, à Marsaneix, Dordogne.
Bertaux (Arthur), de Lesquin, à Marsaneix, Dordogne.
Berthe (Arthur), de Marcq-en-Barœul, à Gond-Pontouvre, Charente.
Berthet (Louis), de Lille, à La Rochefoucauld, Charente.
Bertiaux (Jules) et fam., de Douai, à Ruelle, Charente.
Bertoux (Alexandre), de Douchy, à Sireuil, Charente.
Bernard (Louis), de Lille, à Lolif, Manche.
Bernard (Louis), de Tourcoing, à Cérences, Manche.
Bernard (Auguste) et fam., de Douai, à Saint-Germain, Tarn.
Berthe (Mme) et fam., de Bohain, à Savonnières, Indre-et-Loire.
Besson (Julien), de Lonne, à Temple-Laguyon, Dordogne.
Besson (Léon), de Valenciennes, à Saint-Crépin d'Amberoche, Dordogne.
Besson (Maurice), de Lille, à Sorège, Tarn.
Besson (Louis), de Valenciennes, à Châteauneuf, Charente.
Beucher (Gaston), de Lille, à Angoulême, Charente.
Beudin (Henri), de Lille, à Agonac, Dordogne.
Bezitter (Henri) et fam., de Lille, à Quettreville, Dordogne.
Bierler (Gervais), de Roubaix, à Saint-Michel, Charente.
Billemont (Lucien), de Lille, à Ruffec, Charente.
Bilau (François) et fam., de Wingles, à Parisot, Tarn.
Binguet (Auguste), de Lille, à Limeyrat, Dordogne.
Bisioux (Henri), de Dénain, à Hocquigny, Manche.
Biziou (Alphonse), de Boulogne, à Angoulême, Charente.
Black (Arthur), de Wattrelos, à Châteauneuf, Charente.
Blamart (Etienne), de Lille, à Ruelle, Charente.
Blamortier (Maurice), de Lille, à Rouillac, Charente.
Alanchort (Marie-Louise), de Maubeuge, à Coulgens, Charente.
Blanchatte (Georges), d'Ascq, à Luxé, Charente.
Blanquinque (Marie), de Maubeuge, à Yviers, Charente.
Blary (Célestin), de Prett-Saint-Léger, à Fléac, Charente.
Blas (Fernand), de Saulzoir, à Garat, Charente.
Blutiau (Marcel), de Saint-Amand-les-Eaux, à Aubeterre, Charente.
Blavier (Albert), de Lille, à Saint-Martial-d'Albarède, Charente.
Blampain (Marie), de Vieux-Reng, à Abilly, Indre-et-Loire.
Blancart (Paul), de Santes, à Notre-Dame-de-Cenilly, Manche.
Blanquart (Hermance) et enf., d'Haisnes-la-Bassée, à Bénévent-l'Abb., Creuse.
Blervacq (François), de Villers-au-Tertre, à Hiersac, Charente.
Blervaque (Alexandre), d'Aulnoy, à Saint-Mary, Charente.
Blondeau (Emile), de Wambrechies, à Négrondes, Dordogne.
Blondot (Lucien), de La Madeleine, à La Rochefoucauld, Charente.
Blum (Frédéric), de Lille, à Ruelle, Charente.
Bocquet (Victoria) et enf., de Violaine, à Bénévent-l'Abbaye, Creuse.
Boda (Auguste), de Hordain, à Goudeville, Charente.
Bodel (Georges), de La Madeleine, à Blés et Born, Dordogne.
Bodin (Moïse) et fam., de Roubaix, à Gond-Pontouvre, Charente.
Boel (Charles), de Lens, à Dignac, Charente.
Bœuf (Charles), de Lille, à Gavray, Manche.
Boissier (Louis) et fam., de Lille, à Vars, Charente.
Boivin (Maurice), d'Hellemmes, à Chanteloup, Manche.
Boisseau (Henri), de Bruay, au Mesnil-Aubert, Manche.
Bollen (Henri), de Lille, à Jarnac, Charente.
Bomghelle (Auguste), de Raches, à Chantrezac, Charente.
Bonne (Edouard), de Lille, à Saint-Michel, Charente.
Bonneel (Edouard), de Lille, à Rouillac, Charente.
Bonneron (Marcel), d'Anzin, à Montmoreau, Charente.
Bonnet (Fernand), de Lille, à Ruelle, Charente.
Bonté (Marcel), de Lille, à Jauldes, Charente.
Bonnevalle (Pierre), de Lille, à Sartilly, Manche.
Bonnet (Berthe) et enf., de Neuf-Mesnil, à Parisot, Tarn.
Boncourt (Jean-Baptiste), de Roubaix, à Reims, Marne.
Boonard (Emile), de Lille, à Angoulême, Charente.
Boone (Auguste) et fam., de Lourches, à Angoulême, Charente.

Boquet (Rémy), de Valenciennes, à Chalais, Charente.
Bosmans (Pierre), de Lille, à Saint-Genis-d'Hiersac, Charente.
Bosseau (Victorine), de Maubeuge, à Moulidars, Charente.
Botteaux (François), de Fenain, à Rouillac, Charente.
Bot (Louis), de Roubaix, à Cuq-Toulza, Tarn.
Bouchard (Fernand), de Boulogne, à Luxé, Charente.
Bouche (Félix), de Tourcoing, à Mouthiers, Charente.
Bouche (Joseph) et fam., de Tourcoing, à Marsaneix, Dordogne.
Bouchnoghe (Lucien), de Tourcoing, à Mayac, Dordogne.
Bouteman (Albert), de Lille, à Brie-La-Rochefoucauld, Charente.
Bouchez (Albert), d'Onnaing, à Saint-Martin-la-Méane, Corrèze.
Bouclel (Edmond), de Sin-le-Noble, à Mazières, Charente.
Boudeville (Marthe), de Maubeuge, à Pranzac, Charente.
Bondt (Noël), de Roubaix, à Exideuil, Charente.
Bouillez (César), de Valenciennes, à Nieuil, Charente.
Boulanger (Marcel), de Lille, à Anlhiac, Dordogne.
Boulanger (Mme), de Maubeuge, à Saint-Avit, Charente.
Boulanger (Charles), de Lille, à Gond-Pontouvre, Charente.
Boulanger (Emile), de Maubeuge, à Saint Avit, Charente.
Boulanger (Henri), de Fretin, à Jarnac, Charente.
Boulanger (Jean-Baptiste) et fam., de Wavrechin, à Fléac, Charente.
Boulanji (Joseph), d'Orchies, à Saint-Yriex, Charente.
Boulinguet (Maria), d'Auchy, à Xambes, Charente.
Boulogne (Eugène), de Loos, à Saint-Laurent-de-Belzagot, Charente.
Boulonnors (Louis), de Lille, à Angoulême, Charente.
Bounati (Pierre), de Lens, à Angoulême, Charente.
Boumane (Léon), de Somain, à Jarnac, Charente.
Bouquet (Victor), de Roubaix, à Négrondes, Dordogne.
Bouquioux (Arthur) et fam., de Fresnes-sur-Escaut, à Fouqueure, Charente.
Bourbotte (Jules), de Lille, à Angoulême, Charente.
Bourez (Robert), d'Hazebrouck, à Milhac-d'Auberoche, Charente.
Bourez (Louis), d'Escaudens, à Ruffec, Charente.
Bourgeois (César) et fam., de Lille, à Ligueux, Dordogne.
Bourgois (Georges), de Lille, à Marsaneix, Dordogne.
Bourgois (Raymond), de Lille, à Marsaneix, Charente.
Bourgois (Louis) et fam., de Tourcoing, à Angoulême, Charente.
Bourgois (Julien) et fam., de Roubaix, à Châteauneuf, Charente.
Bouroman (Barthélemy), de Wattrelos, à St-Laurent-de-Belzagot, Dordogne.
Bourq (Léon), de Santes, à Baigues, Charente.
Boursin (Henri), de Lille, à Ruelle, Charente.
Boussemaere (Julien), de Marquette, à Courgeac, Charente.
Boussemart (Georges), de Lille, à Roumazières, Charente.
Boutte (Maurice), de Lille, au Temple-Laguyon, Dordogne.
Bouttcaux (Elie), de Louvroil, à Vars, Charente.
Bouve (Gustave), de Dunkerque, à Viam, Corrèze.
Bouvenot (Yves), de Marly-sous-Valenciennes, à Châteauneuf, Charente.
Bouvet (Léon), de Loos-Lille, à Exideuil, Dordogne.
Bouchery (Alfred), de Wallers, à Quettreville, Manche.
Boulengier (Justin), d'Armentières, à Saint-Denis-le-Vêtu, Manche.
Boulengier (Jules), d'Armentières, à Saint-Denis-le-Vêtu, Manche.
Bouillon (Jean-Baptiste), d'Erre, à Domjean, Manche.
Boulant (Désiré), de Lallaing, à Saint-Sauveur-la-Pommeraye, Manche.
Boudin (Mathieu), d'Hergnies, à Mesnil-Opac, Manche.
Bouquillon (César) et fam., de Santes, à Notre-Dame-de-Cenilly, Manche.
Boulanger (Alfred), de Raimbeaucourt, à Jarnac, Charente.
Boulinguez (Aline) et fam., d'Auchy-lez-La Bassée, à Rillé, Indre-et-Loire.
Bourgeois (Désiré), de Lens, à Cuq-Toulza, Tarn.
Bouchery (Gustave), d'Emmerin, à Dourgne, Tarn.
Boulmois (Gustave), de Glajon, au Mont-Dol, Ille-et-Vilaine.
Bourgeois (Alfred) et fam., d'Elincourt, à Paris, Seine.
Boudart (Albert), d'Anor, à Reims, Marne.
Boyaud (Pierre), de Lille, à Marseille, Bouches-du-Rhône.
Brabant (Clarini), de Maubeuge, à Chabanais, Charente.
Brabant (Michel), de Douchy, à Ruelle, Charente.
Bracquart (Alphonse), de Lille, à Saint-Michel, Charente.
Bracke (René), de Lille, à Rougnac, Charente.
Brancourt (Marie-Charles), de Lille, à Charmant, Charente.
Brantegnie (Marcel), de Lille, à Marsaneix, Dordogne.
Brassart (Charlemagne) et son épouse, d'Hénin, à Soual, Tarn.
Bray (Gustave), d'Auchy, à Gurat, Charente.
Brassart (Auguste), d'Hornaing, à Domjean, Manche.
Brassard (Alfred), de Warambert, à Ladon, Loiret.
Bréhant (Georgina), de Louvroil, à Chabanais, Charente.
Breyne (Urbain), de Lille, à Confolens, Charente.
Breyne (Henri), de Lille, à Brie-sous-Chalais, Charente.
Breyne, de La Madeleine-Lille, à Hiersac, Charente.
Briat (Jules), de Maubeuge, à Champniers, Charente.
Briche (Floret), de Walers, à Angoulême, Charente.
Bricout (Edouard), de Lille, à Rouillac, Charente.
Bridelance (Amédée), de Lille, à Vars, Charente.
Briquet (Laurent), de Lille, à Gond-Pontouvre, Charente.
Bricourt (Henri), de Marchiennes, à St-Marc-sur-Couesnon, Ille-et-Vilaine.
Bribage (Louis) et fam., de Maubeuge, à Fresselines, Creuse.
Brion (Victorine) et fam., de Maubeuge, à Lafat, Creuse.
Briatte (Edouard), de Marpent, à Lingreville, Manche.
Broconnier (Louis), d'Anzin, à Saint-Projet, Charente.
Brohet (Fernand), de Lille, à Rouillac, Charente.
Brossotte (Victor), de Lille, à Bouex, Charente.
Brou (Victor), d'Hellemmes, à Ruelle, Charente.
Brouchort (Mme) et fam., de Maubeuge, à Chabanais, Charente.
Broucke (Jules) et fam., de Roubaix, à Saint Michel, Charente.
Brouns (Louis), de Lille, à Bernac, Charente.
Broutin (Alfred), de Flers, à Baignes, Charente.
Broutin (René), de Saint-Amand-les-Eaux, à Rivières, Charente.
Broutin (Raymond), de Lille, à Chourniac-d'Ans, Dordogne.
Broutin (Gustave), de Saint-Amand-les-Eaux, à Marsaneix, Dordogne.
Broutin (Maurice), d'Hellemmes, à Cérences, Manche.
Broux (Raymond), de Roubaix, à Gavray, Manche.
Broux (Fernand), d'Auchy-les-Orchies, à Chanteloup, Manche.
Brumooghe (Arthur), de Fives, à Saint-Cybardeaux, Charente.
Brunelle (Mme) et fam., d'Haisnes-la-Bassée, à Rioux-Martin, Charente.
Brunet (Georges), de Lille, à Saint-Sornin, Charente.
Brunin (Vincent), de Lesquin, à Taponnat, Charente.
Brunin (Laurent), de Willems, à La Couronne, Charente.
Brunin (Paul), de Roubaix, à Rouillac, Charente.
Bruno (Philémon), de Roubaix, à Luxé, Charente.
Brunain (Joseph), de Fresnes, à Ceyroux, Creuse.
Bruyère (Léopold), de Lille, aux Cresnays, Manche.
Brulois (Paul), de Roubaix, au Guislain, Manche.
Brunel (Auguste) et fam., d'Annœulin, à Saint-Senoch, Indre-et-Loire.
Bruyère (Estelle), de Jeumont, à Semblançay, Indre-et-Loire.
Buchet (Alphonse), de Lille, à Saint-Pierre-de-Chignac, Dordogne.
Buchet (Jules), d'Armentières, à Saint-Germain-des-Prés, Dordogne.
Bucquet (Henri), de Lille, à Goudeville, Charente.
Buchet (Jules), de Lambersart, aux Cresnays, Manche.
Buchard (Jean-Baptiste), de Berthencourt, à Cérences, Manche.
Buisine (Jean), de Lille, à Monthoyer, Charente.
Buisine (Jules), de Lesquins, à Gond Pontouvre, Charente.
Buisine (Eugène), d'Houplines, à Châteauneuf, Charente.
Buisines (Oscar), d'Houplines, à Châteauneuf, Charente.
Buisset (Alcide), de Solesmes, à Mézières-les-Cléry, Loiret.
Buisine (Eugène), de Lille, à Gavray, Manche.
Buicke (Léon), de Lille, à Garat, Charente.
Bultcel (Jules), de Lille, à Angoulême, Charente.
Bultteau (Chéri), de Lille, à Villefagnan, Charente.
Buicke (Louis), de Lille, à Arrênes, Creuse.
Buquiet (Paul), d'Hasnon, à Jarnac, Charente.
Buriez (Charles) et fam., de Lille, à Saint-Simeux, Charente.
Bury (Jeanne) et fam., de Maubeuge, à Peycol, Tarn.
Bustraen (Eugène), de Loos-les-Lille, à Saint-Projet, Charente.
Buttin (Lucien), d'Armentières, à Rouillac, Charente.
Buyens (Adolphe), de Lille, à Lolif, Manche.
Buyer (Paul), de Lille, à Notre-Dame-de-Cenilly, Manche.
Bylekaen (Marius), de Tourcoing, à Agonac, Dordogne.
Byttebier (Robert), de Watrelos, à Saint-Crépin-d'Ambervelle, Dordogne.
Cabot (Etienne), de Villers-Outréau, à Montbron, Charente.
Cabuil (Paul), de Lille, à Ruffec, Charente.
Cabusat (Robert), de Saint-André-les-Lille, à Saint-Yrieix, Charente.
Cabusat (Emile), de Mons-en-Barœul, à Bouex, Charente.
Caby (Charles), d'Emmerin, à La Péruse, Charente.
Caby (Albert), de Seclin, à Saint-Sauveur-la-Pommeraye, Manche.
Cacan (Eugène), de Lille, à Montbron, Charente.
Cachera (Emile), de Wallers, à Saint-Amant-de-Boixe, Charente.
Caillé (Edmond) et fam., de Maubeuge, à Bourges-Charente, Charente.
Cailleret (Narcisse), d'Houplines, à Saint-Paul, Corrèze.
Cailleret (Simon), d'Houplines, à Saint-Paul, Corrèze.
Caillé (Paul), de Fenain, à Montreuil, Manche.
Caille (Clément), de Bethencourt, à Saint-Loup, Manche.
Caignart (Robert), de Lille, à Vallon-sur-Gée, Sarthe.
Callart (Léon), de Marcq-en-Barœul, à Sorèze, Tarn.
Calant (Henri), de Fives-Lille, à Brantôme, Dordogne.
Calin (Achille), de Lille, à Ruelle, Charente.
Callens (Georges), de Roubaix, à Saint-Germain-des-Prés, Dordogne.
Callicis (Auguste), de Roubaix, à Linars, Charente.
Cassiaux (Marcel), de Lille, à Gavray, Manche.
Casseils (Julien), de Roubaix, à Cérences, Manche.
Campagne (Fernand), de Fives-Lille, à Antonne, Dordogne.
Camile (Robert), de Vambrechies, à Brantôme, Dordogne.
Camus (Alfred), de Sainte-Catherine, à Taponnat, Charente.
Candilier (Henri), de Lille, à Plassac, Charente.
Canivez (Alphonse) et fam., de Wallers, à Saint-Amant-de-Boixe, Charente.
Canon (Henri), de Roubaix, à Lempaut, Tarn.

Canivez (Auguste), d'Escaudain, à Viam, Corrèze.
Candellier (Ernest) et fam., de Monchecourt, à Saint-Germain, Tarn.
Capelle (Mme) et fam., de Louvroie, à Chabanais, Charente.
Cappelle (Maurice), de Croix, à Vars, Charente.
Capelle (Louis), de Mouvaux, à Excideuil, Dordogne.
Cappe (Alfred), de Lille, à Sorèze, Tarn.
Caplier (Ulrich), d'Escaudain, à Chalais, Charente.
Capelle (Auge), de Lalaing, à Mosnac, Charente.
Cappejous (Alphonse), de Lille, à Saint-Georges-de-Livoye, Manche.
Cappaert (Joseph), de Lille, à Notre-Dame-de-Cenilly, Manche.
Capliez (Henri), de Lourches, au Mesnil-Amey, Manche.
Capelle (Louis), de Quesnoy-sur-Deûle, à Lingueville, Manche.
Carbonnelle (Henri), de Lille, à Mainxe, Charente.
Carbonnier (Paul), de Lille, à Sireuil, Charente.
Cardinal (Désiré), de La Sentinelle, à Barbezieux, Charente.
Cardon (Arthur), de Vendeville, à Ruelle, Charente.
Cardon (Maurice), de Lille, à Ruelle, Charente.
Cardon (Alfred), de Loos-les-Lille, à Sorges, Dordogne.
Carion (Léon), de Roubaix, à Paizay-Naudoin, Charente.
Carlier (Nicolas), d'Erchain, à Soual, Tarn.
Carlier (Charles), de Wattignies, à Négronde, Dordogne.
Carlier (Denis), de Roubaix, à Barret, Charente.
Carlier (Aurélien), et son épouse, d'Hautmont, à Izon, Gironde.
Carlier (Joseph), de Tourcoing, à Ruelle, Charente.
Caron (Léon), d'Hérin, à Labruguière, Tarn.
Carpentier (Jules), de Lille, à Montbron, Charente.
Carpentier (Charles), d'Haubourdin, à Chabanais, Charente.
Carpentier (Auguste) et fam., de Rabancourt, à Romorantin, Loir-et-Cher.
Carons (Léonard), d'Hérin, à Saint-Augeau, Charente.
Carpentier (Henri) et fam., de Phalempin, à Plassac, Charente.
Carpentier (Clémence), de La Bassée, à Cellefrouin, Charente.
Carrier (Léon), de Lille, à Montmoreau, Charente.
Carson (Florent), de Douai, à Yvrac, Charente.
Carson (Florent), de Douai, à Yvrac, Charente.
Cartigny (Philippe), d'Haveluy, à Tourriers, Charente.
Carruel (Jules), d'Hellemmes-Lille, à Cognac, Charente.
Caruel (Jean), de Lille, à Segonzac, Charente.
Carré (Louis), de Santes, à Notre-Dame-de-Cenilly, Manche.
Carabin (Evariste), d'Hautmont, à Tours, Indre-et-Loire.
Carabin (Yvonne), d'Hautmont, à Tours, Indre-et-Loire.
Carlier (Henri), de Wattignies, à Cuq-Toulza, Tarn.
Carlier (Gaston), de Monchecourt, à Dax, Landes.
Castelin (Frédéric), de Wasquehal, à Ligueux, Dordogne.
Casset (Jules), de Lens, à Lempaut, Tarn.
Castel (Jules), d'Houplines, à Trelly, Manche.
Catiaux (Auguste), de Lille, à Ruelle, Charente.
Catiou (Eugénie) et fam., de Maubeuge, à Champniers, Charente.
Catillon (Maurice), de Lille, à Ruelle, Charente.
Caton (Henri), de Lille, à Orival, Charente.
Catoire (Jules), de Fresnes, à Nonac, Charente.
Cattaert (André), de Lille, à Vars, Charente.
Cattaert (Armand), de Vieux-Condé, à Champniers, Charente.
Catteau (Joseph), de Wasquehal, à Agonac, Dordogne.
Catteau (Louis), de Roubaix, à Excideuil, Charente.
Catteau (Marceau), de Tourcoing, à Saint-Laurent-de-Belzagot, Charente.
Cattiau (Arthur), de Lille, à Angoulême, Charente.
Catteaux (Louis), de Roubaix, à Cérences, Manche.
Catteau (Louis), de Lille, à Bréville, Manche.
Cauche (Eugène), de Lambersart, à Saint-Germain-des-Prés, Dordogne.
Caudon (Marguerite) et fam., d'Auchy, à Xambes, Charente.
Caudrelier (Marceline), de Dechy, à Gyles-Nonains, Loiret.
Caudron (Auguste), de Waziers, à Soual, Tarn.
Cauliez (Louis), de Fresnes, à Nonac, Charente.
Cauliez (Marie), d'Houplines, à Cambounet-sur-Sor, Tarn.
Caure (Théophile), de Roubaix, à Châteauneuf, Charente.
Cauvin (Charles), de Fenain, à Champniers, Charente.
Caulet (Augustine) et fam., de Lambres, à Carolles, Manche.
Cauvin (Louis), de Fenain, à Montreuil, Manche.
Caussin (Alfred), d'Ambrechicourt, à Dax, Landes.
Cavelar (Elise), de La Bassée, à Bourganeuf, Creuse.
Caudemont (Valentine), de Maubeuge, à Saint-Etienne-de-Furzac, Creuse.
Cavens (Henri), de Roubaix, à Gérenbes, Manche.
Cayeux (Marie) et enf., de Maubeuge, à Fresselines, Creuse.
Ceccaldi (Palmyre) et enf., de Maubeuge, à Saint-Léger-Bridereix, Creuse.
Cellis (Jean), d'Aniche, aux Pins, Charente.
Celesse (Achille), d'Aniche, à Tessy-sur-Vire, Manche.
Celisse (Manuel), de Vieux-Condé, à Tessy-sur-Vire, Manche.
Censier (Jules) et fam., de Maubeuge, à Valence, Charente.
Cérésia (Euphrasie) et fam., de Maubeuge, à Lapat, Creuse.
Chartniez (Julienne), de Vendhuille, à Château-la-Vallière, Indre-et-Loire.
Chapuis (Adolphine) et fam., de Maubeuge, à Fresselines, Creuse.

Chailon (Emile), de Sin-le-Noble, à Aignes, Charente.
Chaineux (Clément) et fam., de Maubeuge, à Coulgens, Charente.
Chamart (Julien), de Fives, à Blis-et-Born, Dordogne.
Champalle (Victor), de Trith-Saint-Léger, à Marsaneix, Dordogne.
Champeau (Pierre), de Douai, à Ruffec, Charente.
Chappey (Paul), de Lille, à Charmant, Charente.
Charles (Léon) et fam., de Lille, à Saint-Amant-de-Boixe, Charente.
Chudet (Fernand), de Lille, à La Péruse, Charente.
Charlet (Eugène), d'Armentières, à Journiac-d'Ans, Dordogne.
Charlet (Julie), de La Chapelle-d'Armentières, à Cambounet-sur-Sor, Tarn.
Chartier (Jules), de Lille, à Barbezieux, Charente.
Chavalle (Gustave), de Lille, à Marsaneix, Dordogne.
Chauvels (Gaspard), de Lille, à Gavray, Manche.
Chartreer (Georges), de Tourcoing, à Troisgots, Manche.
Chatelet (Jean-Baptiste), d'Hellesme, à Cérences, Manche.
Chataigner (Marie) et fam., de Marpent, à Bossay, Indre-et-Loire.
Charlet (A.), de La Chapelle-d'Armentières, à Arnac-Pompadour, Corrèze.
Chedefaux (Henri), de Lille, à Rouillac, Charente.
Chemin (Alphonse), d'Hellemmes, à Ligueux, Dordogne.
Cheny (Jules), de Lille, à Prizay-Naudoin, Charente.
Chéruy (Constant), d'Anzin, à Dignac, Charente.
Chevalier (André), de Lille, à Rouillac, Charente.
Chevalier (Emile), de Bruay-sur-l'Escaut, à Saint-Claud, Charente.
Chevalier (Jean-Baptiste), de Lille, à Saint-Crepin-d'Amberocke, Dordogne.
Chevallier (Mme), de Busigny, à Saponnières, Indre-et-Loire.
Chique (Maria), de Sous-le-Bois-Maubeuge, à Saint-Léger-Bridereix, Creuse.
Chique (Jeanne), de Sous-le-Bois-Maubeuge, à Saint-Léger-Bridereix, Creuse.
Chielens (Maurice), d'Armentières, à Rouillac, Charente.
Choquet (Victor), de Lille, à Rouillac, Charente.
Choteau (Henri), d'Houplines, à Rouillac, Charente.
Chotteau (Henri), d'Escaudain, à Angoulême, Charente.
Choisy (Léa), de Quevrechen, à Poulaines, Indre,
Choin (Mme) et fam., de Busigny, à Saponnières, Indre-et-Loire.
Chocquet (Alphonse), de Lambersart, aux Cresnays, Manche.
Christiaens (Marcel), de Croix, à Saint-Laurent-de-Céris, Charente.
Christory (Charles), de Roubaix, à Saint-Laurent-de-Céris, Charente.
Chuin (Ferdinand), de Roubaix, à Châteauneuf, Charente.
Chuin (Jean), de Lille, à La Salle, Tarn.
Ciriez (Marie) et fam., de Maubeuge, à Beaumont-en-Véron, Indre-et-Loire.
Citerne (Léon), d'Annœlin, à Gond-Pontouvre, Charente.
Clabaut (Henri), de Lille, à Saint-Pierre-de-Chignac, Dordogne.
Claeyssens (Paul), de Tourcoing, à Marsaneix, Dordogne.
Claisse (Jean-Baptiste), de Bevillers, à Agonac, Dordogne.
Clanos (Marie), de Roubaix, à La Rochette, Charente.
Claus (Jean-Baptiste), de Lille, à Vars, Charente.
Clais (Désirée), de Lille, à Pamiers, Ariège.
Clary (Frédéric) et enf., de Cantaing, à Saint-Sever, Landes.
Clément (Rivier), de Fourmies, à Reims, Marne.
Clément (Arthur), de Lourches, à Blaye, Tarn.
Clercq (Georges), de Lille, à Saint-Michel, Charente,
Clerex (Georges), de Fives-Lille, à Coulgens, Charente.
Clérot (Joseph), de Tourcoing, à Montboyer, Charente.
Clerquin (Clément) et enf., de Hérin, à Jarnac, Charente.
Clerquin (Antony), de Hérin, à Jarnac, Charente.
Clin (Henri), de Pont-à-Vendain, à La Chapelle-Blanche, Indre-et-Loire.
Clinlemaillie (Charles), de Haubourdin, à Lingreville, Manche,
Cloquette (Mme), de Gognies-Chaussée, à Romorantin, Loir-et-Cher.
Clymans (René), de Lille, à Genouillac, Charente.
Cnudde (Ernest), de Lille, à Saint-Christophe-de-Chalais, Charente.
Coasue (Marcel), de Santes, aux Granges d'Ans, Dordogne.
Coasue (Albert), de Fenain, à Montreuil, Manche.
Cochetey (Myrtil), de Vieux-Condé, à Luxé, Charente.
Cocheteux (Eugène), de Lille, à Montmartin-sur-Mer, Manche.
Cochera (Albert), de Wallers, à Lozon, Manche.
Codez (Julien), de La Bassée, à Jarnac, Charente.
Cogez (Adolphe), de Sin-le-Noble, à Suaux, Charente.
Coisne (Désiré) et enf., de Lille, à Echallat, Charente.
Colard (Jules), de Roubaix, à Rougnac, Charente.
Colier (Charles), d'Annappes, à Sainte-Marie-de-Chignac, Dordogne.
Colin (Emile), de Denain, à Blaye, Tarn.
Collart (Georges), de Roubaix, à Yvrac, Charente.
Collier (Alfred), de Hérin, à Labruguière, Tarn.
Colliez (Léocadie) et fam., de Houplines, à Cambounet-sur-Sor, Tarn.
Collinet (Léon), d'Anzin, à Vars, Charente.
Colpaert (Florimond) et fam., de Lille, à Montmoreau, Charente.
Colville (Eugène), de Roubaix, à Gond-Pontouvre, Charente.
Coley (Léon) et fam., de Lille, à Cérences, Manche.
Colpin (Victor), de Marpent, à Chambourg, Indre-et-Loire.
Comble (Marcel), de Lille, à La Rochefoucauld, Charente.
Comont (Fernand), de Lille, à Ruelle, Charente.
Combier (Agathon) et fam., de Beauvin, à Saint-Romain, Lot-et-Garonne.

Concile (Adrien), de Dechy, à Saint-Mary, Charente.
Conratte (Henri), d'Annappes, à Tourboirac, Dordogne.
Connoyaux (Fleury), de Lille, à Rouillac, Charente.
Conreur (Alfred), de Lille, à Mazières, Charente.
Contamin (Arthur), de Tourcoing, à Barret, Charente.
Contreras (Emile), de Hellemmes, à Marsaneix, Dordogne.
Constant (Henriette) et fam., de Bourg, à Bazelat, Creuse.
Consil (Germaine) et fam., de Sin-le-Noble, à Beaumont-Village, Indre-et-L.
Constant (Jean), de Lille, à Lingreville, Manche.
Copéjans (Charles), de Lille, à Saint-Christophe-de-Chalais, Charente.
Copejans (Edouard), de Lille, à Saint-Christophe-de-Chalais, Charente.
Coppens (Auguste), de Tourcoing, à Cherves-Châtelars, Charente.
Coppens (François), de Lille, à Biis et Born, Dordogne.
Coppe (Henri), d'Abscon, à Lozon, Manche.
Coqrel (Georges), de Guénain, à Hiersac, Charente.
Coquelet (Berthe) et fam., de Valenciennes, à Tours, Indre-et-Loire.
Coquette (Edouard), de Gondecourt, à Dourgne, Tarn.
Cordier (Paul) et fam., de Déchy, à Damiatte, Tarn.
Cordonnier (Jules) et fam., de Mons-en-Barœul, à Bernac, Charente.
Cordonnier (Henri) et fam., de Roubaix, à Sorges, Dordogne.
Cornwel (Gaston), de Lille, à Saint-Crépin-d'Auberoche, Dordogne.
Cornet (Kléber), d'Aniche, à Chantresac, Charente.
Cornette (Emile) et fam., d'Onnaing, à Rivières, Charente.
Cornil (Lucien), de Lille, à Milhac-d'Auberoche, Dordogne.
Cornille (Gustave), de Tourcoing, à Agonac, Dordogne.
Cornil (Cyrille), de Roubaix, à La Rochefoucauld, Charente.
Cornille (Désiré), de Tourcoing, à Saint-Michel, Charente.
Cornilleau (André), de Lille, à Barbezieux, Charente.
Cornillie (Victor), de La Chapelle d'Armentières, à Barbezieux, Charente.
Cortier (Alfred), de Douai, à Ruffec, Charente.
Corfinat (Raoul), de Lille, à Lingreville, Manche.
Corbeau (Eugène), de Lille, à Cérences, Manche.
Cornélis (François), de Lille, à Agen, Lot-et-Garonne.
Cornaert (Henri), de Marquette, à Cuy-Tanlza, Tarn.
Cose (François), et enf., de Lambersart, à Vitrac, Charente.
Cossart (César), d'Escarmain, à Exideuil, Dordogne.
Cossart (Lucien), de Loos, à Saint-Sauveur-la-Pommeraye, Manche.
Cotteau (Emile), de Tourcoing, à Agonac, Dordogne.
Cotton (Eugène) et fam., de Forest, à Mainxe, Charente.
Cotton (Jules), d'Erre, à Saint-Marc-sur-Couesnon, Ille-et-Vilaine.
Cottigny (Gustave), de Lille, à Niort, Deux-Sèvres.
Cottère (François), de Valenciennes, à Quettreville, Manche.
Cotton (Jean) et fam., de Déchy, à La Gaché-Le Garric, Tarn.
Couppé (Jean), de Fâche-Thumesnil, à Louhert, Charente.
Coupez (Emile), de Cysoing, à La Faye, Charente.
Couplet (Honoré), de Lille, à Segonzac, Charente.
Coupleux (Henri), de Tourcoing, à Brantôme, Dordogne.
Courmont (Henri), de La Chapelle-d'Armentières, à Barbezieux, Charente.
Courtecuisse (Louis), de Lille, à Segonzac, Charente.
Courtecuisse (Georges), de Lille, à Mayac, Dordogne.
Cousin (Arthur) et fam., de Lambersart, à Mansle, Charente.
Courvoisier (Berthe) et fam., de Maubeuge, à Chazelles, Charente.
Cousin (Henriette) et fam., de La Chapelle-Armentières, à Cambounet, Tarn.
Cousyn (Marcel), de Lille, à Saint-Sornin, Charente.
Cousin (Marceau), de Lille, à Tourtoirac, Dordogne.
Coupay (Gustave), de Lille, à Saint-Georges-de-Livoye, Manche.
Coutier (Louise), de Recquignies, à Lingreville, Manche.
Couteau (Alfred), de Nivelle, à Gavray, Manche.
Courtecuisse (Maurice), d'Awoingt, à Domjean, Manche.
Couteau (Oriental), de Noyelles, à Lolif, Manche.
Couillez (Joseph), de Raimbeaucourt, à Montmoreau, Charente.
Covens (Gustave), de Croix, à Vars, Charente.
Covillers (Elise), de Lille, à Tours, Indre-et-Loire.
Cox (Louis), de Lille, à Cérences, Manche.
Cracco (Marcel), de Lille, à Montmoreau, Charente.
Cracymersch (Henri), de Wambrechies, à Bardenac, Charente.
Crépin (Alice) et fam., de Maubeuge, à Luxé, Charente.
Crépy (Camille), de Lille, à Luxé, Charente.
Cressin (Georgette) et enf., de Fresselines, à Maubeuge, Creuse.
Crétal (Charles), de Haubourdin, à Bassar, Charente.
Créteur (Marcel), de Valenciennes, à Angoulême, Charente.
Crombé (Augustine) et enf., de Louvroil, à Marcillac-la-Croisille, Corrèze.
Crombé (Lisa) et enf., d'Hautmont, à Marcillac-la-Croisille, Corrèze.
Crombé (Emile) et fam., d'Hautmont, à Marcillac-la-Croisille, Corrèze.
Crombet (Jules), de Thumesnil, à Villefagnan, Charente.
Crombez (Louis), de Raimbeaucourt, à Lempaut, Tarn.
Croquet (Georges), de Lille, à Pamiers, Ariège.
Croquet (Paul), de Lille, à Lingreville, Manche.
Croquet (André), de Lille, à Lingreville, Manche.
Croes (Marcel), de Lille, à Ruelle, Charente.
Crunelle (François) et son épouse, de . . . , à Latronche, Corrèze.
Crunelle (Eugénie), de . . . , à Latronche, Corrèze.
Crignet (Adolphe), de La Bassée, à Cuy-Taulza, Tarn.
Culot (Mathilde) et fam., de Maubeuge, à Vars, Charente.
Culot (Ida) et fam., de Jeumont, à Barrou, Indre-et-Loire.
Cunignard (Henri), de Seclin, à Journiac d'Ans, Dordogne.
Cuvelier (Fernand), de Roubaix, à Gond-Pontouvre, Charente.
Cuvelier (Germain), de La Sentinelle, à Lugan, Tarn.
Cuvelle (Léon), de Lille, à Saint-Paul-de-Serre, Dordogne.
Dacher (Henri), de Wambrechies, à Antonne, Dordogne.
Daclemand (Alphonse), de Roubaix, à Villeneuve-sur-Conte, Loiret.
Daix (Albert), d'Armentières, à Montaigut-le-Blanc, Creuse.
Damart (Emile), de Jeumont, à Chambourg, Indre-et-Loire.
Dambrine (Antoinette) et fam., de Liévin, à Beaulieu, Indre-et-Loire.
Danset (Georges), de Roubaix, à Sainte-Marie-de-Chignac, Dordogne.
Danset (Maurice), de Roubaix, à Sainte-Marie-de-Chignac, Dordogne.
Dantel (Léonard), de Mouvaux, à Aulhiac, Dordogne.
Danal (André), de Ronchin, à Saint-Paul de Serre, Dordogne.
Danel (Marcel), de Saint-Maurice, à Sainte-Marie-de-Chignac, Dordogne.
Danneau (Hubert), de Roubaix, à Quettreville, Manche.
Darras (Arsène), de Fives-Lille, à Agonac, Dordogne.
Dassouville (François), de Mouvaux, à Saint-Trie, Dordogne.
Dauchy (Palmire), de Mons-en-Barœul, à Saint-Denis-le-Vêtu, Manche.
Dautravaux (Maurice), de Lille, à Saint-Pierre-de-Chignac, Dordogne.
Dautricourt (Joséphine), de Fouquières-les-Lens, à Nouans, Indre-et-Loire.
Dauchey (Raoul), de Lille, à Cérences, Manche.
Dauloux (Ludovica) et fam., d'Anor, à Saint-Malo, Ille-et-Vilaine.
Dautricourt (Martial), de Fouquières-les-Lens, à Nouans, Indre-et-Loire.
Dautricourt (Gruger), de Fouquières-les-Lens, à Nouans, Indre-et-Loire.
Dautriche (Fernand), de Denain, à Dourgne, Tarn.
Dauchy (Georgette), de Mons-en-Barœul, à Saint-Denis-le-Vêtu, Manche.
Davrainche (Julietta) et fam., de Fouquières-les-Lens, à La Ferrière, Indre-et-L.
Davain (Jules) et fam., de Saint-Amand-les-Eaux, à Dourgne, Tarn.
Deffacque (Henri), de Lomme, à Ste-Eulalie-d'Ars, Dordogne.
Debéthune (Charles), de Santes-sur-Meuse, à Agonac, Dordogne.
Debonducs (Henri), de Bondues, à Brantôme, Dordogne.
Debonnet (Jean-Baptiste), de Tourcoing, à Agonac, Dordogne.
Deboschère (Théophile), de Tourcoing, à St-Germain-des-Prés, Dordogne.
Debrabandère (Antoine), de Roubaix, à Exideuil, Dordogne.
Debrachy (Louis), de Lezennes, à Lempaut, Tarn.
Debruyne (Edouard), de Roubaix, à St-Germain-des-Prés, Dordogne.
Debuchy (Cyr), de Ronchin, à St-Paul-de-Serre, Dordogne.
Debuck (Charles), de Lille, à Clergoux, Corrèze.
Debucquoy (Antoine), de Roubaix, à St-Paul-de-Serre, Dordogne.
Debusne (Georges), de Croix, à St-Martial-d'Albarède, Dordogne.
Debyttère (Robert), de Lille, à Journiac-d'Ans, Dordogne.
Delvigne (Arthur), de Lille, à Badefols-d'Ans, Dordogne.
Deback (Henri), d'Armentières, à Cérences, Manche.
Debuigne (Arthur), de Gravelines, à Quettreville, Manche.
Deblaère (Théophile), de Lille, à Agen, Lot-et-Garonne.
Debert (Jules), de Tourcoing, à Poudis, Tarn.
Debort (Albert), d'Aniche, à Cuq-Toulza, Tarn.
Debaye (Louis), de Flines-lez-Mortagne, à Cuq-Toulza, Tarn.
Deberdt (Georges), de Vieux-Berquin, à Gavray, Manche.
Debove (Louis), d'Hérin, à St-Georges-de-Livoye, Manche.
Decamp (Jean), de Verlinghem, à Brantôme, Dordogne.
Decher (Désiré de), de Lille, à . . . , Dordogne.
Declerck (Marcel), de Lille, à St-Pierre-de-Chignac, Dordogne.
Decréton (Georges), de Lille, à Saint-Paul-de-Serre, Dordogne.
Decarpentrie (Angélique), de Lille, à Niort, Deux-Sèvres.
Decottignies (Alphonse), de Roubaix, à Mesnil-Opac, Manche.
Decarlan (Henri), d'Armentières, à Cérences, Manche.
Décamp (Arthur), d'Aniche, à Lobief, Manche.
Dédisse (Jules), d'Anzin, à Sainte-Orse, Dordogne.
Dedule (Paul), de Seclin, à Chourniac-d'Ans, Dordogne.
Dedonker (Julien), de Marquette-lez-Lille, à Domjean, Manche.
Defretin (Kléber), de Lille, à Tourtoirac, Dordogne.
Deffontaine (Jules), de Wasquehal, à Clergoux, Corrèze.
Defranchois (Désiré), de Lesquin, à St-Martial-d'Albarède, Dordogne.
Déféber (Adolphe), de Saint-André-lez-Lille, à Agonac, Dordogne.
Defaux (Paul), d'Anstaing, à . . . , Dordogne.
Deficu (Henri), de Péranchies, aux Cresnays, Manche.
Deflesselles (Zoé), de La Chapelle-d'Armentières, à Arnac-Pomp., Corrèze.
Degryse (Hector), de Lille, à Milhac-d'Auberoche, Dordogne.
Degorre (Ernest), de Denain, à Bugeat, Corrèze.
Degand (Albert), de Lille, à Agonac, Dordogne.
Degale (Henri), d'Hellemmes, à Saint-Crépin-d'Auberoche, Dordogne.
Degelle (Joseph), de Maubeuge, à Notre-Dame-de-Cenilly, Manche.
Legelle (Théodule), de Maubeuge, à Notre-Dame-de-Cenilly, Manche.
Dehon (Marcel), de Croix, à Gavray, Manche.
Dejonghe (Marcel), de Roubaix, à Ste-Marie-de-Chignac, Dordogne.
Dekens (Robert), d'Hellemmes, à St-Paul-de-Serre, Dordogne.

Dekens (Jean-Baptiste), de Lille, à Lodif, Manche.
Delchambre (Georges), d'Aniche, à Sandillon, Loiret.
Delcambre (Gentile), de Sin-le-Noble, à Gy-les-Nonains, Loiret.
Delcambre (Marie), de Sin-le-Noble, à Gy-les-Nonains, Loiret.
Delcambre (Alfred), de Roubaix, à Blis-et-Born, Dordogne.
Delaval (Jules), de Pérenchies, à Ligueux, Dordogne.
Delaval (Géry), de La Madeleine, à St-Pierre-de-Chignac, Dordogne.
Delattre (Ernest), de Sin-le-Noble, à Naves, Corrèze.
Delahaye (Emile), de Lille, à Brantôme, Dordogne.
Delahaye (Henri), de Croix, à Saint-Paul-de-Serre, Dordogne.
Delagrande (Jules), de Lannoy, à Brantôme, Dordogne.
Delasalle (Paule), de Denain, à Valence, Drôme.
Delassalle (Eugénie), de Denain, à Valence, Drôme.
Delys (André), de Lille, à Anlhiac, Dordogne.
Delzenne (Jules), de Roubaix, à Anlhiac, Dordogne.
Delzenne (Louis), de Lille, à Negrondes, Dordogne.
Delcourt (Gaston), de Roubaix, à Saint-Germain-des-Prés, Dordogne.
Delcroix (Joseph), de Bevillers, à Mayac, Dordogne.
Delebarre (César), d'Armentières, à Ligueux, Dordogne.
Delecueillerie (Léon), de Lille, à St-Martial-d'Albarède, Dordogne.
Delescluse (Louis), de Roubaix, à St-Paul-de-Serre, Dordogne.
Delestrez (Séraphin), de Roubaix, à St-Crépin-d'Auberoche, Dordogne.
Delestrez (Ferdinand), de Roubaix, à Anlhiac, Dordogne.
Deletombe (Gaston), de Roubaix, à Périgueux, Dordogne.
Delevallée (Lucien), de Lille, à Tourtoirac, Dordogne.
Delevoy (Victor), de Lille, à Preyssac-d'Exideuil, Dordogne.
Delforserie (Joseph), de Quesnoy-en-Deule, à Granges-d'Ans, Dordogne.
Deloaillet (Désiré), de Lille, à Saint-Paul-de-Serre, Dordogne.
Delmotte (Adolphe), de Marcq-en-Barœul, à Ste-Marie-de-Chignac, Dordog.
Delmotte (Henri), de Denain, à Somain, Dordogne.
Delneufcourt (Gustave), de Roubaix, à Blis-et-Born, Dordogne.
Delpierre (Désiré), de Bondues, à Milhac-d'Auberoche, Dordogne.
Delporte (Maurice), de Comines, à Milhac-d'Auberoche, Dordogne.
Delpotte (Paul), d'Hellemmes, à Sainte-Marie-de-Chignac, Dordogne.
Delval (Jules), de Saint-André, à Brouchaud, Dordogne.
Delassaux (Alice), de Trélon, à Saint-Suliac, Ille-et-Vilaine.
Delasseaux (Marthe), de Trélon, à Saint-Suliac, Ille-et-Vilaine.
Deleu (Paul), de Lille, à Aulon, Creuse.
Delforge (Marceau), d'Houplines, à St-Etienne-de-Fursac, Creuse.
Delattre (Elisa), de Jeumont, à Semblançay, Indre-et-Loire.
Delattre (Marcel), de Jeumont, à Semblançay, Indre-et-Loire.
Delaender (Achille), de Roubaix, à Lodif, Manche.
Delattre (Louis), de Seclin, à St-Sauveur-la-Pommeraye, Manche.
Delattre (Marcel), de Seclin, à St-Sauveur-la-Pommeraye, Manche.
Delattre (François), de Seclin, à St-Sauveur-la-Pommeraye, Manche.
Delannoy (Eugène), de Lille, aux Cresnays, Manche.
Delfosse (Auguste), de Denain, au Mesnil-Opac, Manche.
Delfly (Henri), d'Armentières, à Cérences, Manche.
Delevoye (Paul), de Quesnoy-sur-Deule, à St-Martin-de-Cenilly, Manche.
Delesalle (Léon), de Tourcoing, à St-Nicolas-des-Bois, Manche.
Degellise (Eugène), de Condé-sur-Escaut, au Mesnil-Opac, Manche.
Delbaydle (Arthur), de Lille, à Gavray, Manche.
Delplace (Jean), de Lille, à Cérences, Manche.
Delhaye (Hector), de Roubaix, à Montmartin-sur-Mer.
Delhemme (Gabriel), de Lille, à Montmartin-sur-Mer, Manche.
Deltour (Adolphe), de Lille, à Gavray, Manche.
Delrue (Fernand), de Tourcoing, à Sartilly, Manche.
Delporte (Paul), de Mouvaux, à Cérences, Manche.
Delporte (Jules), de Lille, à Montmartin-sur-Mer, Manche.
Delporte (François), de Lille, à Montmartin-sur-Mer, Manche.
Delhaye (Apollinaire), de Denain, à Sartilly, Manche.
Delhaude (Ernest), de Tourcoing, à Troisgots, Manche.
Delhommez (Henri), de Neuf-Berquin, à Cérences, Manche.
Delaufe (Maurice), de Bouchain, à Cérences, Manche.
Delemarle (Henry), de Nannchain, à Sartilly, Manche.
Delemarle (Albert), de Nannchain, à Sartilly, Manche.
Delamasentoère (J.) et fam., de Marcq-en-Barœul, à St-Denis-le-Vêtu, Manche
Delannoy (Jules), de Lallaing, à Langlois-Sarrat, Tarn.
Delabelle (Etienne), de Mouvaux, à Lingreville, Manche.
Delacenserie (Jean), de Roubaix, à Cérences, Manche.
Delval (Yolande), de Poulaines. à Poulaines, Indre.
Delporte (Alfred), d'Aniche, à Dourgne, Tarn.
Delprat (Paul), de Tourcoing, à Poudis, Tarn.
Deligne (Etienne), d'Aniche, à Labastide-Gabausse, Tarn.
Delforge (Julien), de Wavrin, à Montgey, Tarn.
Delforge (Adolphe) et fam., de Dorignies, à Saint-Benoît, Tarn.
Delchambre (Georges), d'Aniche, à Saint-Denis-en-Val, Loiret.
Delbarc (Oscar), de Pérenchies, à Dourgne, Tarn.
Delbarre (Alphonse), de Pérenchies, à Dourgne, Tarn.
Demagne (Julien), de Roubaix, à Temple-Laguyon, Dordogne.
Demalin (Fernand), de Lille, à Lempaut, Tarn.

Demarque (Joseph), de Tourcoing, à Antonne, Dordogne.
Demarque (Edouard), de Tourcoing, à St-Paul-de-Serre, Dordogne.
Demanc (Marcel), de Lille, à Antonne, Dordogne.
Deméer (Joseph), de Tourcoing, à St-Martial-d'Albarède, Dordogne.
Demesmaker (Angèle), de Wattrelos, à Huêtre, Loiret.
Demesmaker (Germaine), de Roubaix, à Huêtre, Loiret.
Demonchy (Henri), d'Esquerchin, à Rosières, Tarn.
Demort (Albert), de Roubaix, à Anlhiac, Dordogne.
Demoor (Albert), de Lille, à Ste-Marie-de-Chignac, Dordogne.
Demuynch (Emile), de Roubaix, à Blis-et-Born, Dordogne.
Demailly (Gaston), de Lille, à Cuves, Manche.
Demeyer (Albert), de Lille, aux Cresnays, Manche.
Demeulemester (Yvon), de Fives-Lille, à Gavray.
Demeulemester (Léon), de Fives-Lille, à Gavray, Manche.
Demoors (Michel), de Saint-André-les-Lille, à Gavray, Manche.
Demunck (Henri), de Mouvaux, à Cérences, Manche.
Demarcq (Clément), de La Sentinelle, à Lugan, Tarn.
Demarcq (Henri), de La Sentinelle, à Lugan, Tarn.
Deneufcourt (Edmond), de Roubaix, à Lodif, Manche.
Denne (Emile), de Lille, à Ste-Marie-de-Chignac, Dordogne.
Denoyelle (Elisa), de Fourmies, à Laurigan, Ille-et-Vilaine.
Denglos (Léandre), de Santes, à Notre-Dame-de-Cenilly, Manche.
Dépinoy (Auguste), de Lille, à St-Pierre-de-Chignac, Dordogne.
Depoit (Désiré), de Lille, à Agouac, Dordogne.
Depoitre (Paul), de Tourcoing, à St-Crépin-d'Auberoche, Dordogne.
Depoitre (Urbain), de Tourcoing, à St-Crépin-d'Auberoche, Dordogne.
Depoitre (Léopold), de Tourcoing, à Brouchaud, Dordogne.
Depouir (Albert), de Lille, à Saint-Martial-d'Albarède, Dordogne.
Depractère (Henri), de Croix, à Saint-Pierre-de-Chignac, Dordogne.
Deprcetère (Gaston), de Lille, à Cestas, Gironde.
Depauw (Auguste), de Denain, à Saint-Marc-sur-Couesnon, Ille-et-Vilaine.
Depreux (Mme), de Beauvois-en-Cambrésis, à Niort, Deux-Sèvres.
Delvincourt (Lucie), de Dechy, à Gy-les-Nonains, Loiret.
Derick (Camille), de Lille, à Agouac, Dordogne.
Dermout (Léonie) et fam., de Douai, à Soursac, Corrèze.
Derveaux (Louis) et fam., de Haubourdin, à Clergoux, Corrèze.
Derveaux (Marcel), de Dechy, à . . ., Dordogne.
Deray (Georges), d'Oxelaere, à Gavray, Manche.
Dervanse (Léon), de Tourcoing, à Saint-Crépin-d'Anbcroette, Dordogne.
Deronne (Alphonse), de Roubaix, à Gavray, Manche.
Deronneck (Edouard), de Lille, à Troisgots, Manche.
Deroose (Paul), de Roubaix, à Cérences, Manche.
Dertriz (Octavie), de Fourmies, à Donville-les-Bains, Manche.
Derveyer (Georges), de Lille, à Quettreville, Manche.
Deryctre (Florimond), de Lille, à Cérences, Manche.
Deswarte (Georgette) et enf., de Maubeuge, à Fresselines, Creuse.
Déshayes (Léocadie) et fam., de Maubeuge, à Fresselines, Creuse.
Désaumois (Julia) et fam., de Hautmont, à Fresselines, Creuse.
Desutter (Marcel), de Lille, à Felletin, Creuse.
Descamp (Louis), de Wambrechies, à Mayac, Dordogne.
Descembre (Marcel), de Lille, à Milhac-d'Auberoche, Dordogne.
Deschamps (Henri), de Mouveaux, à Blis-et-Born, Dordogne.
Derchamps (André), de Roubaix, à Saint-Pierre-de-Chignac, Dordogne.
Deschamps (Kléber), de Lesquin, à Saint-Paul-de-Serre, Dordogne.
Deschodt (Marcel), de Lille, à Saint-Paul-de-Serre, Dordogne.
Deslanguez (Henri), de Lille, à Saint-Paul-de-Serre, Dordogne.
Desmarets (Jules), de Marquette, à Tégrondes, Dordogne.
Desmedt (Emile), de La Chapelle-d'Armentières, à Aulttiac, Dordogne.
Desmul (Alphonse), de La Chap.-d'Armentières, à Milhac-d'Aubroche, Dord.
Desmul (Hector), de Croix, à Exideuil, Dordogne.
Desobry (Charles), de Roubaix, à Sérandon, Corrèze.
Desquiens (Léon), de Lille, à Négrondes, Dordogne.
Desreumaux (Jean), de Canteleu-Lomme, à Sainte-Eulalie-d'Ans, Dordogne.
Dessain (Emile), de Lille, à Saint-Paul-de-Serre, Dordogne.
Dessavage (Marcel), de Wasquehal, à Blis-et-Born, Dordogne.
Dessavage (Victor), Mouvaux, à Saint-Orse, Dordogne.
Destailleur, (Fernand), de Lille, à Soual, Tarn.
Destrain (Pierre), de Roubaix, à Antonne, Dordogne.
Desmoutiez (Marcel), de Lille, à Aulon, Creuse.
Destouches (Désiré), de Roubaix, à Reims, Marne.
Destrez (Mathilde), de Fourmies, à Donville-les-Bains, Manche.
Desmons (Constant), de Lille, à Cérences, Manche.
Deshayes (Victor), de Douai, à Trelly, Manche.
Desmarescaux (Gabriel), de Quesnoy-sur-Deule, à Coudeville, Manche.
Deschildre (Marcel), de Quesnoy-sur-Deule, à Coudeville, Manche.
Desmazières (André), de Fives, à Quettreville, Manche.
Desmittere (Constant), de Tourcoing, de Saint-Georges-de-Livoye, Manche.
Desbottes (Jules), de Lille, à Massaguel-Arfou, Tarn.
Desobey (Alfred), de Roubaix, à Cuq-Toulza, Tarn.
Descamps (Gaston), d'Halluin, à Poudis, Tarn.
Dété (Louis), de Lille, à Saint-Paul-de-Serre, Dordogne.

Deuvrilde (Emile), de La Madeleine, à Brantôme, Dordogne.
Devlaminck (Auguste), de Roubaix, à Biras, Dordogne.
Devred (Jules), de Waziers, à Blaye, Tarn.
Devriesère (Bénoni), de Tourcoing, à . . . , Dordogne.
Devroede (Edouard), de Lambersart, à Sainte-Orse, Dordogne.
Devhoger (Henri), de Roubaix, à Mesnil-Opac, Manche.
Devière (Robert), de Lille, à Mesnil-Opac, Manche.
Devaux (Emile), de Lille, à Cérences, Manche.
Devouge (Jeanne), de Recquignies, à Abilly, Indre-et-Loire.
Devonge (Georges), de Recquignies, à Abilly, Indre-et-Loire.
Devos (Jean), de Roubaix, à Dourgne, Tarn.
Devaux (Polydore), de Wattrelos, à Dourgne, Tarn.
Devred (Clémence) et fam., de Lewarde, à Sainte-Germaine, Tarn.
Dewatines (Arthur) et fam., de Maubeuge, à Azat-Châtenet, Creuse.
Dewilde (Louis), de Lille, à Gavray, Manche.
Dewispelaer (Alphonse), de Wasquehal, à Cérences, Manche.
Deyaut (Philomène) et enf., d'Hautmont, à Clergoux, Corrèze.
Dezwarte (Arthur) et fam., de Mons-en-Barœul, à St Denis-le-Vêtu, Manche.
Dhesse (Jules), de Fresnes, à Montmartin-sur-Mer, Manche.
Dhelin (Prosper), de Lille, à Saint-Martin-de-Cenilly, Manche.
Dhennien (Fortuné), de Seclin, à Cérences, Manche.
Dhennin (Jean-Baptiste), de Seclin, à Lingreville, Manche.
Dhont (Alexandre), de Roubaix, à Cressensac, Dordogne.
Dhooge (Charles), de Lille, à Ligueux, Dordogne.
Dhui (Albert), de Roubaix, à Gavray, Manche.
Dietrich (Auguste) et fam., de Lille, à Saint-Denis-le-Vêtu, Manche.
Diétrich (Philomène) et fam., de Mons-en-Barœul, à St-Denis-le-Vêtu, Manche.
Dienne (Fidéline) et enf., de Maubeuge, à Saint-Germain-Beaupré, Creuse.
Dinau (Philippe), de Fenain, à Saint-Hilaire-Luc, Corrèze.
Dobbels (Victor), de Lille, à Saint-Crépin-d'Auberoche, Dordogne.
Dochx (Julien), de Fives, à Saint-Martial d'Albarède, Dordogne.
Dollat (Léa), de Recquignies, à Lingreville, Manche.
Dollat (Arthur), de Recquignies, à Lingreville, Manche.
Dollat (Rosa), de Recquignies, à Lingreville, Manche.
Dolet (Eugène), d'Armentières, à Poulaines, Indre.
Dorchies (Abel), de Lille, à Preyssac-d'Exideuil, Dordogne.
Dorchies (Félix), de Lille, à Brouchaud, Dordogne.
Dorchies (Raymond), de Lille, à Lingreville, Manche.
Douchez (Gustave), de La Madeleine-les-Lille, de Sainte-Eulalie-d'Ans, Dord.
Donylliez (Marthe), de Maubeuge, à Vallon-sur-Gée, Sarthe.
Donyllíez (Jules), de Maubeuge, à Vallon-sur-Gée, Sarthe.
Doutrelent (Marie) et son frère, d'Armentières, à Turenne, Corrèze.
Dovillers (Léon) et fam., d'Abscon, au Garric, Tarn.
Driel (Louis), d'Hornaing, à Domjean, Manche.
Droesbeke (Henri), de Maubeuge, à Bazelat, Creuse.
Drocourt (Robert), de Lille, à Cressensac, Dordogne.
Drode (Jean), de Masny, à Domjean, Manche.
Droesbaut (Jean), de Tourcoing, au Mesnil-Aubert, Manche.
Droutey (Henri), de Lille, à Saint-Georges-de-Livoye, Manche.
Druelle (Achille), de Lille, à Milhac-d'Auberoche, Dordogne.
Drugemanne (Marie) et enf., de Sars-Poteries, à Fresselines, Creuse.
Drubigny (Joséphine) et enf., de Maubeuge, à Fresselines, Creuse.
Drugmann (Mme), de Jeumont, à Semblançay, Indre et-Loire.
Drugmann (Lucienne), de Jeumont, à Semblançay, Indre-et-Loire.
Drumont (Henri), de Gravelines, à Montmartin-sur-Mer, Manche.
Dubois (Julien), de Lille, à Ligueux, Dordogne.
Dubois (Paul), de Saint Amand, à Agonac, Dordogne.
Dubois (Robert), de Loos, à Milhac-d'Auberoche, Dordogne.
Dubois (Jules), de Saint-Amand, à Saint-Crépin-d'Auberoche, Dordogne.
Dubois (Emile), de Roubaix, à Sainte-Orse, Dordogne.
Dubois (Fernand) et fam., d'Onnaing, à Saint-Paul, Corrèze.
Dubois (Rémy), de Lille, à Saint-Merd de Lapleau, Corrèze.
Dubouisson (Edwina) et enf., de Ferrière-la-Grande, à Vineuil, Loir-et-Cher.
Dubrulle (Désiré), de La Bassée, à Laguenne, Corrèze.
Dubut (Louis), de Roubaix, à Jonrniac-d'Ans, Dordogne.
Dubeaurepaire (Rachel), de Wignehies, à Reims, Marne.
Dubocage (Alfred) et fam., de Denain, à St-Silvain-Bellegarde, Creuse.
Dubrulle (Victor), d'Aubry, à Gavray, Manche.
Dubrulle (Jules), d'Aubry, à Gavray, Manche.
Dubrulle (Fernand), de La Madeleine, à Gavray, Manche.
Duburt (Louis) et fam., d'Annœullin, à Saint-Senoch, Indre-et-Loire.
Dubus (Marcel) et fam., de Lille, à Albi, Tarn.
Dubois (Louise) et enf., de Maubeuge, à Saint-Sever, Landes.
Dubois (Léon), de Maubeuge, à Saint-Sever, Landes.
Dubo (Georges), de Lille à Cérences, Manche.
Duchatel (Jules), de Tourcoing, à Brantôme, Dordogne.
Ducoin (Raoul), de Lille, à Milhac-d'Auberoche, Dordogne.
Ducourant (Maurice), de Lille, à Vallon-sur-Gée, Sarthe.
Duée (Anatole), de Fresnes, à Montmartin-sur-Mer, Manche.
Duée (Myrtil), de Fresnes, à Montmartin-sur-Mer, Manche.
Duformont (Henri), d'Hem-Petit-Lannoy, aux Granges-d'Ans, Dordogne.
Duforez (Adrien), de Lille, à Fossemagne, Dordogne.
Dufour (Albert), de Seclin, à Saint-Paul, Corrèze.
Dufour (Jean-Baptiste), de Montigny-en-Gohelle, à Exideuil, Dordogne.
Dufrenoy (Marcel), de Lille, à Sorèze, Tarn.
Dufresne (Georges), de Mouvaux, à Sainte-Marie-de-Chignac, Dordogne.
Duflos (Achille), de Frelinghien, à Sartilly, Manche.
Dufuur (Charles), de Lille, au Guislain, Manche.
Dugardin (Norbert), de Faches, à Saint-Paul-de-Serre, Dordogne.
Dugauguier (Pierre), de Tourcoing, à Saint-Pierre-de-Chignac, Dordogne.
Duhamel (Charles), de Lomme, à Sainte-Eulalie-d'Ans, Dordogne.
Dujardin (Marcel), de Lille, à Sainte-Marie-de-Chignac, Dordogne.
Dujardin (Marcel), de Lille, à Milhac-d'Auberoche, Lordogne.
Dujardin (Henri), de Lille, à Sainte-Marie-de-Chignac, Dordogne.
Dujardin (Henri), de Seclin, à Cérences, Manche.
Dujardin (Pierre), de Bavai, à Saint-Loup, Manche.
Dumoulin (Louis) et fam., de Lille, à Saint-Paul, Corrèze.
Dumoulin (François), de Lille, à Saint-Martial-d'Albarède, Dordogne.
Dumas (Joséphine) et fam., de Maubeuge, à Fresselines, Creuse.
Dumont (Charles) et fam., de Denain, à Tours, Indre-et-Loire.
Dumoulin (Henri), de Santes, à Notre-Dame-de-Cenilly, Manche.
Dumez (Fernand), de Roubaix, au Mesnil-Aubert, Manche.
Dumortier (Paul) d'Armentières, à Quettreville, Manche.
Dumont (Marie), de Jeumont, à Bossay, Indre-et-Loire.
Dumont (Rachel), de Jeumont, à Bossay, Indre-et-Loire.
Dumont (Edouard), de Jeumont, à Bossay, Indre-et-Loire.
Dupriez (Eloi) et son épouse, de Denain, à Blaye, Tarn.
Dupuich (Toussaint), de Roubaix, à Négronde, Dordogne.
Dupuis (Gaston), de Douai, à Saint-Paul-de-Serre, Dordogne.
Dupuis (Léopold), de Denain, à Saint-Paul-de-Serre, Dordogne.
Duponchelle (Jules), de Quesnoy-sur-Deule, à Gavray, Manche.
Duprez (Henri), de Comté (la), à Lingreville, Manche.
Dupriez (Marcel), de Denain, à Domjean, Manche.
Dupont (Charles), de Saint-Wast, à Saint-Urcisse, Tarn.
Dupuy (Arsène), de Lallaing, à Berthoumieu-Jacquet, Tarn.
Dupuis (Arthur) et fam., de Jeumont, au Grand-Pressigny, Indre-et-Loire.
Dupagny (Fernand), de Tourcoing-Blanc-Seau, à Exideuil, Dordogne.
Duponchelle (Louis) et enfant, de Ronchin, à Saint-Paul, Corrèze.
Dupont (Martial), d'Armentières, à Saint-Pierre-de-Chignac, Dordogne.
Dupont (Louis), de Sin-le-Noble, à Fossemagne, Dordogne.
Duquesne (Emile), de Tourcoing, à Exideuil, Dordogne.
Duquesnoy (Pierre), d'Armentières, à Saint-Germain-des-Pres, Dordogne.
Duriez (Edouard), de Seclin, à Saint-Sauveur-la-Pommeraye, Manche.
Duriez (Eugène), de Seclin, à Saint-Sauveur-la-Pommeraye, Manche.
Durut (Edmond), de Denain, à Gavray, Manche.
Duriez (Marie), de Liévin, à Beaumont-en-Véron, Indre-et-Loire.
Dussart (Camille), de Sin-le-Noble, à Saint-Merd-de-Lapleau, Corrèze.
Dussart (Joséphine) et enf., de Sin-le-Noble, à Ussel, Corrèze.
Dussart (Jules), d'Auzin, à Agonac, Dordogne.
Dusautoir (Albert), de Fives-Lille, à Agonac, Dordogne.
Dutien (François), de Lille, à Agonac, Dordogne.
Dutilleul (Louis), de Phalempin, à Preyssac-d'Exideuil, Dordogne.
Dutilleul (Henri) et fam., de Fenain, à Saint-Hilaire-Luc, Corrèze.
Dutry (Louis), de Tourcoing, à Ligueux, Dordogne.
Duthoit (Alfred) et épouse, de Quesnoy-sur-Deule, à Lempaut, Tarn.
Dutois (Paul), de Templemar, à Niort, Deux-Sèvres.
Dutordoir (Georges), de Lille, à Gavray, Manche.
Duthilleul (Albert), de Lille, à Gavray, Manche.
Dutrieux (Eugène), de Lille, à Cérences, Manche.
Dutilleul (Eugène), de Lille, à Dourgne, Tarn.
Duthoit (Achille), de Pérenchies, à Dourgne, Tarn.
Dutailly (Catherine), de Lens, à Lignières, Indre et-Loire.
Duvivier (François) et épouse, de Saint-Amand, à Sorèze, Tarn.
Duytschaever (Ive), de Lille, à Cérences, Manche.
Duytschaever (Marceau), de Lille, à Cérences, Manche.
Élise (Coralie), de Bauvin, à Montrésor, Indre-et-Loire.
Espelle (Clément), d'Helesme, à Belleserre, Tarn.
Facaud (Henri), de Lille, à Cérences, Manche.
Fack (Henri), de Fives-Lille, à Saint-Martin la-Méane, Corrèze.
Fache (Eugénie) et ses enf., d'Armentières, à Segonzac, Corrèze.
Facqueur (Robert), de La Madeleine, à Sorèze, Tarn.
Fagues (Théodore), de Lille, à Saint-Nicolas-des-Bois, Manche.
Faisant (Charles), de Lille, au Mesnil-Aubert, Manche.
Faisant (Alphonse), de Lille, au Mesnil-Aubert, Manche.
Fardoux (Elie), de Fives-Lille, à Saint-Paul-de-Serre, Indre-et-Loire.
Farénean (Narcisse), de Hornaing, à Domjean, Manche.
Farineau (Pauline), de Sin-le-Noble, à Gy-les-Nonains, Loiret.
Fassin (Jean), de Roubaix, à Granges-d'Ans, Dordogne.
Fassiaux (Eugène), de Lille, à Agonac, Dordogne.
Fato ıx (Julia), de Liévin, à Manthelan, Indre-et-Loire.
Fauconier (Jean), de Lille, à Milhac-d'Auberoche, Dordogne.
Fauvargue (François) et son épouse, de Roubaix, à Pechendier, Tarn.

Fauqueux (Désiré) et fam., de Sin-le-Noble, à Neuilly-le-Brignon, Indre-et-L.
Fauqueux (Madeleine) et fam., de Sin-Noble, à Neuilly-Brignon, Indre-et-Loire.
Favier (Gustave), de Lille, à Cérences, Manche.
Favorelle (Henri), de Roubaix, à Ligueux, Dordogne.
Favier (Louis) et son épouse, de Lille, à La Salle, Tarn.
Favorel (Emile), de Wattrelos-la-Plume, à Dourgne, Tarn.
Favry (Albert), du Cateau, à Montmartin-sur-Mer, Manche.
Fayen (Rémy), de Lille, à Saint-Pierre-de-Chignac, Dordogne.
Froment (Fernande), de Recquignies, à Abilly, Indre-et-Loire.
Ferret (Jules), de Tourcoing, à Saint-Paul-de-Serre, Dordogne.
Feys (Georges), d'Armentières, à Cérences, Manche.
Fiévet (Jean), de Lille, à Exideuil, Dordogne.
Filleur (Alma), de Feignies, à Saint-Malo, Ille-et-Vilaine.
Filleux (Florentine) et enf., de Maubeuge, à Peyrol, Tarn.
Filleux (Elise) et enf., de Maubeuge, à Peyrol, Tarn.
Filleur (Eugène), de Maubeuge, à Joué-lès-Tours, Indre-et-Loire.
Fin (Joseph) et son épouse, de Quesnoy-sur-Deule, à Lempaut, Tarn.
Finet (Louise) et enf., de Maubeuge, à La Souterraine, Creuse.
Fissot (Julien), de Lille, à Milhac-d'Auberoche, Dordogne.
Flament (Jules), d'Houplines, à Ségalas, Lot-et-Garonne.
Flambry (Alexandre), de Tourcoing, à Arnac-Pompadour, Corrèze.
Flandrin (Eugène), de Liévin, à Mouzay, Indre-et-Loire.
Fleurquin (Louis), de Masny, à La Chapelle-en-Juger, Manche.
Florent (Achille), de Roubaix, à Cérences, Manche.
Fluquin (Flore), d'Armentières, à Ségonzac, Corrèze.
Fluquin (Vve), d'Armentières, à Ségonzac, Corrèze.
Follin (Albert), de Lille, aux Cresnays, Manche.
Fontaine (Paul), de Caudry, à Saint-Malo, Ille-et-Vilaine.
Fontaine (Paul), de Caudry, à Saint-Malo, Ille-et-Vilaine.
Fontaine (Jules), de Saint-Amand, à Quettreville.
Forget (Victor), de Lille, à Gavray, Manche.
Fouache (Emile), de Lallaing, à Saint-Sauveur-la-Pommeraye, Manche.
Foucaut (Honorine), de Liévin, à Loché-s.-Indrois, Indre-et-Loire.
Foucart (Bernardine) et enf., de Maubeuge, à St-Germ.-Beaupré, Creuse.
Fouchard (Léon), de Lille, à Cérences, Manche.
Foulon (Arnold), de Lille, à Gavray, Manche.
Fourdrin (Robert), de Lallaing, à Saint-Sauveur-la-Pommeraye, Manche.
Fourmarie (Suzanne), de Jeumont, à Tournon-Saint-Pierre, Indre-et-Loire.
Fourmarie (Denise), de Jeumont, à Tournon-Saint-Pierre, Indre-et-Loire.
Fostier (Thérèse), de Fleury, à Tours, Indre-et-Loire.
Fostier (Jean), de Fleury, à Tours, Indre-et-Loire.
Fostier (Cécile), de Fleury, à Tours, Indre-et-Loire.
Francard (Emile), de Marpent, à Montmartin-sur-Mer, Manche.
Francard (Léontine), de Marpent, à Montmartin-sur-Mer, Manche.
François (Adolphe), de Loos-lez-Lille, à Saint-Martin-la-Méane, Corrèze.
Frank (Jean), de Willies, à Quettreville, Manche.
Frémeaux (Augustine), de Lille, aux Cresnays, Manche.
Frémaux (Gustave), de Lille, à Agonac, Dordogne.
Fremaux (Louis), de Lille, à Ligueux, Dordogne.
Frère (Lucien), d'Aniche, à Saint-Germain-Beaupré, Creuse.
Frémont (Emile), de Valenciennes, à Macey, Manche.
Frechon (Edouard), de Ronchin, à Trelly, Manche.
Fréolle (Louis), d'Aubry, à Castillonnès, Lot-et-Garonne.
Galliaert (Achille), d'Houplines, à Gavray, Manche.
Gali (Abel), de Lille, à Sainte-Marie-de-Chignac, Dordogne.
Gambier (Irma), de Douai, à Esves-le-Moutier, Indre-et-Loire.
Gambier (Marceau), de Douai, à Esves-le-Moutier, Indre-et-Loire.
Gamez (Euphémie), de Marpent, à Abilly, Indre-et-Loire.
Gamez (Zoé), de Marpent, à Abilly, Indre-et-Loire.
Gammelieu, de Watrelos, à Agen, Lot-et-Garonne.
Gand (Eugène de), de Lille, à Gavray, Manche.
Gautier (Léon), de Villers-Outreaux, à Tours, Indre-et-Loire.
Gautier (Maria), de Villers-Outreaux, à Tours, Indre-et-Loire).
Gautier (Albert), de Villers-Outreaux, à Tours, Indre-et-Loire.
Gaspard (Jules), de Roost-Warendin, à Agen, Lot-et-Garonne.
Gdienck (Théodore), de Lille, aux Cresnays, Manche.
Gellez (Paul), de Sin-le-Noble, à Quettreville, Manche.
Gellez (André), de Sin-le-Noble, à Quettreville, Manche.
Genard (Emile), de Cartignies, à Prada-en-Comblessac, Ille-et-Vilaine.
Génard (Ernest), de Cartignies, à Prada-en-Comblessac, Ille-et-Vilaine.
Gengembre (Emile), de Gondecourt, à Dourgne, Tarn.
Gentilhomme (Maurice), d'Armentières, à Sorges, Dordogne.
Georges (Léon), de Rosières, à Saint-Martin-la-Méane, Corrèze.
Gérard (Louise) et fam., d'Avesnes-Aubert, à St-Aubin-Terregatte, Manche.
Gérard (Laurence) et fam., d'Avesnes-Aubert, à St-Aubin-Terregatte, Manche.
Gérard (Fidèle), d'Erre, à Domjean, Manche.
Gers (Charles), d'Hellemme Lille, à Milhac-d'Auberoche, Dordogne.
Gheerolfs (Charles), de Lille, à Troisgots, Manche.
Ghelem (Ferhat), d'Hénin-Liétard, à Damiatte, Tarn.
Ghysels (Marie) et enf., de Loos, à Felletin, Creuse.
Giffaut (Emile), de Cambrai, à Rennes, Ille-et-Vilaine.
Gilain (Georges), de Roubaix, à Antonne, Dordogne.
Gillade (Elisa), de Loos, à Aubusson, Creuse.
Gille (Jules), de Quesnoy-sur-Deule, à Arnac-Pompadour, Corrèze.
Gilliard (Julia), de Louvignies-Bavai, à Mézières-lès-Cléry, Loiret.
Gillion-Hardy (Juliette), de Trélon, à Saint-Malo, Ille-et-Vilaine.
Gillioen (Albert), de Tourcoing, à Saint-Martin-de-Cenilly, Manche.
Gilotaux (Pauline), de Fourmies, à Tours, Indre-et-Loire.
Gillot (Fernand), de Recquignies, à Abilly, Indre-et-Loire.
Glasser (Charles), de Roubaix, à Cérences, Manche.
Glineur (Fernand), de Lille, à Quettreville, Manche.
Glorie (Charles), de Lille, à Sartilly, Manche.
Glorieux (Emile), de Roubaix, à Granges-d'Ans, Dordogne.
Glorieux (Henri), de Roubaix, à Saint-Crépin-d'Auberoche, Dordogne.
Gobeaux (Henri), de Lille, à Journiac-d'Ans, Dordogne.
Gobert (Raymond), de Lille, à Preyssac-d'Exideuil, Dordogne.
Godefroy (Constans), de Lille, à Saint-Pierre-de-Chignac, Dordogne.
Goesels (Raymond), de Mouveaux, à Cérence, Manche.
Goedertier (Raymond), de Loos, à Felletin, Creuse.
Goeminne (Charles), de Lille, à Notre-Dame-de-Cenilly, Manche.
Goitra (Eugène), d'Aniche, à Latronche, Corrèze.
Gouillard (Eugène), de Lille, à Saint-Orse, Dordogne.
Gossart (Constant), de Dechy, à Saint-Merd-de-Lapleau, Corrèze.
Gosse (Louis), de Bourbourg, à Quettreville, Manche.
Gottignies (Jeanne) et enf., d'Haumont, à Neuvic, Corrèze.
Goubet (Octave), de Lille, à Saint-Martin-la-Méane, Corrèze.
Goulière (Lucien), d'Aniche, à Domjean, Manche.
Goulière (Louis), d'Aniche, à Domjean, Manche.
Goulière (Armand), d'Aniche, à Domjean, Manche.
Gouwy (Clémence), de Salomé, à Parisot, Tarn.
Grad (Marie-Louise), d'Armentières, à Ségonzac, Corrèze.
Grave (Victor), d'Houplines, à Gavray, Manche.
Grand (Joseph), de La Gorgue, à Lempaut, Tarn.
Grégoire (Paul), de Saint-André, à Quettreville, Manche.
Grégoire (Marie), de Recquignies, à Barrou, Indre-et-Loire.
Grégoire (Albine), de Recquignies, à Barrou, Indre-et-Loire.
Grenet (Jules), de Marcq-en-Barœil, au Guislain, Manche.
Grinear (André), de Denain, à Saint-Martial-d'Albarède, Dordogne.
Grodecœur (Henri), de Raismes, à Lingreville, Manche.
Guédin (Charles), de Lille, à Sorgues, Dordogne.
Guémard (Henri), de Pont-de-Marcq, à Montmartin-sur-Mer, Manche.
Guédin (Auguste), de Lille, à Agen, Lot-et-Garonne.
Guépin (Hippolyte), de Ferrière-la-Grande, à Parisot, Tarn.
Guidé (Albert), de Lille, à Antonne, Dordogne.
Guidez (Edmond), de Cambrai, à Longuyon, Dordogne.
Guillaume (Louis), de Sous-le-Bois, à Bazelat, Creuse.
Guidez (Léon), de Denain, à Domjean, Manche.
Guidez (Octave), de Denain, à Cérences, Manche.
Guillermo (Jean-Louis), de Tourcoing, à Cérences, Manche.
Guillery (Moïse), de Lille, à Troisgots, Manche.
Guille (Catherine), de Marpent, à Montmartin-sur-Mer, Manche.
Guille (Clémentine), de Marpent, à Montmartin-sur-Mer, Manche.
Guilluy (Henri), de Seclin, à Saint-Sauveur-la-Pommeraye, Manche.
Guilly (Emile) et enf., de Gondecourt, à Dourgne, Tarn.
Guyse (Florent), de Lille, à Saint-Paul-de-Serre, Dordogne.
Fréhaut (Edmonde) et enf., de Douai, à Marcillac-la-Croisille, Corrèze.
Frézier (Antoni), de Lille, à Clergoux, Corrèze.
Friquet (André) et fam., de Cambrai, à Saint-Etienne-de-Fursac, Creuse.
Froidevaux (Victorine), de Jeumont, à Barrou, Indre-et-Loire.
Froment (Louise), de Recquignies, à Abilly, Indre-et-Loire.
Froment (Arthur), de Tourcoing, au Mesnil-Aubert, Manche.
Fruchart (Julien), de Lille, à Cressensac, Dordogne.
Hageman (Louis), de Lille, à Saint-Pierre-de-Chignac, Dordogne.
Halloin (Charles), de Denain, à Argentré-du-Plessis, Ille-et-Vilaine.
Hanon (Marie), de Maubeuge, à Joué-lès-Tours, Indre-et-Loire.
Hanon (Marie), de Maubeuge, à Joué-lès-Tours, Indre-et-Loire.
Happe (Marguerite) de Béthencourt, à Saint-Loup, Manche.
Happe (Ildefonse), de Béthencourt, à Saint-Loup, Manche.
Happe (Albert), de Béthencourt, à Saint-Loup, Manche.
Hardy (Emile), de Trélon, à Saint-Malo, Ille-et-Vilaine.
Hardy (Raymond) et fam., de Douzy, à Peyrol, Tarn.
Hassel-Weiler (Marceau), de Lille, à Gavray, Manche.
Hébert (Adeline), de Trélon, à Saint-Malo, Ille-et-Vilaine.
Hébert (Louis), de Valenciennes, à Montmartin-sur-Mer, Manche.
Hedbaut (Adolphe), d'Hornaing, à Domjean, Manche.
Heersseman (Charles), d'Armentières, à Fréjeville, Tarn.
Héliot (Jeanne), de Lourches, au Grand-Pressigny, Indre-et-Loire.
Helle (Gaston), d'Erre, à Domjean, Manche.
Hemez (Louis) et enf., d'Hasnon, à Naves, Corrèze.
Hemon (Marceau), de Lille, à Agonac, Dordogne.
Henbel (Clotilde) et enf., d'Esquerchin, à Lugan, Tarn.
Hénin (Louis), d'Armentières, à Cuves, Manche.

Hennebique (Maurice), d'Armentières, à Milhac-d'Auberoche, Dordogne.
Hennequin (Georges), de Lille, à Brouchaud, Dordogne.
Hennion (Louis), de Wambrechies, à Saint-Martin-de-Cenilly, Manche.
Hennion (Emile), de Wambrechies, à Saint-Martin-de-Cenilly, Manche.
Henry (Léon), de Tourcoing, à Clergoux, Corrèze.
Henry (Julie), d'Hautmont, à Laroche-Canillac, Corrèze.
Henry (Victor), de Lourches, à Villeloin-Coulangé, Indre-et-Loire.
Henry (Victor), de Lourches, à Villeloin-Coulangé, Indre-et-Loire.
Herbaux (Louis), de Roubaix, à Saint-Paul-de Serre, Dordogne.
Herlant (Joseph), de Douai, à Cuves, Manche.
Herman (Edouard), de Tourcoing, au Mesnil-Aubert, Manche.
Herpoel (Henri), de Fives-Lille, à Brantôme, Dordogne.
Herlemont (Paul), de Roubaix, à Cérences, Manche.
Herzel (Catherine) et enf., de Gognies-Chaussée, à Romorantin, L.-et-Cher.
Heslain (Raoul), de Marpent, à Lingreville, Manche.
Hespel (Albert), de Wattrelos, à Lempaut, Tarn.
Hespel (Charles), de Lille, à Saint-Crépin-d'Amberock, Dordogne.
Hette (Victor), de Lille, à Sainte-Eulalie-d'Ans, Dordogne.
Heumel (Honoré), de Roubaix, à Lempaut, Tarn.
Heyndricke (Fernand), de Lille, à Michac-d'Auberoche, Dordogne.
Holbecq (Arthur) de Wambrechies, à Saint-Martin-de-Cenilly, Manche.
Holbecq (Gaston), de Wambrechies, à Saint-Martin-de-Cenilly, Manche.
Holmart (Louise) et enf., d'Houplines, à Turenne, Corrèze.
Holmart (Henri) et enf., d'Armentières, à Turenne, Corrèze.
Holmart (Charles) et fam., d'Armentières, à Turenne, Corrèze.
Honoré (Jules), de Tourcoing, à Ligueux, Dordogne.
Houzé (Henri), de Lille, à Exideuil, Dordogne.
Hoogstoel (Louis), de Loos, à Negrondes, Dordogne.
Hoornaert (Jérome), de Roubaix, à Sorèze, Tarn.
Hornaert (Léonard), de Marquette, à Mayac, Dordogne.
Hornelis (Albert), de Roubaix, à Cérences, Manche.
Houet (Zéphir) et fam., de Maubeuge, à Hocquigny, Manche.
Houriez (Auguste), de Douai, à Domjean, Manche.
Houriez (Marcel), d'Iwuy, à Gressensac, Dordogne.
Houvenaghel (René), de La Madeleine, à Saint-Paul-de-Serre, Dordogne.
Houzé (Alphonse), de Lille, à Brantôme, Dordogne.
Houzet (Lucien), de Roubaix, au Guislain, Manche.
Hoyer (Emilia) et fam., d'Hautmont, à Clergoux, Corrèze.
Huart (Arcadie), de Fresnes, à Ceyroux, Creuse.
Huart (Paul) et fam., de Somain, à Rosières, Tarn.
Huart (François) et fam., de Somain, à Rosières, Tarn.
Hubert (Suré), de La Bassée, à Beaulieu, Indre-et-Loire.
Hubert, de La Bassée, à Beaulieu, Indre-et-Loire.
Hubert (Charles), de Trith-St-Léger, à Saint-Paul-de-Serre, Dordogne.
Hugne (Georges), de Roubaix, à Limeyrat, Dordogne.
Huon (Jean-Baptiste), de Raismes, à Saint-Urcisse, Tarn.
Hus (Léon), de Tourcoing, au Mesnil-Aubert, Manche.
Huséon, de Tourcoing, au Mesnil-Aubert, Manche.
Husson (Lucien), de Maubeuge, à Saint-Pardoux-Lavaud, Creuse.
Huvannez (Maurice), de Roubaix, à Cérences, Manche.
Huvel (Alfred), de Bruay-sur-Escaut, au Mesnil-Aubert, Manche.
Huyge (Georges), de Roubaix, à Sainte-Eulalie-d'Ans, Dordogne.
Huyghe (Charles), de Lille, aux Gresnays, Manche.
Huys (Charles), de Tourcoing, à Limeyrat, Dordogne.
Impe (Guillaume), de Lille, à Saint-Nicolas-des-Bois, Manche.
Impens (Maxime), de Roubaix, au Guislain, Manche.
Inkermann (Sévère), de Roubaix, à Lempaut, Tarn.
Isaac (Isidore), de Lille, à Montgardon, Manche.
Jacquemart (Clotilde) et fam., de Lourches, au Grand-Pressigny, I.-et-L.
Jacquemert (Achille), de St-Amand-les-Eaux, à Villeneuve-s.-Conie, Loiret.
Jacquemert (Désiré), de St-Amand-les-Eaux, à Villeneuve-s.-Conie, Loiret.
Jadem (André), de La Madeleine, à Saint-Pierre-de-Chignac, Dordogne.
Janson (Alfred), de Flers, à Tourtoirac, Dordogne.
Jupart (Jean-Baptiste), d'Auchy, à Dourgne, Tarn.
Jeannot (Joséphine) et enf., de Beauvois, à Niort, Deux-Sèvres.
Jettroder (Edouart), de Lille, à Anlhiac, Dordogne.
Jerint (Arthur), de Jeumont, à Cérences, Manche.
Joachim (Georges), de Lille, à Cérences, Manche.
Joffroy (Fernand), de Lille, à Cérences, Manche.
Joseph (Henri), de Tourcoing, à Gavray, Manche.
Joseph (Edmond), de Lallaing, à Saint-Sauveur-la-Pommeraye, Manche.
Juniaux (Marie) et enf., de Viesly, à Saint-Malo, Ille-et-Vilaine.
Keersbilck (Alfred), de Lille, à Saint-Martin-la-Méane, Corrèze.
Kerckhof (Victor), de Lille, à Sartilly, Manche.
Kerstock (Auguste), de Fives, à Chanteloup, Manche.
Kesteloot (Léon), de Neuville-en-Ferrain, à St-Pierre-de-Chignac, Dordogne.
Kestelot (Aimé), de Roubaix, à Brantôme, Dordogne.
Kindler-Thibaut (Adèle), de Trélon, à Saint-Malo, Ille-et-Vilaine.
Klerig (Christophe), de Roubaix, à Saint-Germain-des-Prés, Dordogne.
Kobecke (Marie) et enf., de Maubeuge, à Douzies, Creuse.
Knudde (Fortuné), de Tourcoing, au Mesnil-Aubert, Manche.

Labaye (Alfred), de Thumesnil, à Saint-Paul-de-Serre, Dordogne.
Lacquemanne (Léon), d'Anzin, à La Chapelle-en-Juger, Manche.
Lacroix (Palmyre) et fam., de Maubeuge, à Masnau, Tarn.
Ladent (Numa), de Sin-le-Noble, à Cy-les-Nonains, Loiret.
Laffez (Alphonse), de Lille, à Clergoux, Corrèze.
Laganc (Pierre), de Valenciennes, à Quettreville, Manche.
Lagae (Louis), d'Armentières, à Naves, Corrèze.
Lallier (Albert), de Glageon, à Lusigny, Aube.
Lalo (Edouard), de Lézennes, à Lampaut, Tarn.
Lalau (Fleury), de Lille, à Pécheudier, Tarn.
Lallemand (Louis), de Lille, à Saint-Nicolas-des-Bois, Manche.
Lallemand (Paul), de Santes, à Brantôme, Dordogne.
Lamézant (Auguste), d'Armentières, à Gavray, Manche.
Lambert (Henri), de Roubaix, à Trilly, Manche.
Lammens (Jean-Baptiste), de Lille, à Saint-Nicolas-des-Bois, Manche.
Lampe (Fernand), de Lille, à Cérences, Manche.
Lansel (Edouard), de Fives-Lilles, à Cérences, Manche.
Lunsiaux (Emile), d'Aniche, à Domjeau, Manche.
Landersy (Paulin), d'Onnaing, à Saint-Martin-la-Méane, Corrèze.
Landrecies (Elisa), de Jeumont, à Saint-Martin-de-Cenilly, Manche.
Landas (Georges) et fam., d'Hasnon, à Vallon-sur-Gée, Sarthe.
Lannoy (Louis) et épouse, de Lourches, à Montgey, Tarn.
Lamine (Lucien) et fam., de Lille, à Saint-Paul, Corrèze.
Lantoine (Mme) et enf., d'Auchies-la-Bassée, à Bourganeuf, Creuse.
Langrand (Daniel), de Tourcoing, à Saint-Paul-de-Serre, Dordogne.
Landuyt (Jules), de Fives-Lille, au Temple-Laguyon, Dordogne.
Largepret (Emile), de Bruay, à La Chapelle-en-Juger, Manche.
Larose (Emilie) et enf., de Maubeuge, à Fresselines, Creuse.
Lasselin (Joseph), de Wallers, à Quettreville, Manche.
Lasseille (Gaston), de Lille, à Quettreville, Manche.
Latinus (Emile), d'Escautpont, au Mesnil-Aubert, Manche.
Latour (Charlotte) et fam., de Maubeuge, à Masnau, Tarn.
Lausman (Alphonse), de Valenciennes, à Saint-Urcisse, Tarn.
Laurent (Léon), d'Avelin, à Dourgne, Tarn.
Laurent (Victorine) et enf., de Feignies, à Saint-Malo, Ille-et-Vilaine.
Laurent (Gustave), de Lille, à Agonac, Tarn.
Laurent (Augustin), de Wahagnies, à Granges-d'Ans, Dordogne.
Lauwerysen (Jean), de Marcq-en-Pevèle, à Felletin, Creuse.
Lava (Charles), de Roncq, à Cérencey, Manche.
Lavoisey (Alphonse), de Lannoy, à Brantôme, Dordogne.
Leblanc (Augustin), de Lille, à Journiac-d'Ans, Dordogne.
Leboucq (Charles), d'Anzin, à La Chapelle-en-Juger, Manche.
Lebrun (Jules), de Santes, à Notre-Dame-de-Cenilly, Manche.
Leclerq (Théodore) et fam., de Saint-Amand, à Belleserre, Tarn.
Leclercq (Agathe) et fam., de Saloiné, à Parisot, Tarn.
Lecène (Albert), d'Hélesme, à Belleserre, Tarn.
Lecocq (Henri), d'Herrin, à Quettreville, Manche.
Lecomte (Alphonse), de Roubaix, à Cérences, Manche.
Leclercq (Ernest), de Tourcoing, au Mesnil-Aubert, Manche.
Leclerc (Victor), de Tourcoing, à Gavray, Manche.
Leclercq (Henri) et épouse, de Lille, à Saint-Hilaire-Luc, Corrèze.
Leclercq (Jean) et épouse, de Tourcoing, à Clergoux, Corrèze.
Leclercq (Célina) et enf., d'Hautmont, à Clergoux, Corrèze.
Lecoy (Henri), de Lille, à Saint-Trie, Dordogne.
Leclercq (Marcel), de Wattrelos, à Brantôme, Dordogne.
Lecat (Gustave), de Croix, à Saint-Paul-de-Serre, Dordogne.
Lecoun (Jacques) et épouse, de Roubaix, à Lempaut, Tarn.
Leclerc (Rosalie), de Sommaing, à Sorèze, Tarn.
Lecouffe (Clotaire), d'Auberchicourt, à Courtencey, Deux-Sèvres.
Ledin (Henri), de Valenciennes, à Gavray, Manche.
Ledure (Vincent), de Roubaix, à Quettreville, Manche.
Ledieu (Marguerite), de Trélon, à Saint-Malo, Ille-et-Vilaine.
Lefebvre (Jean), d'Aniche, à Lolif, Manche.
Lefèvre (Victor), de Roubaix, à Lingreville, Manche.
Lefils (Marcel), de Lille, à Cérencey, Manche.
Lefebvre (Lucien), du Lille, à Trelly, Manche.
Lefèvre (Louise) et enf., de Maubeuge, à Montredon-Labessonnié, Tarn.
Lefebvre (Jean-Baptiste) et épouse, de Lallaing, à Saint-Germain, Tarn.
Lefebvre (Gery) et épouse, de Douchy, à Montgey, Tarn.
Lefèvre (Théodore), de Lille, à Niort, Deux-Sèvres.
Lefort (Henri), d'Hellemmes-lez-Lille, à Chatelus-le-Marcheix, Creuse.
Lefebvre (Jules), de Lambersart-les-Lille, à St-Etienne-de-Fursac, Creuse.
Lefebvre (Henri), de Roubaix, à Granges-d'Ans, Dordogne.
Lefebvre (Clément), de Tourcoing, à Saint-Paul-de Serre, Dordogne.
Lefèvre (Alphonse), de Roubaix, à Saint-Pierre-de-Chignac, Dordogne.
Léger (Eugène), de Roubaix, à Gavray, Manche.
Legrand (Jules), de Rousies, à Laroche-Canillac, Corrèze.
Legrand (Emile), de Trith-Saint-Léger, à Ladon, Loiret.
Légeat (Antoine), de Maubeuge, à Saint-Etienne-de-Fursac, Creuse.
Lehoucq (Jules), de Quesnoy-sur-Deule, à Coudeville, Manche.
Leighes (Gustave), de Marquette, à Gavray, Manche.

Leignel (Modeste), de Lille, à Dourgne, Tarn.
Lejeune (Jean), de Waziers, à Vergt, Dordogne.
Lejosne (Charles), de Roubaix, à Vallon-sur-Gée, Sarthe.
Lelieux (Alfred), de Lille, à Carolles, Manche.
Leleu (Louis) et épouse, de Guesnain, à Saint-Germain, Tarn.
Leleu (Georges), de Lille, à Ligueux, Dordogne.
Leleu (Oscar), de Pérenchies, à Ligueux, Dordogne.
Leleu (Raymond), de Tourcoing, à Saint-Paul-de-Serre, Dordogne.
Lelièvre (Louis), d'Haubourdin, à Agonac, Dordogne.
Leleu (Augustin), de Glageon, à Vineuil, Loir-et-Cher.
Leleu (Augustin), de Glageon, à Vineuil, Loir-et-Cher.
Lelièvre (Pauline) et enf., de Louvil, à Labruguière, Tarn.
Leleu (Simonne), de Guesnain, à Damiatte, Tarn.
Lemaire (Fernand), de Lille, à Granges-d'Ans, Dordogne.
Lempereur (Fernand), de Trith-Saint-Léger, à Vergt, Dordogne.
Lemahieu (César), de Comines, à Pempaut, Tarn.
Lemaître (Jules), de Roubaix, à Gavray, Manche.
Lemaire (Maurice), de Mouvaux, à Lingreville, Manche.
Lemaire (Victor), d'Houplines, à Cérences, Manche.
Lemaître (Louis), de Dechy, à Gavray, Manche.
Lemoine (François), de Maing, à Cuq-Toulza.
Lemoine (Rolland), de Raismes, à Saint-Urcisse, Tarn.
Lemoine (Virgille) et fam., de Raismes, à Saint-Urcisse, Tarn.
Lemaire (Ismaël), de Maubeuge, à Beaumont-sur-Néron, Indre-et-Loire.
Lemaire (Jules), du Quesnoy-sur-Deule, à Lempaut, Tarn.
Lemaise (François), de Quesnoy-sur-Deule, à Lempaut, Tarn.
Lemain (Louis), de Quesnoy-sur-Deule, à Lempaut, Tarn.
Lenne (Amand), de Lille, à Exideuil, Dordogne.
Lepers (Théodore), de Santes, à Notre-Dame-de-Cenilly, Manche.
Lepousère (Lucien), de Mons-en-Barœul, à Bréville, Manche.
Lepoutre (Albert), de Roubaix, à Luneyrat, Dordogne.
Lepers (Albert), de Roubaix, à Cressensac, Dordogne.
Lepoutre (Albert), de Wattrelos, à Lempaut, Tarn.
Lequien (Eugène), de Lille, à Gavray, Manche.
Lequeux (Jean), de Roubaix, à Troisgots, Manche.
Lequeme (Alexis) et fam., de Denain, à Blaye, Tarn.
Leroux (Marie), d'Armentières, à Saint Sever, Landes.
Leroy (Charles) et épouse, d'Armentières, à Arnac-Pompadour, Corrèze.
Leroy (Georges), de Roubaix, au Guislain, Manche.
Leroy (Denis) de Lambersart, aux Cresnays, Manche.
Leroy (Jules), de Fourmies, à Donville-les-Bains, Manche.
Leroy (Auguste), d'Aniche, à Domjean, Manche.
Leroy (Anatole), d'Aniche, à Domjean, Manche.
Leroy (Henri), de Beuvrages, à Saint-Georges-de-Chesné, Ille-et-Vilaine.
Leruste (Jules), de Tourcoing, à Cressensac, Dordogne.
Derouge (Arthur) et épouse, de Quesnoy-sur-Deulle, à Lempaut, Tarn.
Lesnes (Mme) et fam., de Maubeuge, à Fresselines, Creuse.
Lestaeghe (François), de Seclin, à Saint-Sauveur-la-Pommeraye, Manche.
Lestaeghe (Henri), de Seclin, à Saint-Sauveur-la-Pommeraye, Manche.
Lesuisse (Théodorine) et enf., d'Haumont, à Clergoux, Corrèze.
Lestrade (Léon), de Tourcoing, à Luneyrat, Dordogne.
Lestiemy (Henri), de Roubaix, à Saint-Martial-d'Albarède, Dordogne.
Letriez (Victor), de Roost-Warendin, à Romorantin, Loir-et-Cher.
Leuridan (Jules), de Lesquin, à Vergt, Dordogne.
Leuresse (Georges), de Lille, à Brantôme, Dordogne.
Leulen (Jules), de Roubaix, à . . . , Dordogne.
Leuridan (Emile) et enf., de Mons-en-Barœul, à Jouillat, Creuse.
Leverrier (Arthur), de Bohain, à Pernay, Indre-et-Loire.
L'Hotellerie (Marcel), de Wallers, à Cagnotte, Landes.
Liagre (Eloi), de Roubaix, à Brantôme, Dordogne.
Licour (Jérémée), de St-André-lez-Lille, à St-Martin-la-Méane, Corrèze.
Liégeois (Emile), de Condé, à Saint-Georges-de-Chesné, Ille-et-Vilaine.
Liénard (Raoul), de Roubaix, à Anlhiac, Dordogne.
Lieutenant (Léon), de Lille, au Temple-Laguyon, Dordogne.
Liévin (Albert), de Wasquehal, à Vergt, Dordogne.
Likieffre (Etienne) et épouse, d'Hérin, à Soual, Tarn.
Lisot (Léon), de Tourcoing, à Troisgots, Manche.
Lohez (Etienne), de Beauvin, à Soual, Tarn.
Loridant (Georges), de Tressin, à Cressensac, Dordogne.
Lortbiois (Gustave) et fam., de Gondrecourt, à Dourgne, Tarn.
Loubry (Maria) et enf., de Dechy, à Saint-Germain, Tarn.
Loridan (Marcel), d'Hem, à Granges-d'Ans, Dordogne.
Loubert (Benoît), d'Aniche, à Cahuzac, Tarn.
Louncke (Pierre), de Tourcoing, à Quettreville, Manche.
Louncke (Alfred), de Tourcoing, à Quettreville, Manche.
Luthun (Henri) et fam., d'Auchy-la-Bassée, à Bourgueil, Indre-et-Loire.
Luthun (Eloi) et fam., d'Auchy-la-Bassée, à Bourgueil, Indre-et-Loire.
Maéarez (Edouard), d'Erre, à Domjean, Manche.
Macogne (Marie) et fam., de Marpent, à Montmartin-sur-Mer, Manche.
Macout (Adolphe), de Roubaix, à Reims, Marne.
Maes (Cornille), de Roubaix, à Sorges, Dordogne.
Mahieu (Alphonse), de Roubaix, à Ligueux, Dordogne.
Mahieu (Louis), de Marc-en-Barœul, à Cérencey, Manche.
Maës (Jules), de Roubaix, à Quettreville, Manche.
Maille (Charles), d'Annœulin, à Saint-Senoch, Indre-et-Loire.
Maille (Pauline) et fam., d'Annœulin, à Saint-Senoch, Indre-et-Loire.
Maillier (Constant), de Lille, à Limeyrat, Dordogne.
Maillot (Arthur), de Dauchy, à Labruguière, Tarn.
Malbranque, de Provins, à Echilleuse, Loiret.
Mancesse (Angèle), de Maubeuge, à Beaumont-les-Véron, Indre-et-Loire.
Mangez (Arthur), de Lambersart, aux Cresnays, Manche.
Manhaveve (Paul), d'Armentières, à Champagnat, Creuse.
Mantois (Léon), de Lille, à Vergt, Dordogne.
Maquart (Maria), de Dechy, à Gy-les-Nonains, Loiret.
Maquart (Julie), de Dechy, à Gy-les-Nonains, Loiret.
Maquart (Marcelline), de Dechy, à Gy-les-Nonains, Loiret.
Marcel (Ruffin), de Lille, à Lingreville, Manche.
Marchand (Albert), de Lille, à Sorges, Dordogne.
Marcq (Henri), d'Hallennes-lez-Haubourdin, à N.-D.-de-Cenilly, Manche.
Marceaux (Julia), de Jeumont, à Semblançay, Indre-et-Loire.
Maréchaux (Marcel), de Lille, à Limeyrat, Dordogne.
Margottin (Louis), de Douai, à Massaguel, Tarn.
Marmel (Jules), de Sainghin-en-Weppes, à Lempaut, Tarn.
Marque (Auguste), de Lille, à Saint-Trie, Dordogne.
Marquillie (Georges), de Bois-Grenier, à Saint-Denis-le-Vêtu, Manche.
Marsdoo (Emile), d'Armentières, au Guislain, Manche.
Martin (Louis), d'Auchy-lez-La-Bassée, à Bourgueil, Indre-et-Loire.
Martinage (René), de Fives-Lille, à St-Jean-St-Germain, Indre-et-Loire.
Martel (Jean), d'Oisy, à Cérences, Manche.
Marluiache (Edmond), de Lallaing, à Bréville, Manche.
Martinache (Eugène), de Lallaing, à Bréville, Manche.
Mayné (Hélène), de Maubeuge, à Vieilleville, Creuse.
Mascau (Arthur), de Saint-Amand-Lecelles-Rive-gauche, à Agonac, Dordogne.
Mascaux (Cleuthère), de Saint-Amand, à Agonac, Dordogne.
Mascat (Adolphe), de Roubaix, à Cressensac, Dordogne.
Mascrez (Henri), de Lille, à Ligueux, Dordogne.
Masquelier (Alfred), de Fives-Lille, à Sainte-Eulalie-d'Ans, Dordogne.
Massemont (Emile), de Roubaix, à Granges-d'Ans, Dordogne.
Massour (Marie) et enf., de Denain, à Saint-Germain, Tarn.
Massinon (Julien), d'Aubry, à Castillonès, Lot-et-Garonne.
Mastia (Berthe), de Marpent, à Montmartin-sur-Mer, Manche.
Mastia (Irma), de Marpent, à Montmartin-sur-Mer, Manche.
Mastia (Marthe), de Marpent, à Montmartin-sur-Mer, Manche.
Mattieu (Victor), de Lille, à Saint-Crespin-d'Auberoche, Dordogne.
Mayeux (Louis) et fam., d'Auchy-lez-La Bassée, à Bourgueil, Indre-et-Loire.
Mazingarbe (Maurice), de Bailleul, à Aulhiac, Dordogne.
Mazure (Léon), de Valenciennes, à Gavray, Manche.
Mazy (Léon), de Dechy, à Sainte-Marie-de-Chignac, Dordogne.
Maxfeld (Edmond), de Lille, à Cérences, Manche.
Meaux (Pierre), de Lille, à Saint-Pierre-de-Chignac, Dordogne.
Menu (Jules), d'Auberchicourt, à Montfort, Landes.
Ménétrier (Louis), de Lille, à Soursac, Corrèze.
Mercier (François), d'Anzin, à Vergt, Dordogne.
Mériaux (Jules), d'Ecaillon, à Cuves, Manche.
Merrène (Berthe) et enf., de Maubeuge, à Laguenne, Corrèze.
Messing (Simon), de Lomme, à Albi, Tarn.
Mester (Georges de), de Roubaix, à Brantôme, Dordogne.
Méstack (Germain), de Mouvaux, à Vergt, Dordogne.
Mettre (Charles), de Loos, à Limeyrat, Dordogne.
Meuliez-Piérard (Léon), de Valenciennes, à Niort, Deux-Sèvres.
Meuneux (Henri), de Waziers, à Saint-Merd-de-Lapleau, Corrèze.
Meuret (Louise), de Glageon, à Saint-Malo, Ille-et-Vilaine.
Meurillon (Henri), de Pérenchies, à Ligueux, Dordogne.
Meuris (Arthur), de Roubaix, à Saint-Germain-des-Prés, Dordogne.
Meurisse (Jules), de Roubaix, à Temple-Laguyon, Dordogne.
Michot (Marie) et enf., de Maubeuge, à Bazelat, Creuse.
Michaux (Hector), de Solre-le-Château, à Reims, Marne.
Michel (Marcel), de Condé-sur-Escaut, à Vergt, Dordogne.
Michel (Henri), de Sin-le-Noble, à Neuilly-le-Brignon, Indre-et-Loire.
Michel (Emile, d'Anzin, à Lolif, Manche.
Michel (Emile), d'Anzin, à Lolif, Manche.
Mièze (François), de Fives-Lille, à Carolles, Manche.
Mignot (Romain), de Lille, à Milhac-d'Auberoche, Dordogne.
Mille (Armand), de Croix, à Milhac-d'Auberoche, Dordogne.
Mioux (Camille), de Denain, à Domjean, Manche.
Missiaey (Charles), de Lille, à Quettreville, Manche.
Monchecourt (Etienne), d'Aniche, à Domjean, Manche.
Mondonnet (Prudent) et fam., de Maubeuge, à Bourganeuf, Creuse.
Moerman (Louis), de Lille, à Cérences, Manche.
Monier (René), de Beuvry-les-Orchies, à Ligueux, Dordogne.
Monier (Sylvain), d'Aniche, à La Chapelle-en-Juger, Manche.
Moniez (Adolphe), de Waziers, à Layrac, Lot-et-Garonne.

Moniez (Marie), de Wasiers, à Layrac, Lot-et-Garonne.
Moraldy (Laurence) et enf., d'Auchy-lez-La-Bassée, à Bénévent-l'Abbaye, Creuse
Moranville (Désiré), de Lille, à Cuq-Toulza, Tarn.
Morenville (Arthur), de Lille, à Cuq-Toulza, Tarn.
Moreau (Léonie) et enf., d'Hautmont, à Ciergoux, Corrèze,
Moreau (Emile) et son épouse, de Maubeuge, à Fresselines, Creuse.
Morel (Augustin), de Lézennes, à Cézences, Manche.
Morel (Marie) et enf., d'Elie-près-la-Bassée, aux Haras, Creuse.
Morits (Jean-Baptiste), de Lille, à Saint-Martial-d'Albarède, Dordogne.
Moity (Fidèle), de Bevillers, à Mayac, Dordogne.
Mortreux (Louis), de Lille, à Cérences, Manche.
Molini (Paul) et fam., de Fourmies, à Vineuil, Loir-et-Cher.
Motte (Albert), de La Madeleine, à Saint-Sauveur-la-Pommeraye, Manche.
Mottez (Georges), de Lille, à Angoulême, Charente.
Moucheaux (Marceau), de Lille, à Saint-Pierre-de-Chignac, Dordogne.
Mouchon (Arthur), de Fives-Lille, à Milhac-d'Auberoche, Dordogne,
Mouiez (Joséphine) et fam., de Waziers, à Layrac, Lot-et-Garonne.
Mouquet (Henri), de Fives-Lille, à Massaguel, Tarn.
Mousaurez (Kléber), de Fives-Lille, à Cressensac, Dordogne.
Mouton (Louise), de Bauvin, à Montrésor, Indre-et-Loire.
Mouton (Lucienne), de Bauvin, à Montrésor, Indre-et-Loire.
Mouy (Emile), de Somain, à Domjean, Manche.
Morjanse (Achille), d'Anzin, à Sainte-Orse, Dordogne,
Mullie (Jules), de Tourcoing, à Fouleix, Dordogne.
Musmaux (César) et fam., de Glageon, à Vineuil, Loir-et-Cher.
Musy (Victor), de Raismc, à Saint-Urcisse, Tarn.
Myllaert, d'Houplines, à Trilly, Manche,
Narguet (Pierre), de Lille, à Ligueux, Dordogne.
Narguet (Alphonse), de Lille, à Milhac-d'Auberoche.
Nattebart (René), de Santes, à Notre-Dame-de-Cenilly, Manche.
Nattel (Paul), de Lille, à Antonne, Dordogne.
Nayne (Hélène), de Maubeuge, à Azat-Châtenet, Creuse.
Nazet (Charles), de Loos, à Saint-Sauveur-la-Pommeraye, Manche.
Neyder (Maurice), de Cambrai, à Cuves, Manche.
Nicodème (Jean-Baptiste), de Jeumont, à Notre-Dame-de-Cenilly, Manche.
Nicolas (André), de Lille, à Antonne, Dordogne.
Niervenhove (Marie), de Fourmies, à Reims, Marne.
Nilot (Joséphine), de Lille, à Saint-Denis-le-Vêtu, Manche.
Ninsrinck (Charles), de Roubaix, à Limeyrat, Dordogne.
Ninsrinck (Paul), de Roubaix, à Saint-Pierre-de-Chignac, Dordogne.
Noé (Maurice), de Lille, à Quettreville, Manche.
Noé (Victor), de Lille, à Vergt, Dordogne.
Noé (Henri), de Lille, à Temple-Laguyon, Dordogne.
Nourry (Rémy), de Tourcoing, à Dourgne, Tarn.
Nys (Charles), de Sainghin-Melantois, à Sartilly, Manche.
Obyn (Raynaud), de Tourcoing, à Exideuil, Dordogne.
Ochin (Adolphe), de Rouchin, à Troisgots, Manche.
Oden (Marcel), de Lille, à Brantôme, Dordogne.
Odoux (Julien), de Seclin, à Saint-Sauveur-la-Pommeraye, Manche,
Olivier (Léon), de Wambrechies, à Exideuil, Dordogne.
Ombrouck (Clément), de La Madeleine, à St-Pierre-de-Chignac, Dordogne.
Opsomer (Joseph), de Lille, à Trilly, Manche.
Qpsomer (Raymond), de Lille, à Trilly, Manche.
Ordanc (Richard), de Roubaix, à Milhac-d'Auberoche, Dordogne.
Oustland (Octave), d'Armentières, à Trilly, Manche.
Pagniez (Adam), d'Erre, à Domjean, Manche.
Paniez (Henri), d'Escaudain, à Ligueux, Dordogne.
Papegay (Cyprien), de Wattrelos, à Limeyrat, Dordogne.
Parent (Jules), de Roubaix, à . . . , Dordogne.
Parmentier (Achille), de Nieppe, à Lempaut, Tarn.
Paris (Alexandre), de Tourcoing, à Ligueux, Dordogne.
Pasart (Georges) et fam., de Glageon, au Bouscat, Gironde.
Paternotte (Fernand), de Sous-le-Bois, à Bazelat, Creuse.
Paternotte (Céline) et fam., de Maubeuge, à Beaumont-en-Véron, I.-et-L.
Patoux (Léopold), de Santes, à Notre-Dame-de-Cenilly, Manche,
Paulet (Emile), de Valenciennes, à Cérences, Manche.
Paulet (Sébastien), de Valenciennes, à Cérences, Manche.
Pause (Etienne), de Tourcoing, à Exideuil, Dordogne.
Pauwels (Henri), de Lille, à Sartilly, Manche.
Pavot (Alcide), de Valenciennes, à Saint-Merd-de-Lapleau, Corrèze.
Payen (Charles), de Douai, à Saint-Paul, Corrèze.
Payelle (Elie), de Lille, à Saint-Pierre-de-Chignac, Dordogne.
Peammier (Lucie), de Cassel, à Viam, Corrèze.
Péronne (Emile), de Valenciennes, à Saint-Merd-de-Lapleau, Corrèze.
Pécaut (Arthur), d'Hornaing, à Vergt, Dordogne.
Pelsener (Georges), de Lille, à Ligueux, Dordogne.
Pelez (Charles), de Valenciennes, à Saint-Orse, Dordogne.
Pelsener (Georges, de Lille, à Cérences, Manche.
Pérant (Léon), de Valenciennes, à Cérences, Manche.
Peregnaucourt (Maurice), de Dechy, à Milhac-d'Auberoche, Dordogne.
Périclès (André), de Lille, à Carolles, Manche.

Perlin (René), de Lille, à Montmartin-sur-Mer, Manche.
Péro (Jules), de Saint-Amand, à Saint-Pierre-de-Chignac, Dordogne.
Peron (Louis), de Roubaix, à Granges-d'Ans, Dordogne.
Perone (Paul), de Bois-Grenier, à Saint-Denis-le-Vêtu, Manche.
Perrot (Gustave) et son épouse, de Lourches, à Blaye, Gironde.
Peskeus (Maria), de La Bassée, à Beaulieu, Indre-et-Loire.
Peskeus (Marie), de La Bassée, à Beaulieu, Indre-et-Loire.
Pessé (Raymond), de Wattrelos, à Cérences, Manche.
Petit (Léon), de Wasquehal, à Ligueux, Dordogne.
Petit-Berghien (Omer), de Lille, à Vergt, Dordogne.
Petit (Camille) et enf., de Maubeuge, à Fresselines, Creuse.
Petit (Casimir), de Fourmies, à Donville-les-Bains, Manche.
Petit (Paul), de Roubaix, à Sartilly, Manche.
Petit (Albert), de Lille, à Lafage, Corrèze.
Pequeriaut (Edouard) et fam., de Maubeuge, à Joué-les-Tours, Indre-et-L.
Philias (Léon), de Roubaix, à Brantôme, Dordogne.
Philips (Julienne) et enf., d'Armentières, à Turenne, Corrèze.
Philippe (Georges), de Lille, à Cérences, Manche.
Philippe (Jules), de Lille, à Clergoux, Corrèze.
Piat (Henri), de Tourcoing, à Fonleix, Dordogne.
Picadet (Hector), de Wattignies, à Cérences, Manche.
Picadet (Henri), de Seclin, à Cérences, Manche.
Pichery (Isidore), de Lourches, à Dourgne, Tarn.
Picquet (Alcide), de Douai, à Saint-Merd-de-Lapleau, Corrèze.
Piens (Achille), de Lille, à Cérences, Manche.
Piéters (Ernest), de Lille, à Ligueux, Dodogne.
Pigoux (Marie), de Berlry, à Saint-Malo, Ille-et-Vilaine.
Pinson (Léa) et enf., de Ferrière-la-Petite, à Vineuil, Loir-et-Cher.
Pionnier (Gaston), de Lille, à Milhac-d'Auberoche, Dordogne.
Piscart (Virginie) et fam., de Maubeuge, à Fresselines, Creuse.
Plattey (Paul), de Wavrin, à Ferrière-Larçon, Indre-et-Loire.
Plaisant (Victor), de Lille, au Guislain, Manche.
Plaitain (Lucien), de Jeumont, à Bossay, Indre-et-Loire.
Plaitin (Léocadie) et fam., de Jeumont, à Bossay, Indre-et-Loire.
Plessy (Mme), de Busigny, à Savonnières, Indre-et-Loire.
Plessy, de Busigny, à Savonnières, Indre-et-Loire.
Plouvier (Marie), de Maubeuge, à Laguenne, Corrèze.
Pluchart (Anicet) et fam., de Jeumont, à Semblançay, Indre-et-Loire.
Podevin (Clara) et enf., de La Bassée, à Sorèze, Tarn.
Poignant (Eugène), de Seclin, à Saint-Trie, Dordogne.
Poitrani (Jean-Baptiste), de Lille, à Sainte-Orse, Dordogne.
Poissonnier (Fortuné), de Fives-Lille, à Cérences, Manche.
Polfiet (Edouard), de Seclin, à Lingreville, Manche.
Pollet (Florian), de Tourcoing, à Vergt, Dordogne.
Pollet (Auguste), de Roubaix, à Vergt, Dordogne.
Pollet (Henri), de Roubaix, à Granges-d'Ans, Dordogne.
Pollot (Jean-Baptiste) et fam., de Douai, à Saint-Paul, Corrèze.
Pommier (Jeanne), d'Armentières, à Turenne, Corrèze.
Ponceau (Edouard), de Lille, à Niort, Deux-Sèvres.
Potiez (Louis) et fam. de Lille, à Rosières, Tarn.
Potier (Auguste), de Loos, à Fonleix, Dordogne.
Pottier (Eugénie) et enf., d'Houplines, à Cambonnet-sur-Sor, Tarn,
Poulain (Julienne), de Bauvin, à Montrésor, Indre-et-Loire.
Dupont (Omer), de Bauvin, à Montrésor, Indre-et-Loire.
Poulain (Alfred), de Nivelles, à Gavray, Manche.
Poulain (Louis) et fam., de Bauvin, à Montrésor, Indre-et-Loire.
Poulain (Louis) et fam., d'Aniche, au Garric, Tarn.
Poulin (Jean), de Roubaix, à Sainte-Marie-de-Chignac, Dordogne.
Pourchaux (Louise), d'Armentières, à Cambonnet-sur-Sor, Tarn.
Poupaert (Frédéric), de Lille, à Cérences, Manche.
Pourchaux (Maurice), de Waziers, à Montmartin-sur-Mer, Manche.
Pourchaux (Alphonse), de Bruay-sur-Escaut, à Domjean, Manche.
Prévost (Marie) et fam., de Maubeuge, à Masnau, Tarn.
Prin (Henri), de Bois-Grenier, à Saint-Denis-le-Vêtu, Manche.
Priem (Octave), de Bourbourg, à Quettreville, Manche.
Pronier (Arthur), de Maubeuge, à Augères, Creuse.
Prudhommeaux (Henriette) et fam., de St-Richaumond, à Fougères, I.-et-V.
Prudhommeaux (Henriette), de St-Richaumond, à Fougères, Ille-et-Vilaine.
Pruvost (Henri), de Roubaix, à Ligueux, Dordogne.
Pruvost (Edmond) et son épouse, de Nieppe, à Lempaut, Tarn.
Quéant (Henri), de Dechy, à Gavray, Manche.
Queniaux (Paul), de Valenciennes, à La Chapelle-en-Juger, Manche.
Quénot (Edmond), de Wormhoudt, à Soursac, Corrèze.
Quiévryn (Oscar), de Roubaix, à Vergt, Dordogne.
Quillet (Henri), de Seclin, à Saint-Sauveur-la-Pommeraye, Manche.
Rahel (Jules), d'Anzin, à La Chapelle-en-Juger, Manche.
Raingot (Emile), d'Annœulin, à Dourgne, Tarn.
Ramakers (Charles), de Lille, à Clergoux, Corrèze.
Raoul (Auguste), de Dechy, à Gavray, Manche.
Rasemont (Henri), de Fives-Lille, à Saint-Pierre-de-Chignac, Dordogne.
Regnier (Charles), d'Aniche, à Domjean, Manche.

Régnier (Achille), de Brunémont, à Fals, Lot-et-Garonne.
Remy (Marthe), de Valenciennes, à Niort, Deux-Sèvres.
Remy (Camille), de Valenciennes, à Niort, Deux-Sèvres.
Godfrind (Juliette), de Fourmies, à Minihic-sur-Rance, Ille-et-Vilaine.
Renard (Auguste), de Marchiennes, à Domjean, Manche.
Report (Aristide), de Denain, à Domjean, Manche.
Requier (Clémence) et enf., de Maubeuge, à Lafat, Creuse.
Reuben (Antony), de Lille, à Vallon-sur-Gée, Sarthe.
Reynaert (Léon) et fam., de Lille, à Lafage, Corrèze.
Reynaert (Georges), de Lille, à Ligueux, Dordogne.
Reys (Jules), de Roubaix, à Troisgots, Manche.
Ribeaux Emile) et son épouse, de Lourches, à Latronche, Corrèze.
Ricardi (Marcel), de Lille, à Lolif, Manche.
Richet (Joseph), de Tourcoing, à Saint-Germain-des-Prés, Dordogne.
Rigobert (Adolphe), de Lille, à Agen, Lot-et-Garonne.
Ringoir (Corneil) et fam., de Loos, à Felletin, Creuse.
Roch (Louis), de Lille, à Gavray, Manche.
Roeck (Louis de), de Lille, à Négrondes, Dordogne.
Rogé (Victor), de Roubaix, à Lempaut, Tarn.
Roger (Charles), de Nieppe, à Labruguière, Tarn.
Rolante (Pierre), de Roubaix, à Trelly, Manche.
Romain (Yvon), de Marpent, à Abilly, Indre-et-Loire.
Rommers (Joseph), d'Armentières, à Gavray, Manche.
Rompteau (Joseph), d'Osmaing, à Orléans, Loiret.
Ropital (Nestor), d'Armentières, au Guislain, Manche.
Rose (Ernest), de Santes, à Notre-Dame-de-Cenilly, Manche.
Rotsaert (Charles), de Roubaix, à Saint-Germain-des-Prés, Dordogne.
Rostaert (Alphonse), de Lille, à Sartilly, Manche.
Rouhart (Emile), de Lille, à Quettreville, Manche.
Rousseau (Cécile) et fam., de Maubeuge, à St-Germain-Beaupré, Creuse.
Rousseau François), d'Armentières, à Tourtoirac, Dordogne.
Rousseau (Jules), de Croix, à Vergt, Dordogne.
Roussel (Maurice), de Roubaix, à Gavray, Manche.
Roussel (Aimé), de Lille, à Montmartin-sur-Mer, Manche.
Roussel (Charles) et fam., de Seclin, à Saint-Paul, Corrèze.
Roussel (Auguste), de Roubaix, à Granges-d'Ans, Dordogne.
Roussel (Georges), d'Armentières, à Saint-Pierre-de-Chignac, Dordogne.
Rudant (Victor), d'Armentières, à Montmartin-sur-Mer, Manche.
Huyssekaert, de Roubaix, à Lolif, Manche.
Saffre (Aline) et enf., d'Hellemmes-l.-Lille, à Chatelus-le-Marcheix, Creuse.
Sagniez (Emile), de Valenciennes, à Quettreville, Manche.
Sagniez (Alfred), de Marcq-en-Barœul, à Cérences, Manche.
Sailly (Aquilos), d'Auberchicourt, à Mayac, Dordogne.
Salembier (Gustave), de Croix, à Vergt, Dordogne.
Salomé (Clément), de Loos, à Saint-Crépin-d'Auberoche, Dordogne.
Salomé (Gabrielle) et enf., d'Houplines, à Cambonnet-sur-Sor, Tarn.
Salomé (Félicien), de Roubaix, à Quettreville, Manche.
Samain (Julia) et fam., de Sous-le-Bois, à Fresselines, Creuse.
Samain (Hippolyte), de Tourcoing, à Agonac, Dordogne.
Sanctorum (Louis), de Roubaix, à Quettreville, Manche.
Savary (François), d'Auby, à Esves-le-Moutier, Indre-et-Loire.
Sarrazyn (Jules), de Pérenchies, à Dourgne, Tarn.
Sauvage (François), de Thumesnil, à Granges-d'Ans, Dordogne.
Sauvage (Oscar), de Valenciennes, à Quettreville, Manche.
Sautier (Sylvie), de Maubeuge, à Argentat, Corrèze.
Savary (Germaine) et enf., de Douai, à Bourganeuf, Creuse.
Saxe (Henri), de Sars-Poteries, à Thorigny-sur-Vire, Manche.
Sebert (Raoul), de Consolre, à Louvigné-du-Désert, Ille-et-Vilaine.
Sebille (François), de Monchecourt, à Domjean, Manche.
Segard (Edouard), de Lille, à Castillonnès, Lot-et-Garonne.
Segniez (Alfred), de Marcq-en-Barœul, è Cérences, Manche.
Selosse (Léon), de Lille, à Massaguel, Tarn.
Senez (Nicolas) et fam., d'Abscon, à Champagnat, Creuse.
Senez (Ildefonse) et fam., d'Auzin, à Champagnat, Creuse.
Scouflair (Albert), de Roubaix, à Aguts, Tarn.
Sergent (Louise), de Maubeuge, à Joué-les-Tours, Indre-et-Loire.
Seulin (Marguerite), de Jeumont, à Semblançay, Indre-et-Loire.
Seulin (Omer), de Jeumont, à Semblançay, Indre-et-Loire.
Schmit (Adèle), de Maubeuge, à Parisot, Tarn.
Scherpercel, de Roubaix, à Granges-d'Ans, Dordogne.
Shoot (Emile), de Roubaix, à Cérences, Manche.
Simoëux (François), de Lille, à Notre-Dame-de-Cenilly, Manche.
Simoens (Jean-Baptiste), de Fives-Lille, à St-Germain-des-Prés, Dordogne.
Simon (Fernand), de Lille, à Saint-Sauveur-la-Pommeraye, Manche.
Simon (Roger), de Jeumont, à Saint-Martin-de-Cenilly, Manche.
Simon (Henri), d'Escautpont, au Mesnil-Aubert, Manche.
Simons (François), de Raismes, à Saint-Urcisse, Tarn.
Sise (Constant), de Fives-Lille, à Sainte-Marie-de-Chignac, Dordogne.
Smet (Alphonse), de Roubaix, à Quettreville, Manche.
Smeyers (Charles), de Lille, à Lolif, Manche.
Smidéren (Georges), de Roubaix, à Sérandon, Corrèze.
Soëte (Arthur), de Tourcoing, aux Cresnays, Manche.
Somon (Marceau), d'Hellemmes, à Milhac-d'Auberoche, Dordogne.
Sotière (Pierre) et fam., de Briastre, à Saint-Malo, Ille-et-Vilaine.
Sottiaux (Amédée) et fam., de Jeumont, à Semblançay, Indre-et-Loire.
Soutens (Marie), de Maubeuge, à Beaumont-en-Véron, Indre-et-Loire.
Soutens (Augustin), de Maubeuge, à Beaumont-en-Véron, Indre-et-Loire.
Soucy (Jules), de Maubeuge, à La Pouge, Creuse.
Souvage (Louis), de Lille, à Niort, Deux-Sèvres.
Spineuvyn (Désiré), de Roubaix, à Ligueux, Dordogne.
Spirkens (François), de Lille, à Quettreville, Manche.
Stassart (François), de Douai, à Saint-Georges-de-Chesné, Ille-et-Vilaine.
Stéemput (Richard), de Tourcoing, à Antonne, Dordogne.
Stélandre (Louis), de Tourcoing, à Saint-Martin-de-Cenilly, Manche.
Stiénard (Ernest), de Louvignies-Bavay, à Mézières-les-Cléry, Loiret.
Stiévenard (Ernest), de Louvignies-Bavay, à Mézières-les-Cléry, Loiret.
Stock (Oscar), de Roubaix, à Cérences, Manche.
Storme (Achille), de Lille, à Cérences, Manche.
Stock (Valère), de Lambersart, aux Cresnays, Manche.
Strady (Léon), de Bruay, à Fals, Lot-et-Garonne.
Sturlaut (Henri), de Roubaix, à Ligueux, Dordogne.
Suphi (François), de Roubaix, à Ligueux, Dordogne.
Suré (Mme), de La Bassée, à Beaulieu, Indre-et-Loire.
Taine (Germaine), de Bertry, à Saint-Malo, Ille-et-Vilaine.
Taillemas (Jérôme), de Wattrelos, à Marseille, Bouches-du-Rhône.
Tailliez (Berthe) et enf., d'Hazebrouck, à Dourgne, Tarn.
Taleure (Amédée), de Tourcoing, à Antonne, Dordogne.
Tassier (Théodulphe) et fam., de Jeumont, à Barrou, Indre-et-Loire.
Taylor (Georges), de Roubaix, à Tourtoirac, Dordogne.
Termote (Charles), de Croix, à Fouleix, Dordogne.
Tettelin (Jules), de Roubaix, à Cérences, Manche.
Théry (Ernest), de Mons-en-Barœul, à Jouillat, Creuse.
Thève (Gustave) et son épouse, de Pérenchies, à Dourgne, Tarn.
Therrin (Léon), de Seclin, à Saint-Sauveur-la-Pommeraye, Manche.
Théry (Louis), de Lille, à Cérences, Manche.
Thibaut (Emile), de Lille, à Lingreville, Manche.
Thiborlt (Jules), de Lille, à Limeyrat, Dordogne.
Thiébaut (Amédée), de Glageon, à Baguer-Morvan, Ille-et-Vilaine.
Thomas (Marie), de Maubeuge, à Hocquigny, Manche.
Thoumi (Justine), de La Chapelle-d'Armentières, à Cambounet-s.-Sor, Tarn.
Thuystchaever (Pierre), de Lille, à Exideuil, Dordogne.
Tiébaut (Édouard), de Glageon, à Baguer-Morvan, Ille-et-Vilaine.
Tierce (Louis), d'Ecaillon, à Cuves, Manche.
Tietard (Edmond), de Lille, à Fouleix, Dordogne.
Tigat (Théodore), de Thumesnil, à Preyssac-d'Exideuil, Dordogne.
Tilment (Lise), de Marpent, à Donville-les-Bains, Manche.
Tillieux (Louis), de Denain, à Saint-Martin-la-Méane, Corrèze.
Tison (Louis), de Lille, à Saint-Pierre-de-Chignac, Dordogne.
Tison (Jules), de Fives-Lille, à Chanteloup, Manche.
Titeca (Georges), de Marquette, à Exideuil, Dordogne.
Titgat (Gustave), de Lille, à Ligueux, Dordogne.
Tolbenaere (Charles de), de Lille, à Limeyrat, Dordogne.
Tonnerre (Alphonse), de Somain, à Saint-Etienne-de-Fursac, Creuse.
Tonneau (Julien), de Croix, à Limeyrat, Dordogne.
Tonneau (Paul), de Dechy, à Marmande, Lot-et-Garonne.
Torlet (Alfred) et fam., de Fourmies, à Lanrigan, Ille-et-Vilaine.
Toussaint (Mathilde), d'Hautmont, à Tours, Indre-et-Loire.
Tournay (Julien), de Courcelle-lès-Lens, à Maisamieux, Dordogne.
Tourbez (Robert), de Seclin, à Saint-Sauveur-la-Pommeraye, Manche.
Toussaint (Alphonse), d'Hautmont, à Tours, Indre-et-Loire.
Tramel (Gustave), de Lille, à Saint-Pierre-de-Chignac, Dordogne.
Tramoy (Eugénie), de Denain, à Izon, Gironde.
Trénel (Jean), de Bondues, à Vergt, Dordogne.
Trénel (Albert), d'Haubourdin, à Lingreville, Manche.
Trila (Alfred), de Roubaix, à Exideuil, Dordogne.
Triopont (Charles), d'Aniche, à Cuq-Toulza, Tarn.
Trokay (Lucie) et enf., de Rousies, à Bègles, Gironde.
Troupin (Edmond), de Mons-en-Barœul, à Millac-d'Auberoche, Dordogne.
Troclet (Georges), de Fourmies, à Laillé, Ille-et-Vilaine.
Turpin (Désiré), de Bois-Grenier, à Saint-Denis-le-Vêtu, Manche.
Tydgat (Julien), de Tourcoing, à Gavray, Manche.
Ulou (Charlotte), et enf., d'Hautmont, à Clergoux, Corrèze.
Usal (Charles), de Lille, à Soual, Tarn.
Uytterhaeghe (Gaston), de Lille, à Lolif, Manche.
Vachez (Adolphe), de Lille, à Preyssac-d'Exideuil, Dordogne.
Vaillant (Henri), de Lille, à Montmartin-sur-Mer, Manche.
Valcke (Edouard), de Lille, à Clergoux, Corrèze.
Valenduecq (Eugène), de Comines, à Saint-Pierre-de-Chignac, Dordogne.
Vallée (Georges), de Velinghem, à Lempaut, Tarn.
Valler (Fernand), de Roubaix, à Cérences, Manche.
Vallon (Alfred), de Lille, à Saint-Martial-d'Albarède, Dordogne.
Valvandrin (Léonie), et enf., de Maubeuge, à Bourganeuf, Creuse.

Vamboxelau (Oscar), de Croix, à Vergt, Dordogne.
Vanarien (Louis), de Deulemont, à Yvrac, Gironde.
Van Boven (Théophile), de Lille, à Saint-Crépin-d'Auberoche, Dordogne.
Vanbroek (Arthur), de Wambrechies, à Marsamieux, Dordogne.
Van Daele (Julien), de Fives, à Chanteloup, Manche.
Vanecke (Julien), de Marais-d'Elno, à Sainte-Marie-de-Chignac, Dordogne.
Vandecastel (Edmond), de Faches-Thumesnil, à Vergt, Dordogne.
Vandekerckove (Walther), de Tourcoing, à Preyssac-d'Exideuil, Dordogne.
Vandelansotte (Auguste), de Marquette-lès-Lille, à Mayac, Dordogne.
Van Dionant (Louis), de Lille, à Quettreville, Manche.
Vandenhove (Isidore), de Roubaix, à Trelly, Manche.
Van den Bosd (Marie), de Maubeuge, à Notre-Dame-de-Cenilly, Manche.
Vanden-Driesche (André), de Lille, à Lolif, Manche.
Vandenbrouck (Georges), de Roubaix, à Agonac, Dordogne.
Vandenbussche (Léon), de Lille, à Agonac, Dordogne.
Vanden Boosche (Antoine), de Fives-Lille, à Agonac, Dordogne.
Vandenhende (Julien), de Fives-Lille, à Saint-Michel-de-Villardeix, Dordogne.
Vandenbossche (Henri), de Lille, à Tourtoirac, Dordogne.
Vandemeulebrouck (Louis), de Marcoing, à Vergt, Dordogne.
Vandemeulebrouck (Désiré), de La Madeleine, à Ligueux, Dordogne.
Vandercruysen (Théophile), de Tourcoing, à Trelly, Manche.
Vanden-Bruggen (Paul), de Lille, à Marsamieux, Dordogne.
Vanderstraële (Pierre), de Lille, à Saint-Michel-de-Villardeix, Dordogne.
Vanderschilden (Louis), de Lille, à Saint-Michel-de-Villardeix, Dordogne.
Vanderaghen (Paul), de Fives-Lille, à Exideuil, Dordogne.
Vandercruyssen (Maurice), de Lille, à Brantôme, Dordogne.
Vandercruyssen (Joseph), de Lille, à Brouchaud, Dordogne.
Van der Haeghem (Eugène), de Lille, à Ligueux, Dordogne.
Vandevivère (Georges), de Lille, à Gavray, Manche.
Vandevelde (Antoine), de Lille, à Montmartin-sur-Mer, Manche.
Vandeven (Valentin), de Roubaix, à Limeyrat, Dordogne.
Van de Wielle (André), de Lille, à Gavray, Manche.
Van de Wiele (Julien), de Lille, à Gavray, Manche.
Vandewalle (Alphonse), de Lille, à Limeyrat, Dordogne.
Vandorpe (Julien), de Wasquehal, à Quettreville, Manche.
Vangucht (Louis), de Fives-Lille, à Milhac-d'Auberoche, Dordogne.
Vangeler (Constant) et enf., de Masny, à Saint-Benoît, Tarn.
Vanghelder (Constant), de Lille, à Massaguel, Tarn.
Vanhouck (Alfred), de Bondues, à Gavray, Manche.
Vanhoutrives (Alphonse), de Lille, à Brantôme, Dordogne.
Van Houtte (Louis), de La Madeleine, à Sorges, Dordogne.
Vanherzeele (Joseph), de Roubaix, à Saint-Martial-d'Albarède, Dordogne.
Vanhecke (Maurice), de Tourcoing, à Preyssac-d'Exideuil, Dordogne.
Vankerkem (Elise) et enf., de Maubeuge, à Saint-Etienne-de-Fursac, Creuse.
Van Lede (Albert), de Roubaix, à Brantôme, Dordogne.
Van Lede (Raphaël), de Lille, à Saint-Martin-la-Méanne, Corrèze.
Van Lede (Fernand), de La Madeleine, à St-Martin-la-Méane, Corrèze.
Van Meulecon (Aimé), de Fives-Lille, à Gavray, Manche.
Van Mierlo (Guillaume), de Croix, à Gavray, Manche.
Van Mierlo (Jean), de Croix, à Gavray, Manche.
Van Oberge (Charles), de Croix, à Gavray, Manche.
Vanoost (Joseph) et enf., d'Escaudain, à Viam, Corrèze.
Van Renterghem (Camille), de Lille, à Niort, Deux-Sèvres.
Vansteene (Kléber), de Loos, à Saint-Sauveur-la-Pommeraye, Manche.
Van Soye (Louis), de Croix, à Quettreville, Manche.
Vanschelle (Charles), de Lille, à Gavray, Manche.
Vanschamelhout (Herman), de Roubaix, à Lingreville, Manche.
Van Wynsserghein (Marceau), de Lille, à Cérences, Manche.
Varasse (Ernest), de Tourcoing, à Lingreville, Manche.
Varesquelle (Arthur), de Lille, à Cérences, Manche.
Varoquier (Léon), d'Anor, à La Chapelle-des-Fougeretz, Ille-et-Vilaine.
Varoquier (Germaine), d'Anor, à La Chapelle-des-Fougeretz, Ille-et-Vilaine.
Vasseur (Henri), d'Hordain, à Saint-Germain-Beaupré, Creuse.
Vasseur (Angèle), de Villers-Outréaux, à Tours, Indre-et-Loire.
Vauban (Henri), de Lille, à Niort, Deux-Sèvres.
Vendenbrouke (Auguste), d'Armentières, à Poulaines, Indre.
Vendeville (Louis), d'Houplin, à Saint-Paul, Corrèze.
Vennin (Albert), d'Houplin, à Gavray, Manche.
Venville (Colbert), d'Orchies, à Marsamieux, Dordogne.
Vercruysse (Dominique), de Lille, à Saint-Martial-d'Albarède, Dordogne.
Verdebout (Adolphe), de Lille, à Saint-Michel-de-Villardeix, Dordogne.
Verdier, de Lille, à Les Cresnays, Manche.
Vergult (Alphonse), d'Hellemmes, à Ligueux, Dordogne.
Verie (Hortense), de Clairfayts, à Saint-Père, Ille-et-Vilaine.
Vérin (Fernand), d'Hellemmes-lès-Lille, à Chatelus-le-Marcheix, Creuse.
Verhamme (Florent), de Roubaix, à Clergoux, Corrèze.
Verhaverbeck (Arthur), de Fives-Lille, à Preyssac-d'Exideuil, Dordogne.
Verhelst (Laurent), de Roubaix, à Lolif, Manche.
Verbenneman (Charles), de Roubaix, à Ligueux, Dordogne.
Verloigne (Léopold), de Lille, à Brantôme, Dordogne.
Vermandel (Désiré), de Tourcoing, à Poudis, Tarn.
Vermandel (Jules), de Tourcoing, à Poudis, Tarn.
Verméesrch (Paul), d'Armentières, à Saint-Martial-d'Albarède, Dordogne.
Vermeulen (Rosalie), de Warhem, à Dordives, Loiret.
Vermeulen (Arthur) et fam., de Lille, à Soursac, Corrèze.
Vermeulen (Jules), de Lille, à Soursac, Dordogne.
Verner (Louis), de Tourcoing, à Martamieux, Dordogne.
Vernier (Zélie), de Louvil, à Labrugnière, Tarn.
Verobest (Alfred), de Roubaix, à Cormeray, Manche.
Verez (Marguerite), d'Etrœungt à Lailié, Ille-et-Vilaine.
Verschneren (Edmond), de Lille, à Tourtoirac, Dordogne.
Verschuren (Marcel), de Marq-en-Barœul, à Gavray, Manche.
Verspeeten (Ferdinand), de Roubaix, à Troisgots, Manche.
Viart (Ernest), de Lille, à Pamiers, Ariège.
Vicot (Emile), d'Anzin, à Saint-Michel-de-Villardeix, Dordogne.
Vienne (Edmond), de Loos-les-Lille, à Saint-Michel-de-Villardeix, Dordogne.
Vienne (Jules), de Marcq-en-Barœul, à Chourniac-d'Ans, Dordogne.
Vigourons (Raymond), de Lille, à Excideuil, Dordogne.
Villain (Georges), d'Avesnes-lès-Aubert, à St-Aubin-de-Terregatte, Manche.
Villette (Benjamin), d'Aniche, à Villeneuve-sur-Conie, Loiret.
Villette, d'Aniche, à Villeneuve-sur-Conie, Loiret.
Villette (Louis), de Roubaix, à Ligueux, Dordogne.
Villez (Léon), de Wambrechies, à Milhac-d'Auberoche, Dordogne.
Vilmar (Adeline) et enf., de Maubeuge, à Saint-Sever, Landes.
Vinère (Georgette), de Marpent, à Abilly, Indre-et-Loire.
Vinère (Marie), de Marpent, à Abilly, Indre-et-Loire.
Voclain (Albert), de Croix, à Antonne, Dordogne.
Vos (Pierre de), de Lille, à Saint-Denis-le-Vêtu, Manche.
Vromant (Léon), de Tourcoing, à Cuq-Taulza, Tarn.
Viron, de Roost-Warendin, à Agen, Lot-et-Garonne.
Vyllette (Victor), d'Orchies, à Cérencey, Manche.
Wachter (André de), de Lille, à Lolif, Manche.
Waeytens (Gustave), de Lille, à Cérencey, Manche.
Wailliez (Henri), d'Anzin, à Blaye, Tarn.
Walkens (Jean), de Croix, à Granges-d'Ans, Dordogne.
Wallaert (Louis), d'Armentières, à Cuves, Manche.
Wallart (Jules), de Santes, à Notre-Dame-de-Cenilly, Manche.
Wambre (Désiré), d'Armentières, à Saint-Germain-des-Prés, Dordogne.
Wanquier (Augustin) et enf., de Neuville-sur-Escaut, à Rozières, Tarn.
Wansyngel (Léopold), de Bourbourg, à Quettreville, Manche.
Waroquier (Gustave), de Lille, à Mesnil-Opac, Manche.
Wartelle (Gustave), de Lille, à Gavray, Manche.
Wartelle (Jules), de Lille, à Martainieux, Dordogne.
Wasson (Lucien), d'Oberchicourt, à Naves, Corrèze.
Wossyn (Marceau), de Tourcoing, à Antonne, Dordogne.
Watecamp (Jules), de Valenciennes, à Saint-Urcisse, Tarn.
Watine (Charles), de Mouvaux, à Excideuil, Dordogne.
Watteau (Alfred) et fam., de Roubaix, à Agnits, Tarn.
Watteaurre (Arthur), de La Madeleine, à Antonne, Dordogne.
Watteeuw (Paul), de Lille, à Aulon, Creuse.
Watrelot (Elisa), d'Annœulin, à Fals, Lot-et-Garonne.
Watrelot (Antoine), d'Annœulin, à Fals, Lot-et-Garonne.
Werrebrouck (Edouard), de Lille, à Saint-Germain-des-Prés, Dordogne.
Westeen (Eugène), de Lille, à Massaguel, Tarn.
Wierman (Henri), de Mouveaux, à Cérencey, Manche.
Wilbouy (Robert), de Fresnes, à Saint-Malo, Ille-et-Vilaine.
Wilboux (André), de Fresnes, à Saint-Malo, Ille-et-Vilaine.
Wils (Henri), de Roubaix, à Brantôme, Dordogne.
Winbeau (Louis), de Lille, à Villeneuve-sur-Conie, Loiret.
Windels (Jean-Baptiste), de Roubaix, à Gavray, Manche.
Wittbrood (Emile), de Roubaix, à Marsameix, Dordogne.
Wittendael (Maurice), de Lille, à Saint-Michel-de-Villardeix, Dordogne.
Woerklé (Emile), de Tourcoing, à Fossemagne, Dordogne.
Wullems (Robert), de Lille, à Aulon, Creuse.
Wurcidt (Georges), de Marquette-les-Lille, à St-Michel-de-Villardeix, Dord.
Wyffils (Louis), de Roubaix, à Saint-Pierre-de-Chignac, Dordogne.
Yner (Julie), de Waziers, à Montignac-de-Lauzun, Lot-et-Garonne.
Yner (Charles), de Waziers, à Montignac-de-Lauzun, Lot-et-Garonne.
Yner (Charles), de Waziers, à Montignac-de-Lauzun, Lot-et-Garonne.
Ysebaert (François), de Roubaix, à Cuq-Taulza, Tarn.

Imprimerie Nationale. — 11-1914.

[illegible]

www.ingramcontent.com/pod-product-compliance
Ingram Content Group UK Ltd.
Pitfield, Milton Keynes, MK11 3LW, UK
UKHW020950220726
13924UKWH00002B/605

9 782019 910662